刮摩淬励,研精覃思
——一位初中化学教师的教学实践

宋晓萌 编著

科学技术文献出版社
·北京·

图书在版编目（CIP）数据

刮摩淬励，研精覃思：一位初中化学教师的教学实践 / 宋晓萌编著. —北京：科学技术文献出版社，2022.12
ISBN 978-7-5189-9964-4

Ⅰ.①刮…　Ⅱ.①宋…　Ⅲ.①中学化学课—教学研究—初中　Ⅳ.① G633.82

中国版本图书馆 CIP 数据核字（2022）第 237909 号

刮摩淬励，研精覃思——一位初中化学教师的教学实践

策划编辑：李　蕊　　责任编辑：李　鑫　　责任校对：张永霞　　责任出版：张志平

出　版　者	科学技术文献出版社
地　　　址	北京市复兴路15号　邮编 100038
编　务　部	（010）58882938，58882087（传真）
发　行　部	（010）58882868，58882870（传真）
邮　购　部	（010）58882873
官 方 网 址	www.stdp.com.cn
发　行　者	科学技术文献出版社发行　全国各地新华书店经销
印　刷　者	北京厚诚则铭印刷科技有限公司
版　　　次	2022 年 12 月第 1 版　2022 年 12 月第 1 次印刷
开　　　本	787×1092　1/16
字　　　数	333千
印　　　张	17.5
书　　　号	ISBN 978-7-5189-9964-4
定　　　价	69.00元

版权所有　违法必究

购买本社图书，凡字迹不清、缺页、倒页、脱页者，本社发行部负责调换

序一

周末,读到北京市八一学校化学教师宋晓萌《刮摩淬励,研精覃思——一位初中化学教师的教学实践》一书的初稿,很开心。在每一篇教学设计、教学案例的背后,我看到一位深耕课堂、不断学习、研究学生、持续进行教学改进的青年好老师,很感动,也很感慨,引发了我很多的思考。

做教师,使命光荣、责任重大。在社会经济快速发展的时代,在一个"变化是唯一不变"的时代,在学生成长需求不断升级的时代,创新、跨界创新无处不在,学校的育人要同社会发展、国家发展需求相契合。培养培育优秀人才,落实立德树人根本任务的要求,要坚持正确的价值观念,要有扎实的学科基础,更要有面向未来的综合素养。该书是晓萌老师历经8年化学课堂教学探索的成果总结,从基于《义务教育化学课程标准(2022年版)》的教学实践、基于"深度学习"理论的单元教学实践和指向综合素养培养的项目式教学实践3个方面展开,3个部分的内容从整体上总结呈现了深化课程改革进程中一线教师的教学实践之路。

晓萌老师的化学课堂给学生带来成长。化学是一门以实验为基础的学科,是自然科学的重要组成部分,是在原子、分子水平上研究物质的组成、结构、性质、转化及其应用的基础学科。化学的基本特征是从微观层次认识物质,以符号形式描述物质,在不同层面创造物质。那么,在中学课堂上,学生的化学学科核心素养如何提升?学生的高阶思维如何发展?晓萌老师用朴实生动的化学教学实践给我们带来启示,给学生带来成长。

晓萌老师的化学课堂点燃学生学习化学的热情。在晓萌老师的化学课堂上,最常见的是学生专注的目光、动手实践、不断提问,还有在完成任务时学生之间热烈、激烈的讨论、争论,大家愿意把自己的观察、分析、结论和观点讲出来,讲给同学,讲给老师,也讲给自己。在完成任务、讨论修正的过程中,学生也在不断进步。这样的输出型学习,有顺利,也有挫折,还有需要更长时间才能解决的问题,学生在经历这一切的过程中,认识和理解不断提升,高阶思维能力不断发展,体验收获、感悟成功,发生了学习的"化学反应"。愉悦感、价值感产生了持久的吸引力,化学学科本身的魅力和老师的化学课堂点燃了学生学习化学的热情。

刮摩淬励　研精覃思
——一位初中化学教师的教学实践

晓萌老师的化学课堂每一年都和上一年不太一样。晓萌老师工作之后，一直担任初三年级化学教学工作，时间长了，重复多了，不免会感到枯燥乏味，也容易身心倦怠。但是，他善于学习，向同事学习、向教研员学习、向海淀的老师学习、向外省市的老师学习、向大学教授学习，他倾听、观察、琢磨、尝试。从"三维目标"到"核心素养"，从"化学教学"到"STEM实践"，从"化学知识"到"大概念"，从"课时教学"到"单元教学"。例如，他的课堂教学内容主题已经发生变化，从教授"碳和碳的氧化物"到带领学生完成"低碳行动——寻找大气中二氧化碳含量降低的方法"任务，从教授"酸、碱和盐"到带领学生进行"自制牙膏（洁牙粉）配方的研究"，变化的不仅是外显的主题，更是对化学学科本质的理解、对化学核心内容素养功能的理解、对学生学习化学的理解。这样的化学课堂还承载了更多的学生核心素养培养功能，学生的沟通能力、合作能力、共情能力、坚毅品质和多角度思维等得到了发展，好奇心更重、想象力更丰富、创新创造精神更强，为学生成为能够创造美好未来的社会实践的主人打基础。晓萌老师的课堂一直在变化，也正是因为如此，学生喜欢上他的化学课，他本人从教20年也没有倦怠。

晓萌老师的专业成长，是青年教师发展的典范。晓萌老师持续地进行课堂教学改进，设计系列任务，真实、丰富、具体的问题情境和挑战性学习任务，是学生化学学科核心素养形成和发展的重要载体。这样的学习过程，让学生在学习中感受到化学学科的特征，感受到化学是材料科学、环境科学和能源科学等现代科学技术的重要基础，是推动人类社会可持续发展的重要力量，引领学生走进科学殿堂。就是在一个个"研究—实践—反思—改进"的小循环中，晓萌老师一直进行教学改进的实践探索，并在这个过程中不断成长。他用自己研究、探索的行动，展示了新时代一位优秀化学教师的风采，也为青年教师提供了专业发展路径、方法及可参照的案例。

新时代的教师要在传道、授业和解惑的基础上，提升自己的课程育人能力，做学生成长的引导者、支持者和陪伴者。研无止境，2022年4月，《义务教育课程方案和课程标准（2022年版）》发布，9月开始实施。改革带来挑战，也带来机遇，我相信，晓萌老师的这本充满着满满青春能量的书，能够为一线化学教师和教研工作者，从多角度打开专业成长的"门"，找到学生核心素养发展的"道"。

愿晓萌老师继续成长！愿各地的化学教育同行继续从改革中汲取营养，创造更加美好的未来！

北京市海淀区教师进修学校校长　罗滨
2022年10月29日于远大园

序二

北京市八一学校是由老一辈革命家聂荣臻元帅亲手创办的荣臻子弟学校发展而来的一所现代化历史名校。学校以培养具有中国精神的品质公民为使命，以造就品德好、品行优、品味高的国际创新人才为育人目标。五育并举，以德为先，八一学校的教师们本着"思想领先、有教无类、严格要求、高度负责"的八一学校精神，以科学高效、精细务实的工作作风，积极开展教学研究，深入研究理论，转变教学思路，努力提升教学质量的同时，发挥学科育人、生态立人的办学特色。宋老师作为我校中青年教师的代表，积极参与教学研究，取得了丰硕的教学成果。

"刮摩淬励"一词出自《元史·吴师道传》："仍幡然有志于为己之学，刮摩淬励，日长月益"，是指在学术上刻苦钻研。"研精覃思"一词出自《尚书》序："承诏为五十九篇作传，于是遂研精覃思，博考经籍，采摭群言，以立训传"，是精心研究、深入思考的意思。宋老师就是这样一位热爱研究教育教学理论、喜欢深入思考和实践的同志。他总是反复琢磨专家教学理论和老教师提供的教学经验，在教学中不断将理论经验与实际相结合，在深入理解专家提出的教学理论后付诸实践，再将实践经验上升到理论层面，转化为教学研究成果，进一步指导教学。

宋老师自2003年大学毕业后一直在我校任教，从教20年来，始终奋斗在时间紧、任务重的初三毕业年级，他深受学生喜爱，获得了领导和广大同行的认可。学生对宋老师的课堂评价是和谐融洽却又"烧脑"，他总是用轻松幽默的话语提出极具挑战性的问题，无论是基础薄弱的学生还是学习能力强的学生都会欲罢不能，参与度极高，往往感觉一节课很快就过去了。"在课堂中提出的是每个孩子内心深处最本源的问题，而不是简单的知识问题，求知欲会促使每个孩子认真学习。"宋老师如是说。

宋老师不仅自身积极投身教学研究，作为初中化学教研组长和初三备课组长，他的研究意识也感染了同组教师们。教师们都非常乐于和善于研究教学，在宋老师的带领下，组内每年都有计划、有步骤地开展专题研究，开发了一系列以学生为主体的单元教学案例，逐步形成了以单元教学为主体的校本教材。在《义务教育课程方案和课程标准（2022年版）》颁布之际，这些案例也成为最符合"新课标"的教学案例，多次在国家级、市区级教研平台展示，获得了一系列奖项，以及被文章、书籍及教育部

刮摩淬励 研精覃思
——一位初中化学教师的教学实践

官方网站收录。

习近平总书记于2016年第32个教师节来临之际来我校慰问师生，向全国广大教师和教育工作者致以节日祝贺和诚挚问候时强调，教育决定着人类的今天，也决定着人类的未来。广大教师要做学生锤炼品格的引路人，做学生学习知识的引路人，做学生创新思维的引路人，做学生奉献祖国的引路人。"一个人遇到好老师是人生的幸运，一个学校拥有好老师是学校的光荣，一个民族源源不断涌现出一批又一批好老师则是民族的希望。"

立德树人是教育的根本任务，"德为才之帅"，青少年正处在世界观、人生观、价值观形成的关键时刻，德育为先，要在继承的基础上创新。宋老师坚持把社会主义核心价值观融入课程，将弘扬以爱国主义为核心的民族精神和以改革创新为核心的时代精神作为教学内容。作为全国第一个发射中学生科普小卫星的学校，宋老师带领学生设计卫星荷载装置，开展微重力灭火研究，获得了全国科技比赛中的全场科学精神大奖。宋老师牢记习近平总书记来信中鼓励大家继续保持"对知识的渴望""不断激发自己对科学探索的热情""努力实践"的殷殷嘱托，发挥辐射作用，带领本校和海淀区兄弟学校研发了一系列航天课程，如"模拟太空供氧""航天器供水方案""为航天器设计供能方案"等一系列项目式学习课程，有效提升广大学生的爱国主义情怀和民族自豪感，使学生形成正确的社会主义核心价值观，励志为中华之崛起而读书。

当前教育要求教师引导和教育学生自觉践行社会主义核心价值体系，教师从课程德育、社会实践等方面进行建构，将德育渗透到教育教学的各个环节，贯穿学校教育、家庭教育和社会教育的各个方面。宋老师带领初中化学组参与并实施了北师大和海淀区指导的跨学科实践主题项目——基于碳中和理念设计低碳行动方案，该项目涵盖了碳和碳的氧化物以及燃料及其利用等初三化学教学内容，学生在学习过程中能够了解党和国家的重要政策法规，在化学与可持续发展大概念的统领下，落实核心知识和技能，关注国计民生，了解科学、技术、社会、法规政策在环境可持续发展中的重要作用，从口号式的多种树、绿色出行，到从个人、家庭、国家和全球的角度设计出科学严谨、角度丰富的低碳行动方案，形成理性、综合、创新的思维分析方式，建立了可持续发展的观念，励志长大后为构建人类命运共同体发挥更大的作用。

全面发展是人的发展和社会发展的最高目标、最终价值取向。八一学校的办学理念是为学生的品质人生奠基，在坚持德育为先的同时，全面加强和改进智育、体育、美育，鼓励教师在教学中渗透德育、体育和美育。宋老师关注学生的全面发展、和谐发展、持续发展、终身发展和健康成长，带领化学组创设包含化学、体育学科相融合的项目式学习课程"完美身材计划"，帮助学生形成健康饮食和健身计划；在"基于证据探索物质构成的奥秘——跟随水分子的足迹"课程中，创设"迎国庆，参与原子模型秀"等学科实践活动，从艺术和科学的角度评价作品，在教学中将德育、智育、体

序二

育、美育有机融合，努力培养学生成为德智体美全面发展的社会主义建设者和接班人。

近年来，宋老师教育、教学双肩挑，经常同时担任班主任、备课组长和教研组长等，对待工作认真细致，对于教学研究也更加投入，夜以继日，一心扑在工作上，连续三年被评为校优秀教育工作管理者和优秀教学工作管理者，获得"海淀区教育系统优秀共产党员"称号。由于在教研工作中表现突出，宋老师连续多年担任海淀区兼职教研员、海淀区化学学科督学，是北京教育考试院的中考评价专家组成员，并连续多年撰写《北京市初中学业水平考试评价研究报告》。

《刮摩淬励，研精覃思——一位初中化学教师的教学实践》收录的案例是宋老师及其带领的初中化学教学团队的研究成果，也是八一学校的宝贵财富。希望宋老师在今后的工作中继续努力，积极发挥学术带头作用，为化学学科的发展、学校的教育发展添砖加瓦，为国家的教育事业贡献力量，培养出更多更好的社会主义接班人。

北京市八一学校校长　沈军

2022 年 10 月

前言

教学研究的最终目的是培养学生形成有利于终身发展的素养，笔者始终认为积极参与教学研究、不断改进教学、探索有效的培养路径是每一个教师应做的。初三年级是化学学习的起始年级，也是义务教育的收官之年，时间短、任务重是每个化学教师要面对的困难，虽然在教学中以知识落实为目标会更容易取得立竿见影的教学成绩，但广大化学教师更关心的是如何在教授学生核心知识技能的同时，提高教学效率和效果，在有限的条件下培养学生的关键能力和必备品格。

在北京市八一学校校长沈军和其他校领导的大力支持和推荐下，笔者有幸于2014年至今参与海淀区"关键问题""深度学习""基于科学本质的探究教学""项目学习区域整体改革"等项目，在北京市海淀区教师进修学校罗滨校长的关怀和领导下，在北京师范大学化学学院王磊教授、胡久华教授和首都师范大学黄燕宁副教授等专家的强大理论支持下，接受北京市海淀区教师进修学校支瑶副校长、陈颖主任、任宝华老师和尹博远老师等教研员"天团"的指导，理论联系实际，开展了一系列教学实践研究，举行了一系列国家级、市区级研究课，并进一步撰写研究报告和论文，多次获得各级别的奖项，同时也获得了专家和广大一线教师的关注和肯定。在研究中，笔者结合本校教研计划，在教学教研领导的关怀下，不断打磨案例，经过几年的努力，将人教版实验教材中的案例进行改进，初步形成了具有本校特色的校本教材。

本书收录了笔者于2014年至今参与课题、教学改进项目和教学评比时举行研究课的教学设计，其中大部分案例在国家级、市区级教学评比中获得了一等奖，很多案例在不同教研平台或者会议中被广大教学工作者所熟悉（其中案例9由作者和左旭晶老师研发，案例11由作者和于洋、丁灵巧、左旭晶老师研发，案例12由作者和胡振环、于洋、丁灵巧老师研发，案例13由作者和丁瑞连、陈金艳等老师研发，案例14由作者和于洋、丁灵巧、左旭晶、胡振环老师研发，案例15由作者和聂树新老师研发），

刮摩淬励　研精覃思
——一位初中化学教师的教学实践

读者们在本书中看到的是在《义务教育化学课程标准（2022年版）》出版之际，笔者在原有设计的基础上进一步思考和改进的结果，同时也将一些与案例相关的内容更多地展示出来。例如，单元教学中除展示课以外的其他课时教学设计、教师设计教学案例时的思考和反思、学生学习后的感悟及收获等，希望能对读者有些许帮助和启发。

宋晓萌

2022年10月

目录

第一章 基于《义务教育化学课程标准（2022年版）》的教学实践 ……………1
 第一节 指向科学思维素养培养的教学：蜡烛燃烧的研究 ………………1
 第二节 发展学生科学本质观的教学：质量守恒定律的发现 …………16
 第三节 "物质的性质与应用"主题教学：氧气寻踪 …………………24
 第四节 大概念统领下的单元教学："酸和碱"大概念教学 …………34

第二章 基于"深度学习"理论的单元教学实践 …………………………62
 第一节 《物质构成的奥秘》单元教学一（新授课）……………………63
 第二节 《物质构成的奥秘》单元教学二（改进后的新授课）…………83
 第三节 《物质的化学变化》（复习课）…………………………………99
 第四节 碳和碳的氧化物：低碳行动——寻找大气中二氧化碳含量
    降低的方法 ……………………………………………………124

第三章 指向综合素养培养的项目式教学实践 …………………………136
 第一节 氧气的性质、制法和空气中含量的测定：太空舱供氧方案的
    研究 ……………………………………………………………136
 第二节 金属和金属材料：I am Mr.Coins——硬币金属材料的选择 …145
 第三节 酸、碱和盐：自制牙膏（洁牙粉）配方的研究 ………………163
 第四节 燃烧及其利用：我们一起去野餐——便携式燃料的选择与使用 …176
 第五节 化学物质与健康：完美身材计划 ………………………………189
 第六节 跨学科实践：基于碳中和理念设计低碳行动 …………………203
 第七节 跨学科实践：京西稻的种植 ……………………………………246

附表 案例相关信息 ………………………………………………………261
后记 我心中的那个"她" ………………………………………………263

第一章
基于《义务教育化学课程标准（2022年版）》的教学实践

当前教育倡导核心素养的培养，《义务教育化学课程标准（2022年版）》（以下简称《课程标准》）指出初中化学课程要培养的核心素养包括化学观念、科学思维、科学探究与实践、科学态度与责任。为促进核心素养的培养，《课程标准》下设科学探究与化学实验、物质的性质与应用、物质的组成与结构、物质的化学变化、化学与社会·跨学科实践 5 个学习主题，每个主题凝练大概念，反映核心素养在各学习主题下的特质化内容要求。

第一节 指向科学思维素养培养的教学：蜡烛燃烧的研究

学习和科学研究均离不开思维，无论是科学问题的提出、实验现象的观察、实验数据的测量、科学模型的抽象、科学概念的形成、科学规律和科学理论的建立，还是应用科学理论解决实际问题，都离不开思维。教师要深入挖掘教学素材背后的价值，为学生创造运用比较、分类、分析、综合、归纳等科学方法解决问题的机会，提升他们的科学思维素养。

科学家法拉第曾以《蜡烛的故事》为题为青少年朋友开展专题报告，深入探讨蜡烛燃烧的原因、蜡烛火焰的形状、蜡烛火焰的颜色等一系列问题。蜡烛燃烧过程十分复杂，烛芯与石蜡的配合十分"巧妙"。在教学中，教师给学生略加解释时，学生会产生疑惑顿解的喜悦。

刮摩淬励 研精覃思
一位初中化学教师的教学实践

案例1 蜡烛燃烧的研究

【案例信息】

人教版九年级（上册）第一单元课题2《化学是一门以实验为基础的科学》

【学习内容】

"蜡烛燃烧的研究"是学生接触到的第一个较为完整的化学活动与探究实验，意在培养学生准确、全面地观察、描述和记录实验现象的能力，这是化学实验的基础，对整个初中乃至今后的化学学习都会起到至关重要的作用。

义务教育阶段的化学教育，要激发学生学习化学的兴趣，引导学生体验科学探究的过程，启迪学生的科学思维，培养学生的实践能力。对蜡烛燃烧现象的实验探究是初中化学教学中的核心活动，该活动不仅涉及物理变化与化学变化、燃烧的现象与条件以及燃烧产物的检验等基本科学原理，而且可以承载探究能力中各个要素的培养，研究过程可以帮助学生逐步理解科学本质、感知科学原貌、认识科学价值、提升科学思维素养。

从化学学科角度来看，物质及其变化是化学的研究对象，从能量、物质、条件和现象的角度认识化学反应，是学生应有的认识角度。学生在学习第一单元内容时，对化学变化的认识处于感知阶段，需要教师不断地促进其认识角度的形成，蜡烛的燃烧是学生学习化学之初的重要化学变化，对该反应的研究可以帮助学生初步建立这些认识角度，为今后理解、应用化学变化奠定基础。

常规课程中，学生能顺利地描述所看到的一些现象，如蜡烛燃烧时能发光、发热等，教材设计对比观察蜡烛点燃前、燃着时、熄灭后的现象，可以让学生关注物质的变化过程及其现象，同时掌握在探究活动或实验过程中应观察的具体内容（如颜色、状态、气味、硬度、密度、熔点、沸点、亮度、温度、新物质的产生等）。但是教师在以往的教学中发现，很多学生对于如何研究物质、主要研究物质的哪些方面、利用什么方法研究并不清楚，对探究过程中的基本环节认识不清，对实验现象的观察、归纳及结论间的推理关系认识不足，不能建立现象与结论间的动态关联。

前测结果显示，学生对蜡烛的燃烧原理及燃烧方式并不了解，对蜡烛燃烧的原因、持续燃烧的原因和燃烧后的产物等问题的认识都比较模糊，他们提出的问题包括"为什么蜡烛燃烧时蜡油滴下凝固，蜡烛却越烧越短""蜡烛燃烧为什么会发光""火焰内部为什么是蓝色的"等，图1-1-1给出了蜡烛及其燃烧前测学生的答案展示。

本节课要在学生几乎没有化学基础知识的前提下研究蜡烛燃烧，推动学生进行驱动性思考，从身边最熟悉的物质中提炼出学生的众多疑问，让学生在强烈好奇心的驱使下完成本节课的学习任务。

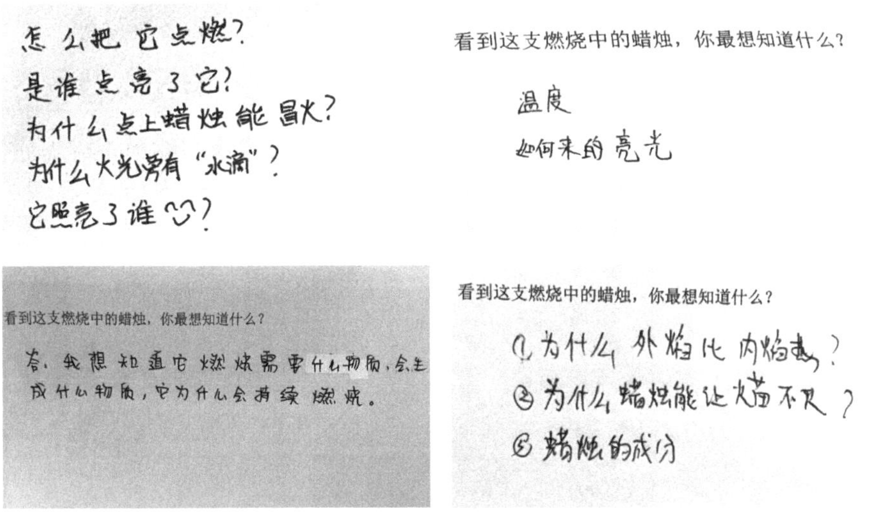

图 1-1-1　蜡烛及其燃烧前测学生的答案展示[①]

【学习目标】

（1）学会准确、全面地观察、描述和记录实验现象，感受实验现象与结论间的推理关系，建立两者之间的动态关联。

（2）认识科学本质：科学研究基于实证——初步认识到科学的正确性取决于观察和实验的检验；科学研究要发挥自身的创造力——能够对猜想或假设做初步论证；科学具有归纳性——认识到科学始于观察，科学知识主要来自观察和归纳。

（3）初步感知化学变化的物质、能量、条件和现象等认识角度。

（4）体验探究的乐趣，了解化学对社会发展的重大贡献，初步具备严谨求实的科学态度，能有意识地从日常生活中发现一些有探究价值的问题，用"化学的眼睛"看世界。

【教学过程】

【引入】展示前测问题——关于蜡烛的燃烧，你想探究的问题是什么？对问题进行初步猜想和假设。

教师：你是如何看待这些问题的？

---

① 本书部分图片为学生课前、课后学案及教学过程展示，图片中存在书写错误、网络用语等不足，在不影响读者阅读的前提下，作为原始记录，未做过多修改。

学生对问题进行初步猜想与假设（图1-1-2）。

图1-1-2　前测结果展示

教师明确任务，问题梳理如图1-1-3所示。

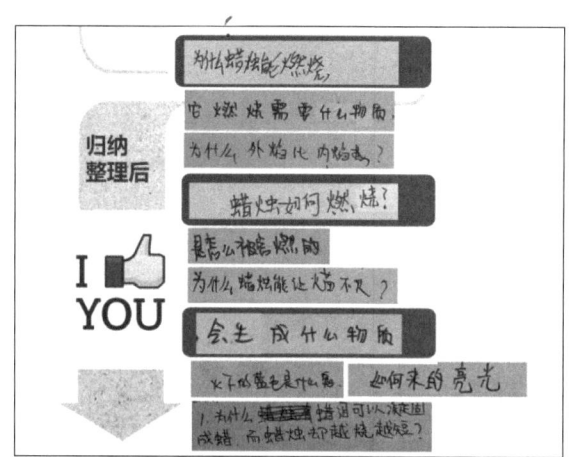

图1-1-3　问题梳理

设计意图：

明确实验研究方向，在对探究问题进行初步猜想和假设的过程中认识科学探索的创造性——能够对猜想或假设做初步论证。

【环节1】认识蜡烛中燃烧的物质

问题1：蜡烛为什么能燃烧，是哪部分在燃烧？

活动1：使用给定实验用品点燃蜡油；盖灭蜡烛；点燃白烟，使蜡烛复燃；用锥形瓶盖住燃着的蜡烛，使蜡烛熄灭（图1-1-4）。

图 1-1-4　实验用品

实验过程中,学生和教师展开了激烈的讨论。

学生 A:石蜡的作用是阻止燃烧,因为只有棉线烛芯时燃烧很迅速。

学生 B:不对,石蜡的作用是支持燃烧,因为蜡烛燃烧放热远远大于棉线烛芯。

教师:石蜡为什么不是可燃物呢?

学生 B:因为蜡烛燃烧时蜡油滴下凝固的石蜡不能被点燃。

学生 C:我用锥形瓶扣住蜡烛,发现蜡烛会熄灭,因为氧气被消耗光了,氧气应该也是助燃物。

教师:用火柴点燃蜡烛熄灭后的白烟可引燃蜡烛,说明什么问题?

学生 A:白烟是石蜡,说明石蜡是助燃物。

学生 C:那你说说石蜡是帮助什么在燃烧?

教师:如果石蜡是助燃物,那么在没有白烟的情况下,隔空点火,在有氧气助燃的情况下,为什么不能引燃蜡烛?

学生思维陷入矛盾,多角度思考并反复实验,最终猜想石蜡是可燃物(图1-1-5)。

图 1-1-5　师生讨论

刮摩淬励　研精覃思
一位初中化学教师的教学实践

小结：

推测1——白烟是石蜡，石蜡是助燃物，因为石蜡可以帮助棉线烛芯复燃。

推测2——氧气是助燃物，因为没有氧气蜡烛不能燃烧。

推测3——石蜡不是助燃物，是可燃物，因为空气中没有可燃物。

设计意图：

探查学生已有认识。前测结果显示，大部分学生认为棉线烛芯是可燃物，石蜡的作用是阻止燃烧或支持燃烧。在认识氧气的助燃性、思考石蜡的作用的过程中，让学生做到以下两点。

①学习正确观察和描述实验现象，感受实验现象与结论间的推理关系。

②初步认识到科学的正确性取决于观察，对猜想或假设做论证。

【环节2】认识蜡烛的燃烧方式

问题2：蜡烛是如何燃烧的？

活动2：完成一系列实验。用火柴点蒸发皿中熔化后的石蜡；对比首次燃烧的蜡烛和燃烧过的蜡烛点燃时火焰的变化；将点燃后的蜡烛倒过来（图1-1-6、图1-1-7）。

学生A：石蜡不是可燃物，因为蜡油无法点燃。

学生B：石蜡是可燃物！石蜡在蒸发皿中加热很久后燃烧了。

学生C：我们组在熔化后的石蜡中放入火柴梗，火柴烧焦后仍然持续燃烧。

图1-1-6　刚熔化的石蜡难以点燃，加热一段时间后，可以点燃

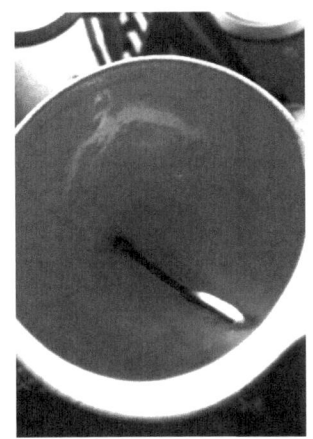

图 1-1-7 液体石蜡难以点燃,但火柴烧焦后在液体石蜡中持续燃烧

学生 D:将燃烧的蜡烛倒放,蜡烛熄灭,说明液体石蜡难以点燃(图 1-1-8)。

图 1-1-8 倒扣蜡烛,蜡烛迅速熄灭

学生 E:燃烧过的蜡烛点燃后火焰很大;新蜡烛点燃后的火焰最初较小后逐渐变大(图 1-1-9)。

刮摩淬励　研精覃思
一位初中化学教师的教学实践

图 1-1-9　对比新旧蜡烛点燃后火焰大小

教师展示疏松多孔的木炭图片、毛细现象及其原理，请同学们进一步分析以上实验能得出哪些结论。

学生 A：石蜡是可燃物，但是不易燃烧。因为蒸发皿中的石蜡需要加热很久才能燃烧，蜡烛火焰本身的温度不能达到蜡油燃烧的温度，所以将蜡烛倒转过来后滴下的蜡油可以浇灭蜡烛火焰。

学生 B：火柴烧焦后变得像木炭一样，由于毛细现象，将石蜡吸附上来，火焰引燃石蜡，所以可以持续燃烧。棉线烛芯的作用和木炭的作用一样，燃烧后放出热量使石蜡熔化，蜡油被棉线烛芯吸附上来，持续燃烧。

学生 C：吹灭蜡烛时，没来得及燃烧的蜡油变为固体包在棉线表面，所以点燃使用过的蜡烛后火焰很大，新蜡烛需要过一段时间才能将蜡油吸附上来燃烧，所以火焰是逐渐变大的。

设计意图：

通过用火柴点蒸发皿中熔化后的石蜡、将点燃后的蜡烛倒放及蜡烛熄灭实验可归纳出液体石蜡难以被点燃。通过用火柴点蒸发皿中熔化后的石蜡、对比首次燃烧的蜡烛和燃烧过的蜡烛点燃时火焰的变化可归纳出火柴起到引燃的作用。通过图片和实验归纳出：火柴烧焦后，空洞将石蜡吸附上来，火焰将石蜡引燃，棉线烛芯的作用和木炭的作用一样，是为了吸附液体石蜡，使石蜡转化为气态，容易燃烧。

在认识石蜡的可燃性、石蜡与烛芯的配合方式的过程中懂得准确、全面地观察、描述和记录实验现象的重要性，建立现象和结论之间的动态关联，感受科学研究中的观察、归纳、推理及分析等过程。

【环节 3】认识蜡烛燃烧产生的物质

问题 3：蜡烛燃烧会产生哪些物质？

活动 3：将玻璃导管伸入蜡烛火焰的外焰、内焰和焰心，一段时间后取出观察，并通过查找资料，推测原因（图 1-1-10）。

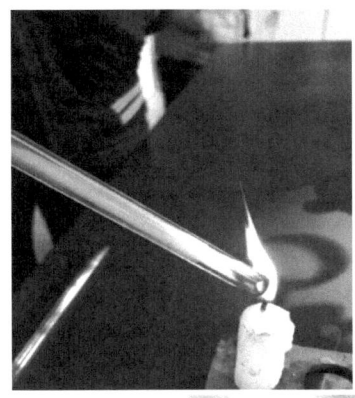

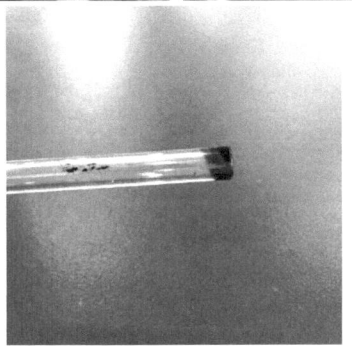

图 1-1-10　导出焰心内部油状液体，内焰中产生黑色固体

资料

（1）蜡烛主要由石蜡制成，石蜡是石油炼制后得到的固体物质，主要由多种碳氢化合物组成，这些化合物分子中的碳原子数目不同，其化学式通式为 C_nH_{2n+2}，$n=18 \sim 30$。

（2）部分碳氢化合物在常温时的状态如表1所示。

（3）多数碳氢化合物在一定温度下分解为碳原子数较少的碳氢化合物或碳单质（黑色固体）和氢气。

表 1　部分碳氢化合物在常温时的状态

物质名称	化学式	常温时的状态
丁烷	C_4H_{10}	气
戊烷	C_5H_{12}	液（油状）
癸烷	$C_{10}H_{22}$	液（油状）
十八烷	$C_{18}H_{38}$	固
二十四烷	$C_{24}H_{50}$	固

刮摩淬励　研精覃思
一位初中化学教师的教学实践

学生A：石蜡蒸气在火焰内部会生成其他物质，在火焰不同的部位生成不同的物质。伸入焰心部位一段时间后取出，玻璃导管内有油状液体，冷却到室温后仍为液体；伸入内焰部位一段时间后取出，玻璃导管口有黑色物质；伸入外焰部位一段时间后取出，玻璃导管无明显变化。

学生B：蜡烛火焰不同部位的颜色不同，可能是因为蜡烛火焰不同部位的温度不同，石蜡蒸气变为不同物质在燃烧，焰心温度最低，可能变为戊烷或者癸烷在燃烧，所以玻璃导管内为油状液体，它燃烧时火焰可能是蓝色的；内焰温度高，所以进一步变成了碳粒，所以玻璃导管口有黑色固体；外焰部分玻璃导管上无物质产生，可能是氢气在燃烧。

教师：同学们的推测有一定的道理，大家尝试将干冷烧杯和涂有澄清石灰水的烧杯罩在火焰上方，几秒钟后取出。观察后分析实验现象，进一步推论蜡烛火焰的变化及最终燃烧产物（图1-1-11）。

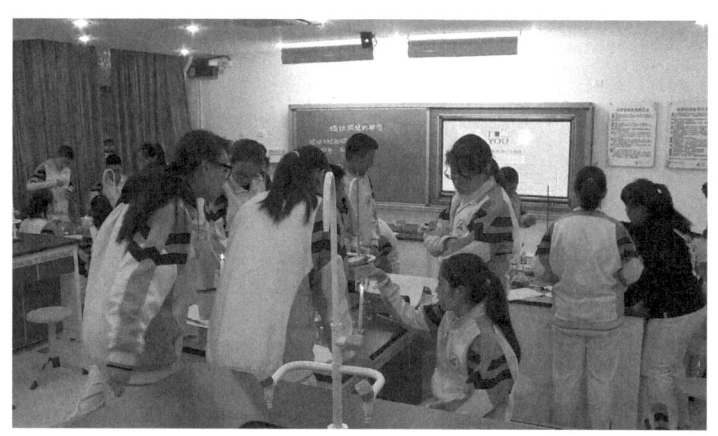

图1-1-11　检验燃烧产物

学生A：蜡烛燃烧最终会得到水和二氧化碳。蜡烛燃烧是化学变化，蜡烛、氧气是反应物，二氧化碳和水是生成物。

学生B：石蜡无论如何变化，都是变为碳氢化合物或者碳粒和氢气，只含有碳、氢元素，所以它们最终会变为二氧化碳和水。

设计意图：

在研究蜡烛燃烧的反应历程和最终产物的过程中进一步理解科学研究要运用比较、分类、分析、综合、归纳等科学方法，感知科学研究要经历提出问题、查找资料、提出假设、做出论证等环节。

【环节4】课堂总结

问题4：本次实验成功的关键是什么？在实验过程中你有什么收获？

活动4：讨论本次实验的成功关键及收获。

学生A：进行化学实验时，要注意观察实验现象，要从状态、颜色、热量、光亮等角度进行观察。

学生B：实验时还要注意分析已发生的变化是化学变化还是物理变化，如果是化学变化，生成了什么物质。

学生C：进行实验时要大胆提出猜想或假设并且设法证明它，在实验过程中不仅要观察现象，更重要的是懂得归纳和推理，最后通过有力的证据证明自己的猜想或假设。

教师：科学研究始于问题，认真观察现象非常重要，因为它是得出实验结论的基础，但是只有现象和数据还不够，还要通过分析、论证，使其成为合理的推测。设计实验时也要发挥我们的创造力，得出有力的证据才能证明猜想或假设，才会得出使人信服的结论。蜡烛燃烧是一个化学反应，石蜡和氧气是反应物，二氧化碳和水是最终的生成物，化学反应发生时，往往还伴随着能量的变化，如发光、放热。需要达到一定温度才能将其点燃是它的反应条件。

小结：

（1）科学研究始于问题，科学知识主要来自对观察现象的归纳；创造性科学是人类的推理、想象和创造力的产物；科学的正确性取决于观察和实验检验。

（2）对于一个化学反应，需要从多个角度进行探究，如物质、能量、现象和条件等。

设计意图：

学生通过讨论和反思，在教师带领下，提炼科学研究的要点，感知探究化学反应的不同角度。

【板书设计】

本节课板书设计如图1-1-12至图1-1-14所示。

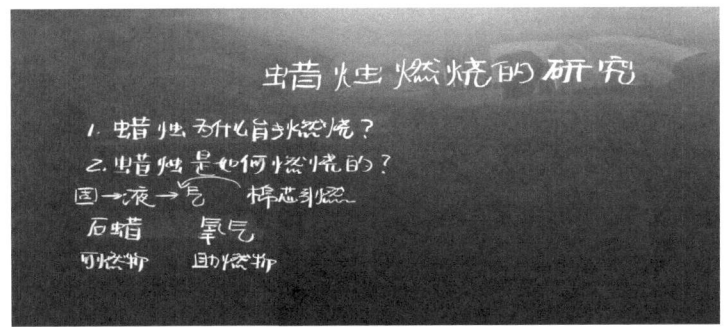

图1-1-12　认识石蜡的可燃性，了解蜡烛的燃烧方式

刮摩淬励 研精覃思
一位初中化学教师的教学实践

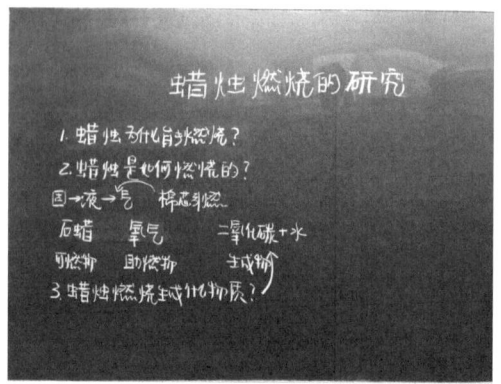

图1-1-13 认识石蜡的可燃性产物

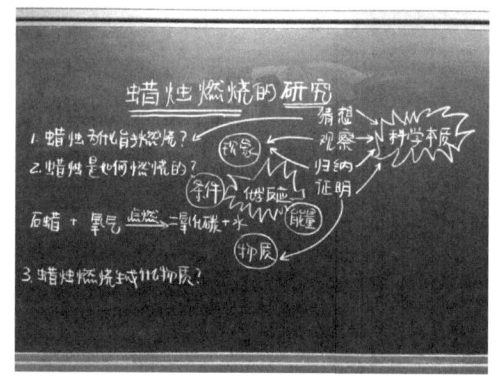

图1-1-14 从科学研究和化学变化的角度提炼总结

【持续性评价结果】

课程围绕着学生的认识发展变化开展，基于学生已有认识，形成本单元的教学思路。具体操作为通过学生活动，解读课前学生已有认识，经教师指导和小组分析讨论，让学生逐步对所学内容产生认识；在教学中持续检测学生是否已掌握学习内容，对前一个活动的效果进行评价，得到评价效果，再进行讨论、评价；如此循环，直至课堂环节结束。活动和评价相融合，活动表现作为即时评价学生的依据。

具体评价方法有以下3点。

（1）前测探查学生已有认识，确定教学起点，形成基本教学思路。

前测有效探查学生对蜡烛燃烧条件、方式和产物的认识情况，并且将其列为本节课的主题线索，不断推动课程的进行（图1-1-15至图1-1-17）。

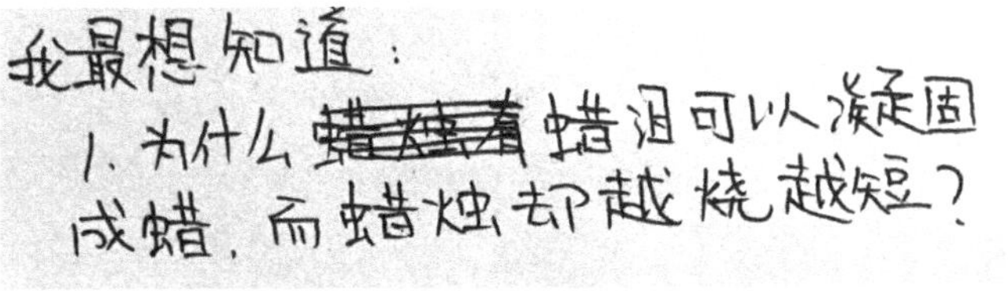

> 我最想知道：
> 1. 为什么蜡~~大士~~蜡油可以凝固成蜡，而蜡烛却越烧越短？

图 1-1-15　对石蜡是否可燃认识不清

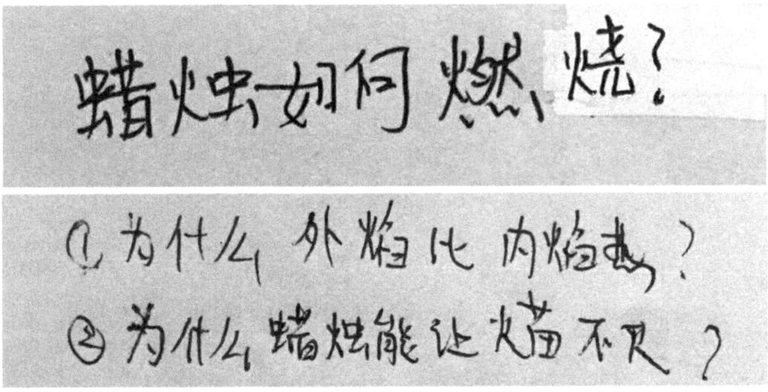

> 蜡烛如何燃烧？
> ① 为什么外焰比内焰亮？
> ② 为什么蜡烛能让火苗不灭？

图 1-1-16　对蜡烛燃烧方式认识不清

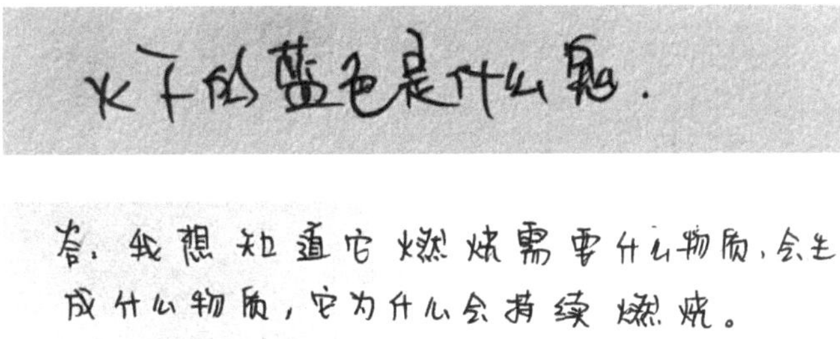

> 火下的蓝色是什么气。

> 答，我想知道它燃烧需要什么物质，会生成什么物质，它为什么会持续燃烧。

图 1-1-17　对蜡烛燃烧条件和火焰内部的变化、最终产物认识不清

（2）学生自主纠偏，促进认识发展；师生互动，评价与追问融合。

例如，活动1中曾有过如下对话。

学生 A：石蜡的作用是阻止燃烧，因为只有棉线烛芯时燃烧很迅速。

学生 B：不对，石蜡的作用是支持燃烧，因为蜡烛燃烧放热远远大于棉线烛芯。

教师：石蜡为什么不是可燃物呢？

学生 B：因为刮下的石蜡不能被点燃。

学生 C：我用烧杯扣住蜡烛，发现蜡烛熄灭，因为氧气被消耗光了，氧气应该也是助燃物。

教师：用火柴点燃蜡烛熄灭后的白烟可引燃蜡烛，说明什么问题？

刮摩淬励　研精覃思
一位初中化学教师的教学实践

学生 A：白烟是石蜡，说明石蜡是助燃物。

学生 C：那你说说石蜡是帮助什么在燃烧？

教师：如果石蜡是助燃物，那么在没有白烟的情况下，隔空点火，在有氧气助燃的情况下，为什么不能引燃蜡烛？

在激烈的讨论中，不断产生思维碰撞，学生反复思考，最终提出新的猜想——石蜡是可燃物。

（3）检测目标达成如下。

①填写学案，阶段性测查目标达成（图 1-1-18）。

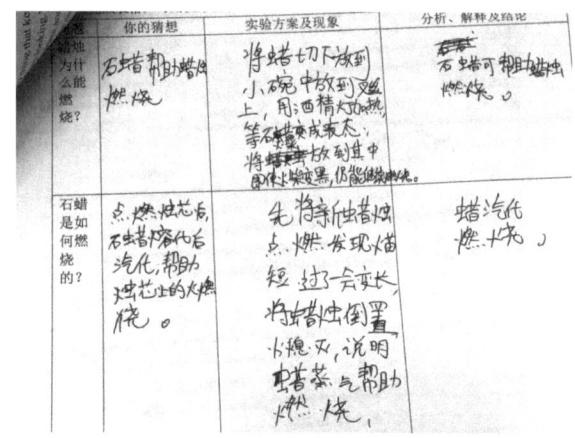

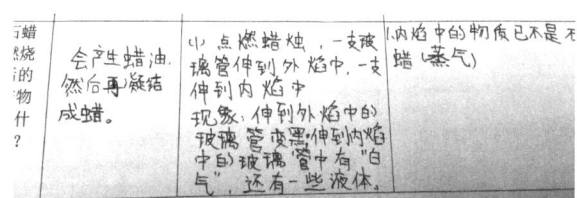

图 1-1-18　学案填写情况

②课后学生自制思维导图，探查学生认识状况（图 1-1-19）。

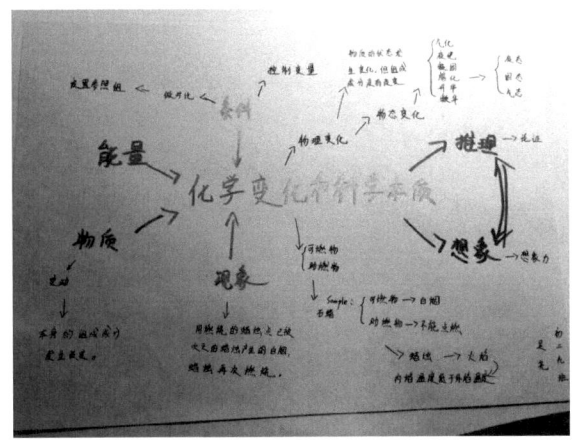

图 1-1-19 学生自制思维导图

【教学反思】

在传统教学中,学生获得单方面的观察描述实验现象的能力,学生对蜡烛燃烧前中后的理解是碎片化的。本节课以学生最关心的问题为出发点,推动课程的发展,使学生真正理解了蜡烛燃烧的方式、特点等,获得了巨大的成就感和成功的喜悦,逐渐乐于进行科学探究。

注重思维方式的培养。本节课对素材的选择和使用方式及教师的设问进行了探究,有效促进了学生思维的发展,通过师生的互动、质疑、观点碰撞达到自主建构的目的。关注学生的活动表现,因为这其实也是其能力外显的表现,授课教师通过学生的活动表现做即时的判断,向学生提出有针对性的改进和指导建议,即在活动中进行教学评价和反馈。学生对科学探究环节的认识不再是割裂的,真正建立起了现象与结论间的逻辑关联,切身感受到了科学推理的一般过程。

关注化学变化的阶段性及发展性,在教学中促进学生对化学变化认识角度的增

> **刮摩淬励　研精覃思**
> 　　一位初中化学教师的教学实践

加。利用蜡烛的点燃与熄灭方式、现象与结论的推理过程、对反应产物的研究等，有意识地促进学生建立从条件、能量、物质、现象等多角度探究化学反应的意识，为今后的学习奠定基础。

关注学生的认识发展，评价与活动紧密结合，不断在课堂活动中评价学生的认识，有效将学生思维外显，用评价促使活动，环环相扣地促进学生的认识发展。

在将来的教学中，应进一步提升学生的观察能力，培养学生多角度筛选有价值信息的能力，即基于目的有针对性地进行观察，能够从化学学科的角度推理问题。培养学生化学学科的思维方式，让学生逐渐认识化学学科科学本质和科学探究特点，学会从化学学科角度分析解决问题的方法。

第二节　发展学生科学本质观的教学：质量守恒定律的发现

化学科学本质是《课程标准》中"科学探究与化学实验"这一主题下的大概念，包括如下内容：知道化学是研究物质的组成、结构、性质、转化及应用的一门基础学科；初步了解化学科学的发展历程；认识化学科学、技术、社会、环境的相互关系，了解化学科学对社会发展和人类文明进步的重要价值；感悟科学家崇尚真理、严谨求实的科学态度，勇于质疑、批判和创新的精神；学习科学家爱国、奉献的精神，团结协作、攻坚克难的品格等。

美国伊利诺伊大学的莱德曼（Lederman）教授认为科学包含科学知识、科学探究和科学本质3个维度，科学本质教学是科学课程的重要组成部分。科学本质主要包含暂时性、社会和文化嵌入性、实证性、创造性及理论和定律的联系和区别等。教师在进行教学设计时，不仅要将科学知识、科学方法外显在教学目标中，还要在教学目标中外显科学本质，思考采取何种教学策略，设计怎样的学习活动，使目标在教学过程中得以实现。

科学史是一种非常重要的教育资源，近年来其教育价值逐渐受到重视，并逐步成为国际上科学教育改革的一个不容忽视的发展方向。国外众多研究表明科学史中蕴含着丰富的科学本质内容，可以利用科学史发展学生的科学本质观。我国很多教师虽然利用化学史方式进行教学，但没有将化学史帮助学生理解科学本质的功能加以发挥，本案例就如何利用化学史发展学生科学本质观进行实践性研究。

案例2　质量守恒定律的发现

【案例信息】

人教版九年级（上册）第五单元课题1《质量守恒定律》

【学习内容】

在传统的《质量守恒定律》教学中，教师普遍关注对质量守恒定律概念的理解，课堂实验偏重验证性，即关注化学反应反应前后质量是否发生改变，现象及结论都比较单一、直接，学生学习兴趣不高，探究能力、思路方法和态度方面的收获不多，难以形成学科素养。

本节以质量守恒定律的发现历程为素材，采用科学演绎法，从17世纪"火素"说、"燃素"说到18世纪的氧化学说，从18世纪原子论、分子学说到20世纪扫描隧道显微镜发明后真正观察到构成物质的微粒，氧化学说进一步得到解释，历经200多年，最终形成质量守恒定律。学生感受定律发现的曲折过程，对比分析不同学说建立的原因和基础，逐渐认识科学本质与科学探究的内容，深入理解实验装置的原理及研究思路方法，真切体会科学研究过程中需要的坚韧不拔的毅力和开拓创新、追求真理的品格，有利于培养学生的创新精神和追求真理的品格。

通过前面4个单元的学习，学生能够从定性及微观角度认识化学变化，对化学反应中的定量问题尚未深入探讨，知道化学反应的实质，具备从微观角度认识质量守恒定律的可能。学生具备了一定的化学学科探究能力，并具备基本的实验技能和简单的实验设计能力。

【学习目标】

（1）通过对波义耳和施塔尔的假说探讨发现，对同一现象有不同的解释体现科学研究具有主观性（Subjective）；同一时期的科学家往往具有相似的观点，体现科学具有社会和文化嵌入性（Socially and Culturally Embedded）。

（2）罗蒙诺索夫用更加严谨的实验装置有力地推翻了波义耳的理论，拉瓦锡的实验得出了更具说服力的结论，两位科学家的研究及结果体现科学基于实证性（Empirically Based）和创造性（Creativity）。

（3）通过对道尔顿和阿伏伽德罗假说的探讨，再次体会科学研究具有主观性。原子、分子被观测到后，科学家们的个人理论最终成为定律，说明理论与定律有区别。

（4）通过对汞和氧气反应的微观解读，从微观角度理解质量守恒定律。

刮摩淬励 研精覃思
一位初中化学教师的教学实践

【教学过程】

【环节1】认识科学研究具有主观性、社会和文化嵌入性，感受科学的实证性

教师：在之前的学习中，我们从定性的角度学习了一些化学反应。化学反应在产生新物质时质量上有什么变化？从16世纪开始，科学家们对此进行了漫长而又曲折的研究。今天我们就沿着科学家的足迹，一起探索化学反应中质量变化的奥秘。

任务1：燃烧是人类最早利用的化学反应，不同科学家对燃烧的研究结果却大相径庭，虽然都存在着不足，却也都被广泛认同。现将全班分为A、B两组，分别代表施塔尔和波义耳，大家阅读材料后分析、讨论，代表本组科学家证明其观点的合理性及另一种观点的不足。

"火素"说与"燃素"说

（1）17世纪，英国科学家波义耳提出"火素"说：将金属放入曲颈甑加热一段时间后封闭容器，继续加热，冷却后取出称重，质量增加。

结论：空气中含有"火素"，将金属加热时，空气中的"火素"穿过曲颈甑玻璃，与金属结合，质量增重。

金属＋"火素"＝灰烬（增重）

（2）18世纪，法国科学家施塔尔提出"燃素"说：硫、磷、木炭等物质燃烧后质量减轻。

结论：非金属含有"燃素"，燃烧时释放"燃素"，质量减轻。

非金属——"燃素"——灰烬（减轻）

同时期，科学家们进一步完善理论，认为金属中的"燃素"为负值，燃烧时释放为"负燃素"，质量增加。

金属——"负燃素"——灰烬（增重）

A组：波义耳认为空气中有"火素"，是因为金属在加热后重量增加，金属与"火素"结合所以质量增加。木炭、硫等物质富含"燃素"，燃烧时"燃素"飞散出来，使得物质质量变轻。施塔尔的观点更合理，因为其他科学家进一步解释了金属增重的原因：金属中的"燃素"为负，所以越放出"燃素"自身质量越重，因此"燃素"假说更有道理。

B组：施塔尔的观点虽然看起来更合理，但是他的观点和同时代的科学家认为金属中的"燃素"为负数都是一种猜想，没有严谨的实验现象和证据证明其观点。波义耳设计了密闭的实验装置，通过现象有力地证明空气中有一种特殊的、极其微小的、肉眼看不见的"火素"钻进曲颈甑中与金属结合，所以他的观点更有实证性。

B组：波义耳为什么要先为容器加热，再密闭容器？请A组同学进一步解释。

A组：因为波义耳每次进行实验时，密闭容器的盖子都会被顶起，这是因为瓶子中的空气受热膨胀，所以要先加热容器使空气膨胀并排出，再密闭容器，这是波义耳

所处时代的局限性造成的，这恰恰能反映波义耳进行实验研究时的严谨态度。

教师点评：大家通过对这两位科学家的研究过程进行分析发现科学需要基于实证，但是不同科学家对现象的解读是不同的，甚至相同的研究过程可能会得出不同的研究结果，所以科学研究是具有主观性的。作为社会的一员，研究者一定会将自己的价值观和世界观体现在研究中，科学家所处时代的科学技术水平及社会文化也会影响研究者的思路、方法和结论，所以同一时代的科学家们观点比较一致，科学具有社会和文化嵌入性。

设计意图：

创设情境，引发思考。以辩论赛的形式积极分析思考不同科学家研究过程中的合理及不合理之处，有利于学生站在科学家的角度对比不同研究者的研究思路、装置原理及推理逻辑，从而发现科学研究中的主观性及社会和文化嵌入性等。

【环节2】认识科学的暂时性，科学研究要基于实证，发挥创造性

任务2：时间到了18世纪，罗蒙诺索夫和拉瓦锡对燃烧的研究又有了新的进展，他们的研究结果对燃烧等化学反应有什么新的认识和启发，阅读资料并进行研讨后，A、B组分别代表罗蒙诺索夫和拉瓦锡发言。

罗蒙诺索夫和拉瓦锡实验

（1）18世纪，俄国科学家罗蒙诺索夫将金属放在曲颈甑中，在甑口套上可伸缩的动物内脏，分别称量加热前后动物内脏的重量。

结论：金属变为灰烬前后，装置内的总质量不变。

（2）18世纪，法国科学家拉瓦锡将汞放在曲颈甑中加热，剩余气体不能维持生命、支持燃烧。将金属灰烬重新加热后产生的气体可以维持生命、支持燃烧。将该气体与原剩余气体混合，混合气体与原空气相比，体积、质量和性质都不变。

结论：空气主要由氧气和氮气组成，物质与氧气反应后的生成物总质量不变。

① 非金属 + 氧气 —→ 非金属氧化物；

② 金属 + 氧气 —→ 金属氧化物。

 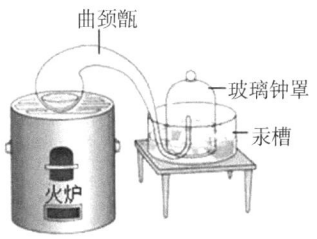

A组：罗蒙诺索夫巧妙地利用动物内脏的膨胀调节气压，使得反应容器真正密闭，化学反应前后的所有物质都留在反应容器中，有力地推翻了波义耳的实验结论，因为

刮摩淬励 研精覃思
一位初中化学教师的教学实践

如果空气中有"火素",加热后甑内总质量会增加。

B组:拉瓦锡的实验非常严谨和新颖。不同于其他科学家,他又对氧化汞进行加热,得到了氧气,证明了氧气的存在而且发现了它的助燃性。金属在加热后会和氧气反应变成金属氧化物,金属氧化物的质量等于氧气和金属的总质量,所以固体质量会增加;木炭、硫等非金属物质和氧气反应后生成二氧化碳、二氧化硫等气体,散逸到空气中,所以质量会减轻,但是反应前后总质量是不变的。

教师点评:两位科学家通过他们的研究告诉我们,只有拿出真正有力的证据,才能使人们相信研究结果,因为科学具有实证性。科学研究的路上没有永远的权威,进行科学研究时,需要大胆质疑,发挥自己的创造性,所以科学才会随着时代逐渐发展,即科学的暂时性。

设计意图:

通过装置及实验结果的对比,发现罗蒙诺索夫实验装置的巧妙,有力地推翻了前人的假说;通过方法的分析,发现拉瓦锡实验原理及逻辑的缜密,有力地证明了氧气的存在。学生认识到科学研究要基于证据,同时要充分发挥自己的创造力。

【环节3】理解理论与定律的区别,进一步认识科学的主观性、社会和文化嵌入性及暂时性

任务3:拉瓦锡等科学家通过大量实验提出"所有物质燃烧时增加的质量等于氧气减少的质量",形成了氧化学说。19世纪,道尔顿和阿伏伽德罗对构成物质的微粒有不同的见解。20世纪初,扫描隧道显微镜的发明证明了物质的微粒构成,对于这两位科学家的研究结论和构成物质微粒的发现,说出你的最新认识,相关资料如下。

构成物质微粒的研究推动质量守恒定律的得出

(1)19世纪中期,道尔顿:家境贫寒,英国皇家科学院首席科学家,提出原子论。
观点:物质是由原子直接构成的。
(2)19世纪中期,阿伏伽德罗:意大利贵族,乡村学校教师,提出分子假说。
观点:有些物质是由分子构成的,分子由原子构成。
(3)20世纪初,随着扫描隧道显微镜的发明,物质由原子、分子等微粒构成被证实。

学生A:拉瓦锡只是做了大量实验,不能证明所有反应都符合氧化学说。随着物质构成的微粒被发现,氧化学说也被进一步证明,成为质量守恒定律。例如,根据氧化汞分解微观示意图,化学反应前后,分子改变、原子重组,因此所有化学反应质量都不改变。

学生B:道尔顿和阿伏伽德罗虽然生活在同一个时代,但是对同一问题有不同解释,这是因为科学具有主观性。

学生 C：同一时期的科学家们有着相似的研究结论，但是不同的科学家都提出了自己的主张，发挥了他们的创造力。

教师点评：无论是原子论、分子学说、"燃素"说还是氧化学说，都是一种个人的理论，被证明后才能成为定律。科学研究之路是曲折的，需要我们发挥自己的主观能动性和创造力，谦虚求证、攻坚克难，为科学研究做出应有的贡献。

设计意图：

运用所学，再次认识到科学具有主观性和实证性，通过质量守恒定律的最终确立，认识理论和定律的区别。

【板书设计】

质量守恒定律的发现

科学家	研究结果		科学本质
波义耳——"火素"说	空气中含有"火素"	金属 +"火素"= 金属灰烬	主观性
施塔尔——"燃素"说	可燃物含有"燃素"	非金属 –"燃素"⟶减轻 金属 –（–燃素）⟶增重	社会和文化嵌入性 暂时性
罗蒙诺索夫——装置改进	驳斥"火素"说		实证性
拉瓦锡——氧化学说	空气中有氧气	硫、炭 + 氧气⟶气体（减轻） 铜、汞 + 氧气⟶固体（增重）	创造性
道尔顿、阿伏伽德罗——原子论、分子学说 扫描隧道显微镜			主观性、实证性 理论和定律的区别

【教学反思】

在质量守恒定律的教学过程中解读科学史，学生追寻科学家研究的足迹、了解化学反应中质量变化的规律、体会科学家解决实际问题的方法、理解科学知识形成的过程和科学探究的过程、培养学生解决实际问题的能力，有利于学生形成科学的世界观和正确的科学概念并理解科学本质。

（一）充分理解科学本质教学的价值和意义

科学本质教学使学生感受到科学家的智慧和研究时的艰辛，过程是灵动的、感性的，体现了创造本身应具有的能力和品格，对于打破传统"理科"思维的刻板印象有重要意义。当前教育倡导创新，传统教学中的潜意识是"追赶"国外科技成果，重在落实知识，而随着国家科学技术的进步和经济的强盛，创新越来越重要。如果在教学中忽略了对科学家在科学研究中的探究精神和巧妙解决思路等的强调，就会忽略重要

> 刮摩淬励　研精覃思
> 　　一位初中化学教师的教学实践

的创新教育培养的机会。

教师要充分理解科学本质观内涵，如通过科学家对燃烧的不同解释，以及同一时期对"燃素"说的认同，让学生认识到科学研究是具有主观性及社会和文化嵌入性的。这样一来，他们将来在探索未知世界和进行具体研究时，会考虑自身的局限和所处时代的科学技术水平，不断批判地吸收已有科学研究成果，不断改进自己的研究结论，认识到科学研究是一个不断追求真理的过程。

（二）充分挖掘素材中的科学本质

一线教师初次进行体现科学本质的教学时往往是做"加法"，有意识地寻找更能凸显科学本质的素材，忽略已有素材中科学本质的内容。科学本质存在于一切科学研究的起始、过程和结果中，重在挖掘。例如，传统教学中介绍了拉瓦锡测定空气中氧气含量的装置，教师将这一复杂装置简化为易理解和操作的红磷燃烧测定氧气含量的装置，方便学生理解其原理，有利于落实实验结论中的化学知识，但是很多学生都不理解这一复杂装置和研究思路对于当时的科学研究的重要启示和深远意义。

教师运用科学演绎法，展示了一系列令人动容的故事：200多年前不同国家的科学家不断探寻燃烧现象背后的本质，得出氧化学说；100多年前，随着扫描隧道显微镜的发明，氧化学说形成质量守恒定律，不同国家的科学家你方唱罢我登场，前赴后继、孜孜不倦地追求着科学的真理。这些内容对于激发了学生学习科学知识的积极性，坚定他们为中华之崛起而读书的决心，决定投身科学研究为人类贡献自己的智慧具有巨大的教学价值，但非常容易被忽视。

（三）促进科学本质目标的达成有效策略

科学本质较深层地隐藏于教学中，知识、技能、思路、方法及情感、态度、价值观，可以在充分的教学活动及教师引导后得到外显。但是大量的教学实践发现，科学本质的内涵需要教师在教学过程中明确指出，但又不是强行提出就可以实现该教学目标的。需要教师通过一系列提问和充分的活动使学生首先对科学本质有所体会，再由教师捅破最后一层"窗户纸"。

实践证明，发展学生科学本质观，有助于培养学生的质疑精神，批判地吸收现有的科学知识；体会科学基于实证，有助于培养学生的证据意识，分析思考实验过程和现象；体会科学的主观性及社会和文化嵌入性，有助于培养学生的辩证思维，促进彼此相互理解，使他们做事时更多地考虑方式方法而非主观臆断；体会科学的创造性，有助于培养学生挖掘自身潜力、大胆进行创新的能力。

第一章 基于《义务教育化学课程标准（2022年版）》的教学实践

附录 1-2-1

学　案

	1673年　"火素"说 [英]波义耳	1703年　"燃素"说 [德]施塔尔	
实验装置			通过波义耳和施塔尔的研究，你能找出他们推断出各自结论的证据吗
实验内容	将金属称重后放到曲颈甑中，加热一段时间，然后密闭继续加热，冷却后取出称重，重量增加	硫、木炭、蜡烛等物质燃烧后重量减轻	
结论			

	1756年　改进装置 [俄]罗蒙诺索夫	1777年　氧化学说 [法]拉瓦锡	
实验装置			大家阅读和分析18世纪两位科学家的研究经过及结果，对于物质燃烧等化学反应，你有什么新的认识
实验内容	将金属放在封闭的曲颈甑中，一起称重。加热冷却后不打开塞子，称量，前后称得的重量完全一样	将汞放入曲颈甑加热一段时间后，剩余气体不能维持生命、支持燃烧，将金属灰烬加热后产生气体，可以维持生命、支持燃烧，和原剩余气体混合后测得混合气体与原空气一致，体积、质量和性质都不变	
结论			

刮摩淬励　研精覃思
一位初中化学教师的教学实践

续

	1803年　原子论 [英]道尔顿	1811年　分子假说 [意]阿伏伽德罗	拉瓦锡等科学家通过大量实验提出"所有物质燃烧时增加的质量等于氧气减少的质量"。对于拉瓦锡的氧化学说,你有什么质疑
简介	英国著名科学家,自幼家境贫寒	意大利贵族,名不见经传的科学爱好者	
观点	物质是由原子构成的	有些物质由分子构成,分子由原子构成	
结论			

第三节　"物质的性质与应用"主题教学：氧气寻踪

化学的研究对象是物质及其变化,氧气是人们最熟悉的物质之一,也是初中化学学习中的典型物质。如何在教学中引发学生关注和兴趣,培养学生形成研究化学物质的思路模型,是一线教师广泛关注的问题。《课程标准》一级主题"物质的性质与应用"提出,要通过实验探究认识氧气的主要性质,认识物质的性质与用途的关系,从存在、组成、变化和用途等视角认识氧气的性质,认识氧气在生活、生产、科技发展等方面的广泛应用,体会科学地利用物质性质对提高人们的生活质量具有重要作用。基于以上内容,核心物质的教学应从日常生活和生产中选取学生熟悉的素材,引导学生通过观察和实验认识物质及其变化。

主题式学习方式（Theme Based Learning）：围绕学科主题进行学习和探究,围绕主题所组织的不仅有学问的既定内容,还有和主题密切相关的拓展内容,强化学习者对学习内容的理解,有助于学习者获得整体、全面的知识。主题式学习可调动学习者的学习兴趣和参与学习的积极性,培养学生的问题意识和问题解决能力、批判思维能力、创新思维能力、反思能力等高级思维能力,提升学习者的自主探究能力。在学习氧气的相关知识时,设计紧密联系生活实际的主题式教学,可凸显学科育人价值,有效地提升学生的综合能力,有利于培养学生的化学观念等核心素养。

案例3　氧气寻踪

【案例信息】

人教版九年级（上册）第二单元课题2《氧气》

【学习内容】

氧气是初中化学学习中重点研究的纯净物，涉及一系列氧气参与的化学反应，承载着基于现象证据研究物质性质的基本思路方法。第一单元讨论了化学学科的研究任务和研究方法，学生应当认识到观察物质变化要关注物质与能量两方面的变化。这是本课学习的重要基础。教材中直接呈现了氧气与硫、碳、铁反应的实验，要求学生观察记录现象。如果教师不加处理，学生实验时容易照方抓药，机械记忆实验现象。

本案例选取了烤肉、炼钢等作为情境素材，其中都涉及碳、铁与氧气的反应。烤肉中扇风和炼钢中使用纯氧，都促使学生思考氧气浓度对反应及现象的影响。同时这些情境对学生来说既熟悉又不能彻知，有想法又不系统，为化学推理训练提供了好机会。有助于培养学生的模型认知与证据推理、变化观念与平衡思想、科学态度与社会责任等一系列素养。

氧气是一种学生既熟悉又陌生的物质。很多学生对氧气是熟悉的，甚至对其性质也是熟悉的，对情境也是熟悉的，但如何通过性质解释现象，如何从情境中抽提出化学研究问题，这其中的精准关联和推理是学生陌生的、不习惯的。

学习第一单元后，学生已经可以感性认识化学变化与物理变化，知道化学变化有新物质生成；对实验基本操作有一定的了解，在实际操作上还有一定困难；学习蜡烛燃烧、呼吸探究等一系列给定研究内容后，知道氧气可以支持燃烧，对实验研究流程比较熟悉，但是对于如何研究一种物质还不清楚。前测表明，学生对化学学科研究物质的方法没有统一认识，对于实验方案设计比较茫然。基于教师已有经验和学生课堂表现，教师发现多数学生的证据意识、逻辑推理能力和获取信息能力等取决于各学科已有的学习情况，具有化学学科特点的、基于目的的观察实验能力有待进一步提高。

【学习目标】

（1）通过将烧烤时木炭、铁质签子和炉子与氧气的反应转化为实验室中碳、铁在空气和氧气中的反应，建立将真实问题转化为化学问题的问题解决模型；通过对氧气物理性质和化学性质的研究，认识化学学科对物质的研究方法和研究思路。

（2）通过分析碳、铁与氧气的反应过程及结果，能够对物质的性质及变化提出可能的假设，能够基于证据进行初步的分析推理。

（3）通过分析碳、铁与氧气的反应及在生产实际中的应用，认识化学研究物质及其变化，从物质、能量等角度分析物质的化学变化，关注化学变化中的能量转化；辩证地看待氧气的化学性质——浓度越大，反应越剧烈。

（4）通过建立物质与氧气反应时能量变化、物质转化与炼钢及污染等问题的关联，关注与化学有关的社会问题，认识环境保护的重要性；感知化学、社会和环境之间的

> 刮摩淬励 研精覃思
> ——一位初中化学教师的教学实践

关系。

【评价方案设计】

【活动1】认识烧烤时扇动扇子的目的 任务类型：小组讨论、实验 学生对问题进行猜想和假设，通过木炭在空气和氧气中燃烧的现象，推测猜想	活动1评价内容 （1）对问题进行推测，提出猜想假设的合理性 （2）评价实验方案的合理性、实验操作的正确性和实验的完成效果，设置小组活动记录单 （3）理解实验现象、结论与假设之间的对应关系，是否能基于证据进行推理 （4）小组活动和实验的参与度，设置小组活动记录单和学生课堂表现评价单，以评价促进学生学习
【活动2】认识氧气能否与铁（铁签、铁炉等）发生反应 任务类型：小组讨论、实验 学生基于研究结果，推测铁能否与氧气反应，设计实验证明猜想	活动2评价内容 （1）基于活动1的学习结果，对问题提出猜想假设的推理路径（能否体现出氧气浓度对反应的影响的认识等） （2）在原有实验的基础上，评价学生实验方案的设计、表达及完成效果（对比法，排除空气中其他物质的干扰等） （3）实验现象、结论与假设之间的对应关系，是否能基于证据进行推理 （4）学生在整体思考、回答问题的过程中，能否体现出真实问题转化为化学问题模型的应用，能否体现对物质的研究方法和研究思路 （5）小组活动和实验的参与度
【活动3】认识炼钢过程中的能量转化 任务类型：小组讨论 学生基于学习结果，应用知识、阅读资料，分析实际生产中铁、碳与氧气反应的情况和反应中物质、能量的转化和应用	活动3评价内容 （1）对不同浓度氧气与铁、碳等物质反应等知识的学习结果 （2）解释问题的过程中是否体现出物质、能量等 （3）小组讨论的参与度，化学与环境、社会发展的关系

【教学过程】

教师：上节课我们学了氧气的物理性质——无色无味，氧气其实就在我们身边，让我们进一步找寻氧气，发现它的秘密。

【环节1】认识烧烤时扇动扇子的目的

问题1：烤羊肉串的时候，用扇子不时扇动木炭的目的是什么？

学生：使木炭燃烧更剧烈，因为每扇动一下，木炭就更加红热；扇去木炭表面的灰烬，使木炭与氧气充分接触；风速很快时，可以带走生成的二氧化碳……

教师:"扇动扇子"与"燃烧需要氧气"之间是什么关系?木炭又是什么?

学生:物质燃烧消耗氧气,扇动扇子使空气流动,补充了氧气;木炭是一种可以燃烧的物质,主要化学成分是碳……

教师:同学们对这一问题的观点基本一致,就是氧气可以与碳反应,氧气越多,燃烧越旺。同学们能不能在实验室中模拟这一过程,证明你们的观点呢?

学生:交流讨论,设计实验(图1-3-1)。

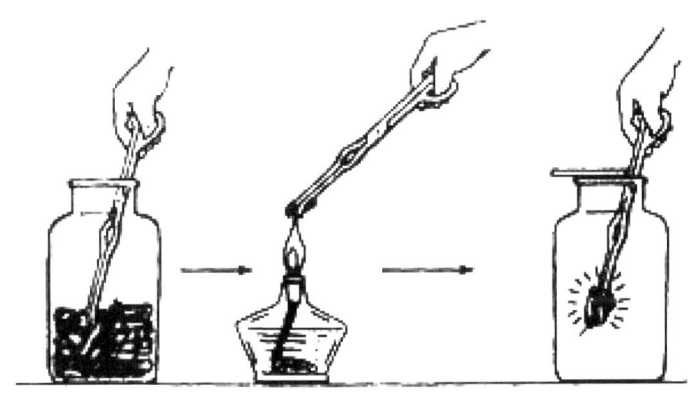

图 1-3-1　木炭在空气和氧气中燃烧

教师:该实验的现象能否证明你们的观点?

学生A:证明了之前的猜想,木炭在空气中燃烧、发光,在氧气中燃烧更剧烈。

板书:木炭在空气中燃烧红热,在纯氧中燃烧:①发出白光;②放出大量热。

学生B:不能证明,因为实验没有能证明有新物质生成的现象。

教师:你如何进一步证明氧气能和木炭反应呢?

学生:反思,使用澄清石灰水,澄清石灰水变浑浊。

实验改进:向反应后的集气瓶倒入澄清石灰水震荡(图1-3-2)。

图 1-3-2　向集气瓶倒入澄清石灰水并震荡

刮摩淬励 研精覃思
一位初中化学教师的教学实践

板书：③生成使澄清石灰水变浑浊的气体（二氧化碳）。

教师给出反应原理：

$$碳 + 氧气 \xrightarrow{点燃} 二氧化碳。$$

小结1：

①哪些证据证明反应发生？（基于现象证据，关注物质和能量变化）

②氧气浓度对木炭燃烧有何影响？

③其他物质的燃烧也是这样的吗？（快速观看硫燃烧的对比视频）体现了氧气的什么性质？

④能否利用支持燃烧这一性质检验氧气？（带火星木条）

设计意图：

创设情境，将烧烤时木炭与氧气的反应转化为实验室中木炭在空气和氧气中的反应，初步建立将真实问题转化为化学问题的问题解决模型；感受基于证据分析碳与空气、氧气的反应，培养分析推理能力；初步感受化学反应的物质、能量角度，关注化学变化中的能量转化；感受氧气浓度对反应发生的影响。

【环节2】认识氧气能否与铁（铁签、铁炉等）反应

问题2：穿羊肉串的签子和盛放木炭的炉子（图1-3-3）都是铁的，铁能否与氧气反应？你的证据是什么？

图1-3-3 穿羊肉串的签子和盛放木炭的炉子

学生A：铁与氧气不反应，因为签子和炉子都没有明显的变化，日常生活中的铁器在空气中也都不能燃烧。

学生B：发生反应了，因为铁器表面有黑色物质。

学生 C：即使有新物质生成，也不能证明，因为空气中还有其他物质。

教师：我们之前设计碳与氧气反应的实验，采用空气和纯氧证明氧气浓度对反应的影响，而没有采用 30%、60% 等这样的浓度研究，也是排除其他物质与碳反应的可能。

学生 D：在高浓度氧气中有可能反应，因为碳和硫等物质在氧气浓度更大的情况下反应更剧烈……

教师：大部分同学的观点都有证据支持，认为不反应的同学，证据是铁在空气中加热没有明显变化，也有同学结合我们之前的发现，认为铁在高浓度氧气中可能会与氧气发生反应。

学生：交流讨论，设计实验（图 1-3-4）。

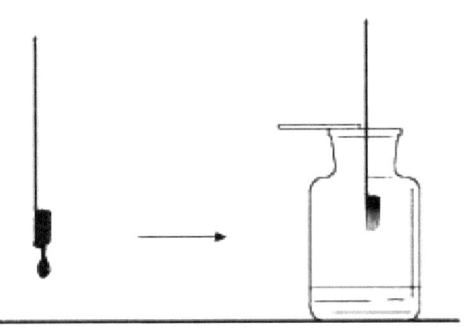

图 1-3-4　铁丝在空气、氧气中的反应实验

学生：空气中没发生反应，氧气中发生反应。

教师：你的证据是什么？

学生 A：因为在氧气中铁丝火星四射、剧烈燃烧。

教师：化学研究物质及其变化，一些同学在研究氧气和铁的反应时，关注了现象的变化。

板书：铁丝在纯氧中：①火星四射、剧烈燃烧；②放出大量热。

学生 B：集气瓶内壁上有小黑点，是生成物。

学生 C：铁丝变短……

板书：③生成黑色固体。

教师给出反应原理：

$$\text{铁} + \text{氧气} \xrightarrow{\text{点燃}} \text{四氧化三铁}。$$

小结2：

物质的转化，另一些同学关注能量的变化（光能、内能）。纯氧中铁丝可以燃烧，氧气在一定条件下能和很多物质发生反应，化学性质比较活泼。

设计意图：

利用模型，研究铁与氧气的反应，建立将真实问题转化为化学问题的问题解决模型；通过对氧气物理性质和化学性质的研究，认识化学学科对物质的研究方法和思路；提出氧气与铁的反应可能的假设，进一步培养基于证据进行分析推理的能力；认识化学研究物质及其变化，更深一步地从物质、能量等角度认识化学变化；认识氧气浓度对反应的影响，进一步认识氧气是一种化学性质比较活泼的物质。

【环节3】认识炼钢过程中的能量转化

问题3：生铁是铁和少量碳单质形成的均匀混合物，炼钢过程中生成的钢中碳含量大幅减少，你能否结合之前所学，解释原因？

学生：木炭与氧气发生反应生成二氧化碳，气体逸出后，碳含量降低。

教师：这里有没有人发现什么问题？

学生：高温下铁会和氧气反应生成四氧化三铁。

教师：非常好，你从物质变化这个角度提出了很好的问题。我们看钢铁厂周围的图片（图1-3-5），确实铁会与氧气反应并生成新的物质，只不过既有四氧化三铁，也有红色的氧化铁。关注了物质的变化，我们就会思考钢铁厂与我们健康的关系。

图1-3-5 钢铁厂

追问：当前主要采用转炉炼钢，具有很多优点，其中之一是不需要外加热源，请参考转炉炼钢原理（图1-3-6）分析原因。

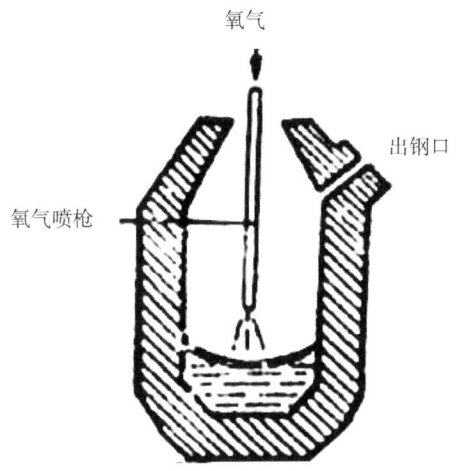

图 1-3-6　氧气顶吹转炉示意

学生 A：冶炼时，碳和氧气发生反应，可以放出热量。

学生 B：熔化的铁水在与氧气发生反应时，也会放出热量。

学生 C：铁水本身有一定热量。

小结 3：

铁和碳等物质与氧气发生反应燃烧时，会放出热量，化学变化往往还伴随着能量变化；化学变化中的能量和物质转化与成本和环境等问题紧密相关，这也是我们在实际生产中需要考虑的重要方面。

设计意图：

通过建立物质与氧气反应时能量变化、物质转化与炼钢及污染等问题的关联，关注与化学有关的社会问题，认识环境保护的重要性；感知化学、社会和环境之间的关系。

【板书设计】

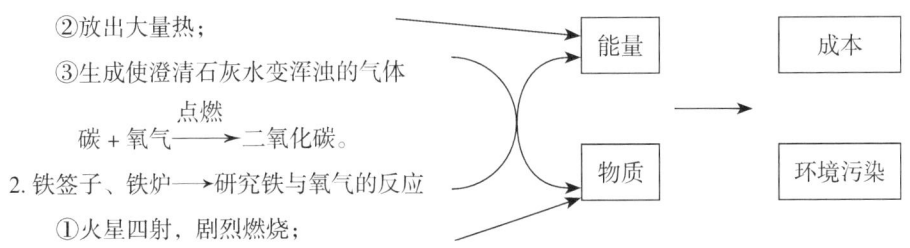

刮摩淬励　研精覃思
——一位初中化学教师的教学实践

②放出大量热；

③生成黑色固体

$$铁 + 氧气 \xrightarrow{点燃} 四氧化三铁。$$

【教学反思】

本案例重视学生思维的发展和逻辑推理过程，在原有教学设计的基础上进行了较大突破：原有教学机械记忆碳、硫、铁燃烧的现象和文字表达式等，对氧气的浓度对物质燃烧的影响及对氧气性质本源的认识不足。本案例另辟蹊径，从生活中的现象入手，选取烤肉、炼钢等作为情境素材，涉及碳、铁与氧气的反应。烤肉中扇风和炼钢中使用纯氧两个事例，促使学生思考氧气浓度对反应及现象的影响。

教学过程中，教师引导学生将生活情景转化为化学研究模型。例如，扇动扇子时，木炭红热是消耗了氧气，扇子带来了空气中的氧气，在教师的引导和提示下，学生设计实验，将木炭点燃后放入装有纯氧的集气瓶，排除干扰，观察木炭是否燃烧得更旺。当实验得出氧气浓度大，木炭、硫燃烧更剧烈的结论后，进一步推测出羊肉串铁签和铁炉在空气中不燃烧的原因是氧气浓度不够，因此将铁丝放入纯氧中，研究其能否燃烧。这些情境对学生来说既熟悉又不能彻知，有想法又不系统，为化学推理训练提供了好机会。

本案例在有限时间内，丰富课堂教学内涵，学生在推理过程中提升了科学思维素养，通过探究性实验研究了氧气的性质，提升了科学探究与实践素养，学会了运用化学知识解决问题，感受到了化学与社会的深切联系。

附录1-3-1

学　案

实验1　研究碳与空气、氧气的反应

方案	现象

文字表达式

结论

实验2　研究铁与空气、氧气的反应

方案	现象

文字表达式

结论

通过本课时的学习，你想到的：

附录1-3-2

资料1

山西海威钢铁厂喷红尘　村民一墙之隔吸污染

　　海威钢铁总部厂房与桑村民宅仅一墙之隔。噪声及粉尘污染无法避免。"红通通的,把天都盖住了。"村民指着钢铁厂房内冒出的红色烟尘感叹着，"厉害着呢！"记者在钢铁总部外看到红色的烟尘不断从厂房内冒出来，遮盖了半边天空。红色烟尘每隔10 min左右就从厂房内冒出来，每次排放时间超过15 min。大量的红色烟尘弥漫在钢铁厂周边。在钢铁厂厂区东面，污水从钢铁厂内汩汩流出，排入河道中（附图1）。

> **刮摩淬励　研精覃思**
> ——一位初中化学教师的教学实践

a　　　　　　　　　　　　　　b

附图1　某钢铁厂周围

资料2

　　钢厂炼钢时，工序很多，炼钢的基本任务是利用氧气除去杂质。生铁是铁和少量碳单质形成的均匀混合物，炼钢过程中生成的钢中碳含量大幅减少。转炉炼钢是在转炉里进行的。转炉的外形就像个梨，开始时，向转炉内注入1300℃的液态生铁，氧气进入后，液态生铁表面剧烈反应，整个过程只需15 min左右（附图2）。

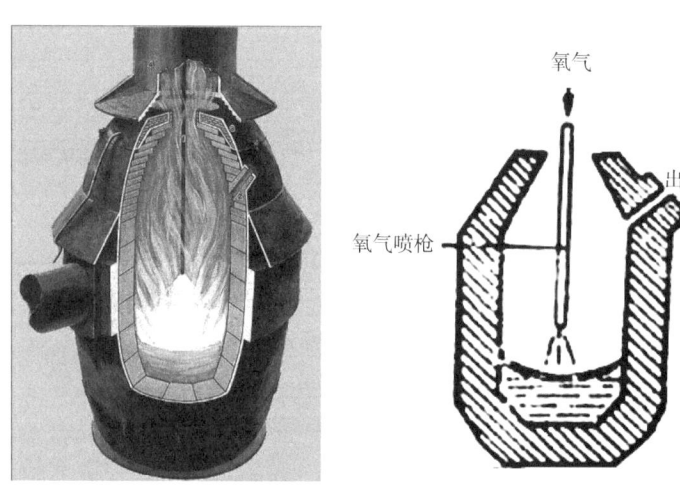

附图2　氧气顶吹转炉示意

第四节　大概念统领下的单元教学："酸和碱"大概念教学

　　化学观念是人类在探索物质的组成与结构、性质与应用、化学反应及其规律的过程中形成的基本观念，是化学概念、原理和规律的提炼与升华，是认识物质及其变化，以及解决实际问题的基础，包括物质是由元素组成的；物质具有多样性，可以分为不同类别；物质结构决定性质、性质决定用途；等等。

基于"物质多样性"这一大概念开展"物质的性质与应用"主题教学，关注物质是多种多样的，从化学学科发展的过程和规律上看，人们对物质的认识是不断变化的：从最早的、朴素的依据性质对物质进行分类，到从元素的角度将物质分为单质、化合物，再到从元素组成、微粒构成角度，结合物质性质，从共性和特性的角度进一步认识物质。因此，从性质和组成角度认识物质类别是认识物质多样性的关键（图1-4-1）。

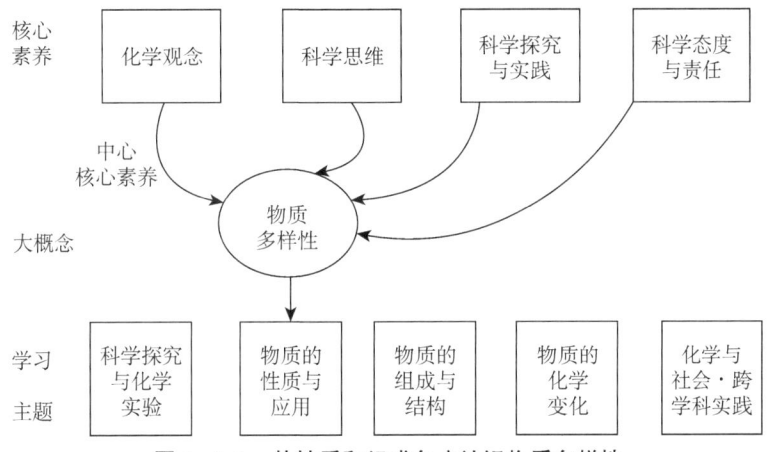

图1-4-1　从性质和组成角度认识物质多样性

学生解释物质及其变化的现象，以及如何利用物质变化解决实际问题，在探索过程中逐渐形成化学观念素养；从类别角度认识物质及其性质，在这一过程中，学习比较、分类和归纳等科学方法，通过实验推理物质类别，基于类别推测陌生物质性质，有利于学生形成科学思维素养；通过基于核心物质的探究性实验以及基于学科和跨学科的实践活动，学生学会综合运用真实情景问题，形成学习能力与品格等，有利于他们形成科学探究与实践素养。

案例4　"酸和碱"大概念教学

【案例信息】

人教版九年级（下册）第十单元《酸和碱》

刮摩淬励　研精覃思
一位初中化学教师的教学实践

【单元简介】

《酸和碱》的教学是以"物质多样性"为大概念统领开展的，教师以学生内生求知欲为根本动力，设计一系列本源性问题。学生跟随近现代科学家研究酸碱的足迹开始探寻之旅，不断开展推论预测，在巨大的质疑声中开展激烈的科学论证，方案设计不断迭代重置，在强烈好奇心的驱使下设计探究性实验。拨开重重迷雾，随着酸和碱概念的逐渐清晰，学生发现自己在明晰酸和碱概念的同时，掌握了酸和碱的基本知识及相关技能，提升了自身获取信息、分析解决问题的能力，科学思维素养和科学探究与实践素养大幅提升，发现了化学家不畏艰险探寻真理的意志和化学学科动人心魄的魅力，产生了发挥自身聪明才智为人类社会服务的意识，产生了为祖国强盛而努力学习的动力。

【学习内容】

"物质多样性"大概念统领的物质的性质和应用主题教学不仅要关注核心知识和技能，还要关注关键研究思路和方法、重要应用和正确态度等，实现知识的结构化和素养化。

学生通过对核心物质的学习，初步认识物质的多样性。例如，在空气、氧气学习阶段认识纯净物和混合物；在水和二氧化碳学习阶段，建立化合物、氧化物概念，同时从分子角度认识其化学性质与氧气、一氧化碳不同的原因，从定量的角度认识水和二氧化碳的宏观元素组成和微粒构成，在酸碱盐教学阶段，能从元素、原子、分子角度初步分析物质的组成。

在氧气、二氧化碳的学习中知道物质的性质可以分为物理性质和化学性质；在金属单元的学习中，不仅知道金属具有一些共同的物理性质，认识金属的主要化学性质及金属活动性顺序，而且对于陌生金属，可以推测其可能具有的性质，因为未知金属和常见金属属于一类物质，学生在这一学习过程中可以更好地感知性质与物质类别的关系。

在酸碱盐学习阶段，学生对物质的组成与结构的学习有一定基础。教师应结合元素及微粒等核心概念，让学生通过比较、分类、概括等活动，建立物质分类的深入认识，形成基于物质分类研究物质及其变化的视角。同时，发挥必做实验的功能，给学生提供充分的动手实践和动脑思考机会，经历完整的探究过程，在反思交流的基础上，提炼研究物质性质的一般思路和方法。

【单元学习计划】

本源性问题同时也是本案例的驱动性问题，教师设计核心活动，使得学生在大概念问题的引领下，在探寻酸碱本源的过程中，学习核心知识和技能，完成《课程标准》要求的必做实验，形成研究问题的思路和方法，在应用中产生正确的态度和价值观。具体单元规划如表1-4-1所示。

第一章
基于《义务教育化学课程标准（2022年版）》的教学实践

表1-4-1 《酸和碱》单元规划

序号	连续的（驱动性）问题	核心活动	主题大概念	核心知识和技能	研究思路和方法	应用和态度	必做实验
问题1	实验室有锌、盐酸、硫酸、氧化铁、氢氧化钙、碳酸、硫酸钠、氢氧化钠等物质，如何去分析研究它们？哪些物质属于酸，你的理由是什么	基于化学史资料、化学式及生活经验，从性质和组成论证典型酸和碱的物质种类	感知可以从性质和组成的角度论证物质类别	感知酸的化学性质和组成	感知酸的类别与性质、组成存在关系		
问题2	如何从性质的角度研究盐酸、硫酸、硫酸钠、碳酸是否为一类物质，它们都是酸吗	设计实验，基于现象分析归纳盐酸、硫酸、硫酸钠的共性和特性	感知可以从性质的角度对物质进行分类；感知物质具有独有的化学性质，同类物质在性质上具有一定的相似性	设计实验研究硫酸、盐酸的性质；盐酸、硫酸可与石蕊、锌、氧化铁、碳酸钙等物质反应	从变化的角度认识盐酸、硫酸的性质；感知通过类别认识硫酸、盐酸的性质，学会通过共性和差异性认识一类物质性质的方法；理解观察、实验、归纳概括等认识物质性质的基本方法	在实验中感受合理使用酸和碱等试剂的意义	检验溶液酸性；探究常见酸的化学性质：硫酸、盐酸与锌、氧化铁、碳酸钙反应
问题3	基于所学，你能通过分析实验中的化学方程式，对盐酸、硫酸的性质进行解释吗	尝试写出实验中的化学方程式，初步分析硫酸、盐酸具有共性的原因	从宏观元素组成理解盐酸、硫酸具有相似性的原因	了解盐酸、硫酸与不同类别典型物质反应的生成物，会写化学方程式	从宏观元素组成的角度认识盐酸、硫酸的性质；进一步通过类别认识盐酸、硫酸的性质；深入理解、归纳、概括认识物质性质的基本方法		

刮摩淬励　研精覃思
一位初中化学教师的教学实践

续表

序号	连续的（驱动性）问题	核心活动	主题大概念	核心知识和技能	研究思路和方法	应用和态度	必做实验
问题4	从性质上看，盐酸、硫酸可能是一类物质，通过阅读文字和观看视频资料，绘制盐酸、硫酸的微观示意图。示意图完成后，对于酸的共性你有什么新的想法	阅读化学史素材，观看导电性实验，绘制盐酸、硫酸、硫酸钠微观示意图，分析盐酸、硫酸具有相似的化学性质的原因	可以从微观组成理解盐酸、硫酸具有相似性的原因	盐酸、硫酸都含有氢离子，盐酸、硫酸具有共性正是因为它们都含有氢离子	从微观粒子组成的角度认识盐酸、硫酸的性质		
问题5	氧化铜能否和硫酸反应？如果能发生反应，可能的生成物是什么？你为什么这样预测？通过已学知识和氧化铜与硫酸的反应，你对酸有什么新的认识	推测氧化铜能否和硫酸反应，写出推测理由，写出可能的生成物；归纳酸共同的化学性质	进一步认识盐酸、硫酸在性质上具有相似性——能和不同类别的物质反应	盐酸、硫酸能和酸碱指示剂、氢前金属、金属氧化物、碳酸盐等类物质反应	从物质类别的视角，从变化的角度认识盐酸、硫酸的主要化学性质		常见酸的化学性质：盐酸、稀硫酸与氢前金属、金属氧化物、碳酸盐的反应
问题6	醋酸是一种酸，对于醋酸，你有什么推测	分析思考，推测醋酸的化学性质，提炼酸的通性	理解可以从性质和组成的角度对物质进行分类；进一步认识同类物质在性质上具有一定的相似性	酸类的组成、共性	从性质和变化的角度认识酸类的主要性质；初步预测未知酸的主要性质	感知酸的性质在生活、生产方面的广泛应用	

续表

序号	连续的（驱动性）问题	核心活动	主题大概念	核心知识和技能	研究思路和方法	应用和态度	必做实验
问题7	如何判断余下的氢氧化钙、硫酸钠、氢氧化钠是否为一类物质？基于资料，从组成角度，对于3种物质你有什么新的认识	从组成和性质的角度思考氢氧化钙、硫酸钠、氢氧化钠是否属于一类物质，分析微观示意图，从组成角度论证物质的类别	掌握从性质和组成的角度论证物质类别的方法；从微观组成角度，论证物质类别	感知碱的化学性质和组成；知道氢氧化钙、氢氧化钠含有氢氧根离子			
问题8	你能否进一步从性质角度设计实验，研究氢氧化钙、氢氧化钠、硫酸钠是否为一类物质	设计实验，研究氢氧化钙、氢氧化钠、硫酸钠是否为一类物质	深刻理解一类物质具有一定相似性，但也有独特的性质	了解氢氧化钙、氢氧化钠与不同类别代表物反应的生成物，会写化学方程式；碱具有相似的化学性质是因为都含有氢氧根离子	从物质的组成和变化角度认识碱的性质；掌握通过共性和差异性认识碱类性质的方法；运用观察实验，以及对事实进行归纳概括、分析解释等方法认识碱的性质	在实验中进一步感受合理使用酸、碱等试剂的意义	检验溶液的酸性；常见碱的化学性质：氢氧化钙、氢氧化钠与酸碱指示剂反应，与二氧化碳反应，与盐酸、硫酸反应，氢氧化钙与碳酸钠反应

> 刮摩淬励　研精覃思
> 　　一位初中化学教师的教学实践

续表

序号	连续的（驱动性）问题	核心活动	主题大概念	核心知识和技能	研究思路和方法	应用和态度	必做实验
问题9	基于酸和碱的性质，你推测它们有什么用途，为什么这样推测	基于性质，推测常见酸和碱可能的用途，基于生活经验和给定的素材，推测常见酸和碱的性质	知道酸和碱有广泛的应用价值，酸和碱的性质决定用途	了解常见酸和碱的主要用途，了解常见酸和碱的物理性质，知道酸性和碱性对人体健康和农作物生长的影响	知道可以从物质的用途认识物质的性质；通过对事实进行归纳概括、分析解释，认识酸和碱的性质	认识酸和碱的性质及其在生活和生产方面的广泛应用，体会科学利用酸和碱对提高生活质量的作用；了解酸和碱的保存与性质的关系，形成合理使用酸和碱等化学品的意识	

【学习目标】

（1）通过基于性质推论酸和碱的过程和结果，认识酸和碱的主要性质和用途；了解检验溶液酸碱性的基本方法，知道酸碱性对人体健康的影响。

（2）通过设计实验研究酸和碱的性质及预测醋酸性质的过程，知道可以通过物质类别认识具体物质的性质，了解通过酸和碱的共性和差异性认识酸和碱性质的方法；了解观察、实验及对事实进行归纳概括、分析解释等认识物质的基本方法。

（3）通过对酸和碱的学习，认识酸和碱的性质及其在生活生产、科技发展等方面的广泛用途，通过体会酸和碱的保存、选择和使用与酸和碱性质的重要关系，认识合理使用酸和碱对环境保护的重要意义，形成合理使用酸和碱等化学品的意识。

【教学过程】

（一）第1课时

【环节1】感受基于组成和性质论证物质类别的思路

问题1：现在实验室有锌（Zn）、盐酸（HCl）、硫酸（H_2SO_4）、氧化铁（Fe_2O_3）、

氢氧化钙[Ca(OH)$_2$]、碳酸（H$_2$CO$_3$）、硫酸钠（Na$_2$SO$_4$）、氢氧化钠（NaOH）等物质，我们如何去分析、研究它们呢？

学生A：可以通过实验进行研究。

学生B：可以先分类后研究。

教师：如何分类？它们都属于哪类物质？

学生：分为单质、化合物（包括氧化物、非氧化物）等。锌属于单质，氧化铁是氧化物，盐酸、硫酸、氢氧化钙、碳酸、硫酸钠、氢氧化钠等物质属于非氧化物。

教师：你认为哪些物质是酸？你的理由是什么？

活动1：猜想盐酸、硫酸、氢氧化钙、碳酸、硫酸钠、氢氧化钠等非氧化物中哪些物质是酸，小组分析讨论后在学案中写出理由，并与大家分享。

学生A：盐酸、硫酸、碳酸、硫酸钠都是酸，因为都有"酸"字。

学生B：盐酸、硫酸和碳酸都可以使石蕊变红，应该都是酸。

教师：有些同学是从组成的角度进行判断，有些同学是从性质的角度进行判断，下面让我们看看科学家是怎么论证的。

资料

17世纪，英国科学家波义耳将盐酸溅到堇菜花的花瓣上时，花瓣变成红色，波义耳认为酸可以使植物的色素变色。

18世纪，法国科学家拉瓦锡认为酸的形成需要氧元素，他将这种元素命名为oxygen，在拉丁语中gen是生成的意思，氧的意思就是可以生成酸的东西。

小结：

（1）碳酸、硫酸、硫酸钠中都含有氧元素，可能是一类物质，都是酸。

（2）盐酸可以使堇菜花变色，碳酸可以使石蕊溶液变红，但盐酸中不含氧元素，对于硫酸钠和硫酸能否使石蕊溶液变色不清楚，需要通过实验进一步研究。

（3）可以从物质的组成和化学性质角度论证物质类别。

活动意图：

通过分析讨论，感知可以通过性质和组成论证物质类别，同样也能感知到一类物质应该具有相似的性质。

【环节2】设计实验，基于性质论证盐酸、硫酸属于一类物质

问题2：性质可以反映组成，如果从性质的角度出发，研究盐酸、硫酸、硫酸钠、碳酸是否为一类物质，是否都是酸，你会怎样研究？

学生：可以通过实验研究性质。

刮摩淬励　研精覃思
一位初中化学教师的教学实践

教师：什么是性质？怎样通过实验进行具体研究？

学生：可以先通过实验研究哪种物质能使石蕊溶液变红，再进行下一步研究。

教师：化学性质就是化学反应、化学变化，可以先分类再进行实验研究，如研究单质、氧化物等能否和以上物质反应，如果具有共性就可能是一类物质。

活动2：设计实验，证明盐酸、硫酸、硫酸钠是否为同一类物质（都是酸）。

1. 实验药品

盐酸、硫酸、碳酸钠、石蕊、金属锌、碳酸钙、锈铁钉、硝酸钡溶液等（碳酸不稳定，实验室无该药品）。

2. 实验仪器

酒精灯、试管夹、镊子、滴管、药匙等。

3. 学生设计思路

第一步，基于已知信息——碳酸可以使石蕊变红，可以对其他物质进行相关研究，看是否也能变红。

第二步，基于类别——①锌是单质，氧化铁是氧化物，可以通过盐酸、硫酸、硫酸钠是否能与锌和氧化铁反应，进行研究；②碳酸钙可以和盐酸反应，可以研究硫酸、硫酸钠是否也能和碳酸钙反应；③研究硝酸钡能否与盐酸、硫酸、硫酸钠反应。

盐酸可以作除锈剂，与铁锈（主要成分为 Fe_2O_3）发生化学反应：
$$Fe_2O_3 + 6HCl = 2FeCl_3 + 3H_2O。$$

---

4. 实验现象

上述物质与盐酸、硫酸、硫酸钠反应的实验现象如表1-4-2所示。

表1-4-2　物质间反应的实验现象

物质	盐酸	硫酸	硫酸钠
石蕊	变红	变红	无明显现象
金属锌	有气泡	有气泡	无明显现象
氧化铁	溶液变黄	溶液变黄	无明显现象
碳酸钙	有气泡	有气泡	无明显现象
硝酸钡	无明显现象	产生沉淀	产生沉淀

5. 实验结论

（1）盐酸和硫酸具有很多相似的性质，如可以使石蕊变红，可以和金属锌反应产生气体（氢气），可以和氧化铁反应使溶液变黄，可以和碳酸钙反应产生气体（二氧化碳）。

（2）盐酸和硫酸也有差异性，如盐酸不能和硝酸钡反应，但是硫酸和硝酸钡反应生成白色沉淀。

追问：一类物质具有共性的同时，是否可以具有差异性？

活动2补充：一类物质是否可以各自具有不同的特性，小组分析讨论后，举例说明。

学生：金属具有共性，但是也有相似性，如金属活动性在氢后的金属就不能和盐酸、稀硫酸反应产生氢气，所以硫酸和盐酸从性质看可能是一类物质。

小结：

（1）从性质上看，盐酸、硫酸有很多相似的化学性质，但也有差异性。

（2）一类物质应具有相似的性质，但也可以有差异性，可以通过共性推测物质类别。

【课时作业】

梳理反应现象及结论，尝试写出实验中的化学反应方程式。

活动意图：

学习基于物质类别研究物质性质的思路方法，反思金属的共性和差异性，感知同类物质可以具有差异，基于盐酸、硫酸的共性和差异性论证它们可能为一类物质。

（二）第2课时

【环节3】从宏观组成的角度，分析盐酸、硫酸具有共同化学性质的原因

问题3：你能基于实验中的化学方程式，对盐酸、硫酸的性质进行初步解释吗？

活动3：交流、改进作业中的化学方程式，分析盐酸、硫酸具有共性的原因。

学生分享改进后的相关化学方程式，对盐酸、硫酸的化学性质进行分析（表1-4-3）。

表1-4-3 相关化学方程式

反应物类别	化学方程式
金属（锌）	$Zn+2HCl = ZnCl_2+H_2\uparrow$ $Zn+H_2SO_4 = ZnSO_4+H_2\uparrow$ $Zn+ Na_2SO_4$（不反应）
氧化物（氧化铁）	$Fe_2O_3+6HCl = 2FeCl_3+3H_2O$ $Fe_2O_3+3H_2SO_4 = Fe_2(SO_4)_3+3H_2O$ $Fe_2O_3+ Na_2SO_4$（不反应）

刮摩淬励　研精覃思
一位初中化学教师的教学实践

续表

反应物类别	化学方程式
其他	$CaCO_3+2HCl== CaCl_2+H_2O+ CO_2\uparrow$ $CaCO_3+ H_2SO_4== CaSO_4+H_2O+ CO_2\uparrow$ $CaCO_3+ Na_2SO_4$（不反应） $Ba(NO_3)_2+ HCl$（不反应） $Ba(NO_3)_2+ H_2SO_4== BaSO_4\downarrow + 2HNO_3$ $Ba(NO_3)_2+ Na_2SO_4== BaSO_4\downarrow + 2NaNO_3$

学生A：金属锌分别和盐酸、硫酸反应生成氯化锌和氢气及硫酸锌和氢气，与金属和盐酸、硫酸中的氢有关，因为反应物都有锌（元素）和氢元素，氯化锌和硫酸锌中也都含有锌元素和氢元素，而且锌不能和硫酸钠反应，说明该反应与盐酸中的氯和硫酸中的硫酸根没关系。

学生B：氧化铁、碳酸钙能和盐酸、硫酸反应也是因为这两种酸中含有氢元素，所以才可以发生类似的反应；硫酸钠中不含氢元素，所以不能发生类似的反应。

学生C：硝酸钡能和硫酸、硫酸钠反应，因为生成物中都有难溶物硫酸钡，这两个反应与氢离子无关，与硫酸和硫酸钠中的硫酸根离子有关；盐酸不能与硝酸钡反应。

活动意图：

从生成物及化学方程式角度落实盐酸、硫酸的化学性质，初步理解同类物质在性质上具有一定相似性的原因是因为组成相同，进一步建立物质组成与性质的关联。

【环节4】从微观组成角度，论证盐酸、硫酸属于同类物质，建立酸的类别、性质与组成的关系

问题4：从性质上看，盐酸、硫酸可能是一类物质，在阅读文字和观看视频资料，绘制盐酸、硫酸的微观示意图后，对于酸的共性你有什么新的想法？

资料

（1）19世纪，英国化学家汉弗莱-戴维认为酸是含氢的化合物。盐酸含有氢元素和氯元素，是氢赋予了物质酸性。

（2）19世纪末，瑞典科学家阿伦尼乌斯将溶于水后产生氢离子的物质定义为酸。

（3）视频：盐酸、硫酸的导电性实验。

活动4：基于文字和视频资料，尝试绘制盐酸、硫酸微观示意图，推论盐酸、硫酸属于一类物质的证据。基于微观示意图，分析盐酸、硫酸具有共同化学性质的原因（图1-4-2）。

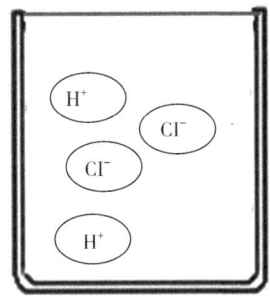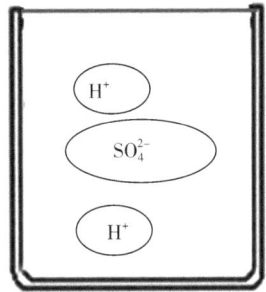

图 1-4-2 盐酸、硫酸微观示意

学生 A：电荷的定向移动形成电流，盐酸、硫酸都含有带电的微粒。盐酸溶液中含有氢离子和氯离子，硫酸溶液中含有氢离子和硫酸根离子。

学生 B：从微观角度看，盐酸、硫酸都含有共同的微粒——氢离子，所以可以归为一类物质。

学生 C：组成决定性质，因为盐酸、硫酸溶液中都有氢离子，所以它们具有相似的化学性质。

小结：

从物质的微观组成角度看，盐酸、硫酸都含有氢离子，是一类物质，都是酸。物质的组成决定性质，因为盐酸、硫酸中都含有氢离子，所以它们具有相似的化学性质。

【课时作业】

（1）推测氧化铜能否与硫酸反应，写出做出此推测的原因。

（2）醋酸是一种酸，对于醋酸你有什么推测，请写出全部想法。

活动意图：

分析盐酸、硫酸的微观组成，建立组成与类别、性质的关系。点明酸具有共同的化学性质是因为都含有氢离子，从微观组成上理解一类物质具有共性的原因，理解可以从物质组成的视角认识物质性质。

（三）第 3 课时

【环节 5】作业展示与评价——氧化铜能否和硫酸发生反应及理由，结合已学知识，初步认识酸的共性

问题 5：氧化铜能否和硫酸发生反应，如果发生反应，可能的生成物是什么，你为什么这样预测？

学生 A：不能反应，因为铜是金属活动性在氢后的金属。

学生 B：能反应，因为氧化铜是金属氧化物，和氧化铁一样，同类物质具有相似

刮摩淬励 研精覃思
一位初中化学教师的教学实践

化学性质。

学生C：如果反应，生成物可能是硫酸铜和水，类似氧化铁和硫酸反应的产物。

实验：氧化铜和稀硫酸的反应。

教师追问：通过已学知识和氧化铜与硫酸的反应（图1-4-3），你对酸有什么新的认识？

镁、锌、铁和盐酸、硫酸的反应

氧化铜和硫酸的反应
$CuO+H_2SO_4 == CuSO_4+H_2O$

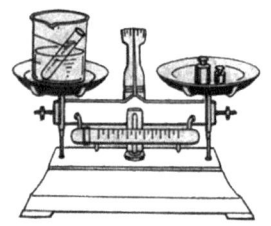

碳酸钠和盐酸的反应
$Na_2CO_3+2HCl == 2NaCl+H_2O+CO_2\uparrow$

图1-4-3 已学反应及新学反应

活动5：结合已学知识和本节课的讨论及实验，说一说对酸的最新认识。

学生A：不仅金属锌，镁、铁等金属活动性在氢前的金属也可以和盐酸、硫酸反应产生氢气，因此可以将盐酸、硫酸归为一类物质，它们可以和金属活动性顺序在氢前的金属反应。

学生B：碳酸钠、碳酸钙等非氧化物具有相似的组成，因为都有碳酸根，所以可以算同类物质，都可以和盐酸、硫酸反应生成二氧化碳和水。

学生C：从组成上看，氧化铜和氧化铁都含有金属元素和氧元素，也属于一类物质，而一类物质具有相似的化学性质，因此氧化铜和氧化铁一样，都可以和硫酸发生反应。

学生D：因为硫酸、盐酸是一类物质，因此可以推测，盐酸也可以和氧化铜反应，生成氯化铜和水。

小结：

盐酸、硫酸具有相似的化学性质。

（1）盐酸（硫酸）+ 氢前金属 —→ 非氧化物 + 氢气；

（2）盐酸（硫酸）+ 金属氧化物 —→ 非氧化物 + 水；

（3）盐酸（硫酸）+ 含碳酸根的非氧化物 —→ 非氧化物 + 水 + 二氧化碳。

活动意图：

基于类别认识盐酸、硫酸的化学性质，进一步理解可以基于类别认识物质的性质，反思氧化铜与酸的反应，感知可以基于类别预测陌生物质的化学性质。

【环节6】作业展示与评价——推测醋酸的组成与性质

问题6：醋酸是一种酸，对于醋酸，你有什么推测？

活动6：以小组为单位，结合本节课所学内容分析讨论，点评典型作业。

学生A：醋酸可以使紫色石蕊溶液变红为已学知识，推测醋酸含有氢离子，推测醋酸可与锌反应（图1-4-4）。

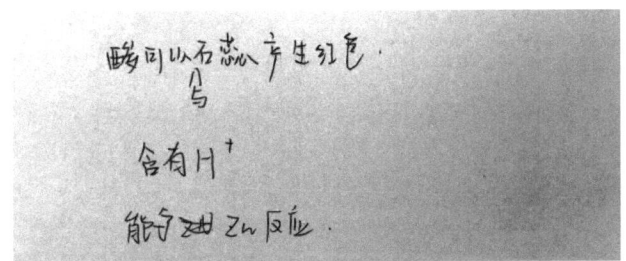

图1-4-4 学生A的作业

小组点评：推测醋酸含有氢离子、可以和金属锌反应是正确的，但是该同学的推测没有明确的性质和组成两个角度，因为醋酸可以使紫色石蕊溶液变红也是酸的性质，并没有从反应物类型进行归纳。

学生B：醋酸是酸，可以和一系列物质反应，使酸碱指示剂变色，pH小于7（图1-4-5）。

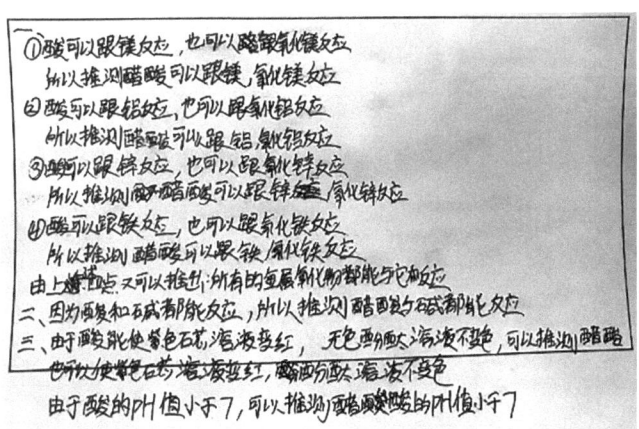

图1-4-5 学生B的作业

小组点评1：该同学从物质类别的角度判断其能使酸碱指示剂变色，而不是像同学A一样，因为学过醋酸能使紫色石蕊变色而做出推测，认识层次更高。

刮摩淬励　研精覃思
一位初中化学教师的教学实践

小组点评2：该同学从类别角度推测，因为醋酸是酸，所以可以和镁、氧化镁、铝、氧化铝等物质反应，但是应对反应物的物质类别做出进一步的分析，因为镁、铝为一类，是金属活动性顺序在氢前的金属，而氧化镁、氧化铝都是金属氧化物，应该归为一类。

小组点评3：该同学只从性质角度推测，没有从组成角度推测，如醋酸含有氢元素或者氢离子。

学生C：推测醋酸含有氢离子，写出一系列化学方程式（图1-4-6）。

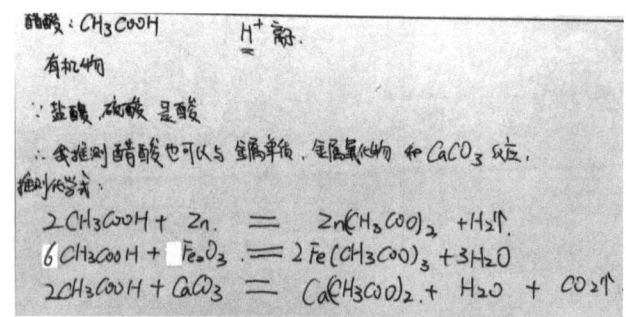

图1-4-6　学生C的作业

小组点评1：该同学对醋酸的推测包含组成和性质两个角度。在组成上，从宏观元素和微观离子角度都进行了推测或者调查；在性质上，基于类别推测醋酸能和不同类别物质反应，而且类比学过的化学方程式，选择典型物质，推测出生成物。

小组点评2：不足之处是该同学没有推测酸能与酸碱指示剂发生反应使酸碱指示剂变色。

资料

石蕊、酚酞是常用的酸碱指示剂：石蕊遇酸性溶液变红，遇碱性溶液变蓝；酚酞遇碱性溶液变红，遇酸性和中性溶液不变色。

小结：
（1）酸可以使酸碱指示剂石蕊变红，不能使无色酚酞变色。
（2）氢前金属可以和盐酸、硫酸反应产生氢气：
$$酸 + 氢前金属 \longrightarrow 非氧化物 + 氢气。$$
（3）盐酸、硫酸可以和某些金属氧化物反应生成非氧化物和水：
$$酸 + 金属氧化物 \longrightarrow 非氧化物 + 水。$$
（4）含碳酸根的非金属化合物，如碳酸钙、碳酸钠可以和盐酸、硫酸反应生成非氧化物、水及二氧化碳：

$$酸 + 非氧化物（含碳酸根）\longrightarrow 非氧化物 + 水 + 二氧化碳。$$

【课时作业】

厕所清洁剂中含有盐酸，分析盐酸可以除水垢（含有碳酸钙）和铁锈的原因，使用白醋同样可以清除水垢等，结合所学内容对其除垢原理进行分析。

活动意图：

进一步提升从性质和组成的角度对物质进行分类的认识，基于类别认识物质性质，并基于类别推测陌生物质的性质。归纳酸作为一类物质所具有的化学性质，完成课时作业，感知酸的性质在生活生产方面的广泛应用。

（四）第 4、第 5 课时

【环节 7】讨论判断氢氧化钙、硫酸钠、氢氧化钠是否属于一类物质的思路框架

问题 7：在已有基础上，我们已对前面的物质进行进一步分类，锌属于金属单质，氧化铁属于氧化物中的金属氧化物，盐酸、硫酸从组成和性质上看属于化合物中的酸，如何判断剩下的 3 种物质——氢氧化钙、硫酸钠、氢氧化钠是否为一类物质？

学生：可以从性质和组成的角度研究氢氧化钙、氢氧化钠、硫酸钠是否为一类物质。

追问：基于资料，从组成角度，对于 3 种物质你又是怎样判断的，你打算如何研究它们是否属于一类物质？

活动 7：基于微观示意（图 1-4-7）判断 3 种物质是否为一类，组内讨论证明猜想的方法。

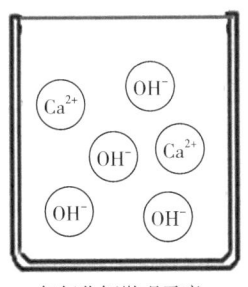
氢氧化钙微观示意

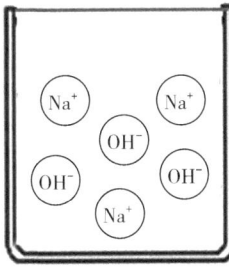
氢氧化钠微观示意

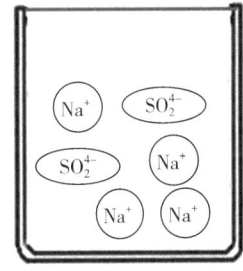
硫酸钠微观示意

图 1-4-7　氢氧化钙、氢氧化钠、硫酸钠的微观示意

学生 A：氢氧化钠和氢氧化钙都含有氢氧根离子，可能为一类物质，氢氧化钠和硫酸钠都含有钠离子，可能为一类物质。

学生B：因为含有氢氧根离子，氢氧化钠和氢氧化钙可能具有相似的性质；因为含有钠离子，氢氧化钠和硫酸钠可能具有相似的性质。

学生C：可以从性质角度设计实验，探究氢氧化钠、氢氧化钙、硫酸钠是否具有一些共同的化学性质。

活动意图：

感知碱的性质和组成，应用所学，从微观组成的角度论证物质类别，初步通过一类物质具有共性论证物质类别。

【环节8】基于类别，通过实验证明氢氧化钠、氢氧化钙为一类物质

问题8：如何从性质角度研究氢氧化钙、氢氧化钠、硫酸钠，证明它们是否为一类物质？

学生A：如果有很多相似的化学性质，就说明它们是一类物质，目前还有盐和碱没有被区分出来，可以滴入酸碱指示剂观察变色是否一致。

学生B：应该与研究酸的化学性质的思路一样，从不同类别的物质中选出代表物，研究氢氧化钙、氢氧化钠、硫酸钠能否与其反应，如果有一定相似的化学性质，说明它们可能为一类物质。

教师：这个问题要分为两个层面看待，第一个层面就是如何研究物质，方法是从不同类别的物质中选出代表物，与被研究物质进行反应；第二个层面就是如何判断不同物质是否为一类物质，如果不同物质有很多共同的化学性质，则可以说明它们为一类物质。

活动8：请同学们设计实验，研究氢氧化钠、氢氧化钙、硫酸钠是否为一类物质，写出实验思路。

思路1：使用酸碱指示剂，通过观察这3种物质能否使指示剂变色，研究这3种物质是否属于一类。

1.实验方案1

将石蕊、酚酞滴入氢氧化钙、氢氧化钠、硫酸钠溶液并振荡，观察试管中液体的变色情况（图1-4-8）。

2.实验现象

石蕊滴入氢氧化钙、氢氧化钠溶液后变蓝，滴入硫酸钠溶液仍为紫色。将酚酞滴入氢氧化钙、氢氧化钠溶液后变红，滴入硫酸钠溶液仍为无色。

3.实验方案1所得结论

（1）氢氧化钠、氢氧化钙溶液显碱性，可以使石蕊变蓝，使酚酞变红。

（2）硫酸钠溶液为中性溶液，不能使石蕊和酚酞变色。

思路2：选取不同类别物质的代表物，研究其性质并判断它们是否属于一类物质？

尝试 1：利用新学习的物质类别——酸类，观察酸类能否与这 3 种物质反应，研究这 3 种物质是否属于一类。

教师：同学们为什么首先想到使用酸进行实验研究？

学生：首先酸是一类物质，盐酸、硫酸是常见代表物，另外前一个实验已经判断出氢氧化钠、氢氧化钙为碱，酸碱中和是一个很有名的反应，所以我们想首先用酸尝试一下。

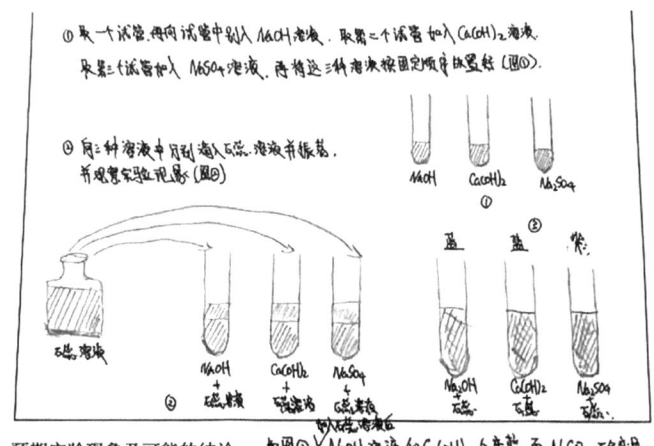

图 1-4-8　实验方案 1

1. 实验方案 2-1

将稀硫酸倒入 3 个烧杯中，在稀硫酸中分别加入氢氧化钙、氢氧化钠、硫酸钠并搅拌均匀，观察实验现象（图 1-4-9）。

2. 实验现象

均无明显现象。

教师：没有明显现象，反应是否就一定没有发生，能否尝试利用已学知识证明？

学生：可以通过加入酸碱指示剂，利用指示剂变色研究反应是否发生。

3. 实验方案 2-1 改进

（1）将石蕊滴入氢氧化钙、氢氧化钠溶液，逐滴滴入盐酸，蓝色逐渐变为紫色。

（2）将酚酞滴入氢氧化钙、氢氧化钠溶液，逐滴滴入盐酸，红色均逐渐消失。

刮摩淬励　研精覃思
一位初中化学教师的教学实践

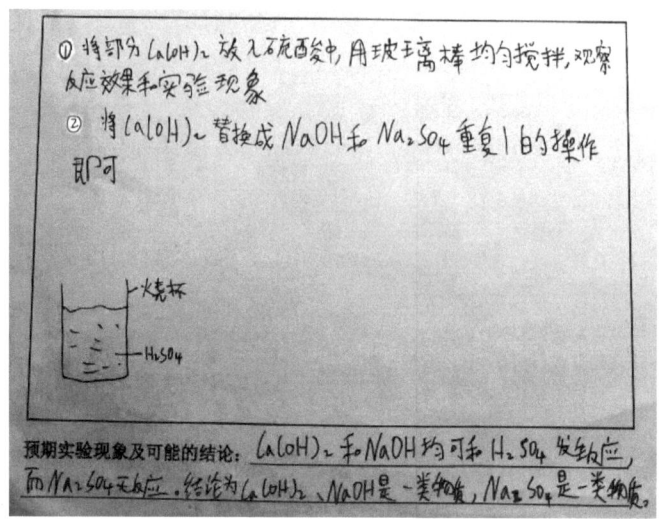

图 1-4-9　实验方案 2-1

4. 实验方案 2-1 所得

碱性的氢氧化钠和氢氧化钙可以和盐酸发生反应。

尝试 2：使用二氧化碳作为非金属氧化物代表物，观察它能否与氢氧化钙、氢氧化钠、硫酸钠反应，研究这 3 种物质是否属于一类。

教师：有些同学尝试通过研究氢氧化钠和氢氧化钙是否都能与二氧化碳反应来证明氢氧化钠和氢氧化钙是一类物质，你们是怎么想到的？

学生 A：氢氧化钠和氢氧化钙都有氢氧根离子，组成决定性质，氢氧化钙可以和二氧化碳反应，所以氢氧化钠可能也能与二氧化碳反应。

学生 B：从物质研究的角度出发，二氧化碳是非金属氧化物，用二氧化碳作为代表物，研究其能否与碱反应。

1. 实验方案 2-2

将二氧化碳通入氢氧化钠、氢氧化钙溶液，研究氢氧化钠和氢氧化钙与二氧化碳的反应（图 1-4-10）。

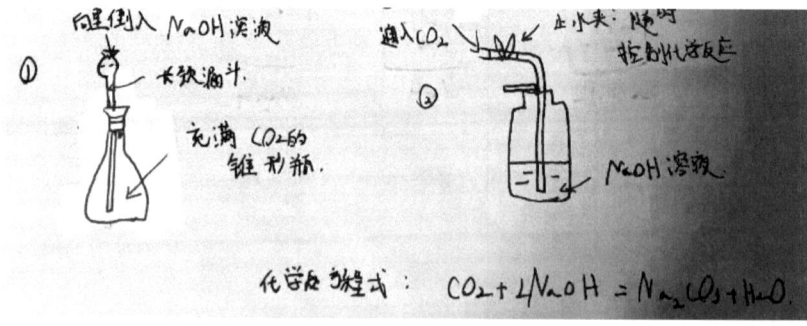

图 1-4-10　实验方案 2-2

2. 实验现象

无明显现象。

> **资料**
>
> 碳酸钠易溶于水，碳酸钙难溶于水。20 ℃时，碳酸钠在水中的溶解度为 21.5 g，碳酸钙的溶解度为 0.0013 g。

3. 实验反思

因为氢氧化钠和氢氧化钙属于一类物质，生成物的种类可能与二氧化碳和氢氧化钙反应的生成物类似。如果二氧化碳与氢氧化钠发生化学反应生成碳酸钠和水，其中碳酸钠溶于水，也不会有明显现象。

学生：可以利用已学的酸的性质进行进一步实验，盐酸其与氢氧化钠反应无明显现象，但盐酸与碳酸钠可以生成二氧化碳。

4. 实验方案改进 2-2-1

向通入二氧化碳的氢氧化钠溶液中滴入稀盐酸（图 1-4-11）。

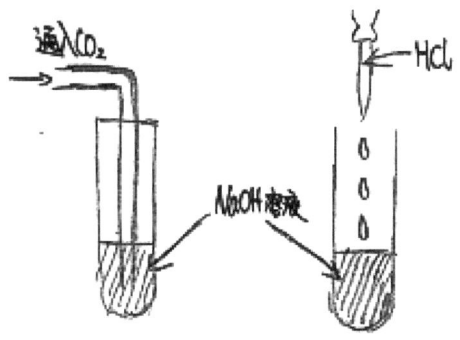

$CO_2 + 2NaOH == Na_2CO_3 + H_2O$.

由于 CO_2 与 NaOH 反应生成了 Na_2CO_3，

方案：将 CO_2 与 NaOH 反应，在反应后的溶液里滴加 HCl，如果有气泡产生，则证明 CO_2 与 NaOH 发生反应。

$Na_2CO_3 + 2HCl == 2NaCl + H_2O + CO_2\uparrow$

图 1-4-11 实验方案 2-2-1

5. 实验现象

有气泡冒出。

6. 实验结论

二氧化碳和氢氧化钠发生化学反应，可能生成碳酸钠。

教师：是否可以尝试采用其他方法进一步证明该反应生成了碳酸钠？

学生：可以尝试用除酸以外的其他不同类别的物质和碳酸钠反应。

> 氢氧化钙和碳酸钠的反应：
> $$Na_2CO_3 + Ca(OH)_2 == CaCO_3\downarrow + 2NaOH。$$

7. 实验方案 2-2-2 改进

向通入二氧化碳的氢氧化钠溶液中滴入氢氧化钙溶液，观察实验现象（图 1-4-12）。

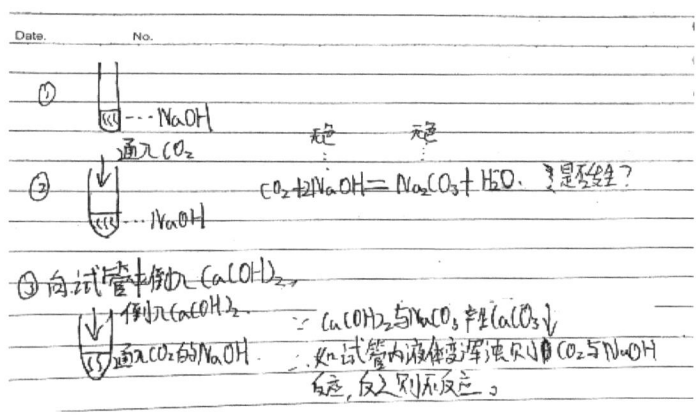

图 1-4-12　实验方案 2-2-2

8. 实验现象

产生白色沉淀。

9. 实验结论

氢氧化钠和二氧化碳反应，可能生成碳酸钠。

小结：

（1）氢氧化钠和氢氧化钙属于碱，都含有氢氧根离子，因此具有相似的化学性质。

①可使酸碱指示剂变色：使紫色石蕊变蓝，使无色酚酞变红。

②可与二氧化碳反应：

$$CO_2 + Ca(OH)_2 == CaCO_3\downarrow + H_2O，$$

$$CO_2 + 2NaOH = Na_2CO_3 + H_2O。$$

③可以与盐酸、硫酸反应：

$$2HCl + Ca(OH)_2 = CaCl_2 + 2H_2O，$$

$$HCl + NaOH = NaCl + H_2O。$$

$$H_2SO_4 + Ca(OH)_2 = CaSO_4（微溶于水）+ 2H_2O，$$

$$H_2SO_4 + 2NaOH = Na_2SO_4 + 2H_2O。$$

（2）氢氧化钙和氢氧化钠在物理性质和化学性质上存在差异性。

①物理性质上，溶解度不同。

②由于组成不同，化学性质上，氢氧化钙可以和碳酸反应生成难溶物碳酸钙。

$$Na_2CO_3 + Ca(OH)_2 = CaCO_3\downarrow + 2NaOH。$$

活动意图：

运用研究物质性质的一般思路方法，通过共性和差异性判断物质的类别。知道碱具有相似化学性质是因为都含有氢氧根离子。综合运用观察、实验，以及对事实进行归纳概括、分析解释等方法认识物质的性质，理解合理使用酸碱等试剂的意义。通过设计探究性实验，认识碱的化学性质，从生成物和化学方程式角度落实氢氧化钙、氢氧化钠的化学性质。

（五）第6课时

【**环节9**】基于酸和碱的性质，推测物质用途；性质推测，基于生活经验和给定素材，推测常见酸和碱的性质。

问题9：基于酸和碱的性质，你推测它们有什么用途？为什么这样推测？

资料

（1）厨房清洁剂、卫生间清洁剂成分及使用说明；

（2）盐酸、硫酸、氢氧化钠、氢氧化钙的工业用途；

（3）实验室使用酸和碱的注意事项；

（4）酸和碱性对人体健康及农作物生长的影响。

小结：

（1）结合盐酸、硫酸、氢氧化钠、氢氧化钙具体物理性质和化学性质的共性和特性，得出的盐酸、硫酸、氢氧化钠、氢氧化钙在生产生活中的广泛用途及其使用时的注意事项。

（2）了解溶液酸碱性对人体健康和农作物生长的具体意义。

活动意图：

知道常见酸和碱的主要用途及酸碱性对人体健康和农作物生长的影响，了解常见

> **刮摩淬励　研精覃思**
> 一位初中化学教师的教学实践

酸和碱的物理性质，认识酸碱性质在生活生产方面的广泛应用，体会科学利用酸和碱对提高生活质量的作用。

【教学反思】

从组成角度定义酸、碱需要深入微观层面，酸中含有氢离子，碱中含有氢氧根离子，初中阶段学生对于离子的认知十分薄弱，无法从该层面为酸和碱下定义，所以基于宏观元素角度区分单质和化合物后，在进一步建构酸碱盐概念时出现断层，使得酸碱盐的学习成为"无根之木"。常规教学中，教师往往采取两种教学思路：第一种思路是从类别角度学习酸和碱，要求学生从化学式特征出发，如氢元素"开头"酸根"结尾"的为酸，金属"开头"氢氧根"结尾"的为碱等，然后从类别角度记忆酸、碱具有的性质；第二种思路是要求学生逐一记忆，既能记住典型物质如盐酸、硫酸、醋酸、氢氧化钠、氢氧化钙和氨水等的化学式，又能一对一地记住每种物质的具体化学性质，如盐酸、硫酸可以和氧化铁反应。

本案例中，教师没有直接从组成角度对酸和碱下定义，而是基于性质和组成不断推论酸和碱的物质类别，让学生在推论过程中逐渐掌握酸和碱的性质，建立性质和用途的关系，学习基于类别研究物质性质的思路、方法，感受如何基于类别推测陌生物质的性质，了解通过物质共性和差异性认识一类物质的方法，在实验过程中感受化学品的选择和使用与性质的关系，形成合理使用化学品的意识等。随着对酸和碱性质的研究思路、方法的逐渐明晰，学生对酸和碱性质的理解逐渐深刻，酸和碱的概念也就越发明晰，这样的教学过程充分体现了基于大概念统领的酸和碱学习的功能和价值。

教师给出包括典型酸碱盐在内的一组物质，指出研究物质需要分类，学生调用已有知识将物质初步分为混合物和纯净物，基于元素种类将纯净物分为单质、化合物，在化合物中进一步找出氧化物，但是对于盐酸、硫酸、氧化铁、氢氧化钙、碳酸、硫酸钠、氢氧化钠等物质如何进一步分类不知所措。教师介绍即将开展的酸碱单元的学习，请学生推测哪些物质属于酸。学生从名称角度推测硫酸、硫酸钠属于酸，也可以基于所学，猜想可以使石蕊变红的就是酸。此时教师指出同学们发言时的内隐角度，即从组成和性质两个角度判断一种物质是否属于酸，与近代科学家研究酸的角度思路是一致的，鼓励学生进一步从组成和性质两个角度论证物质类别。

（1）基于物质的组成和性质论证物质的类别，通过研究盐酸、硫酸、硫酸钠等物质的组成和性质论证这3种物质是否都属于酸。

（2）基于类别开展对酸和碱共性的研究，最后形成研究物质性质的思路方法。例如，通过选择不同类的物质能否与盐酸、硫酸、硫酸钠反应，探究它们是否都为酸。

（3）基于类别代表物推测一类物质的性质。例如，氢氧化钙可以与非金属氧化物二氧化碳发生反应生成碳酸钙和水，推测氢氧化钠也可以与二氧化碳反应，生成碳酸钠和水。

（4）基于组成解释物质性质。例如，给出氢氧化钙、氢氧化钠、硫酸钠的微粒示意图，解释氢氧化钠、氢氧化钙为什么具有相似的化学性质，它们呈现出的性质与哪种微粒有关等。

基于大概念的建构，本案例中关于物质类别的问题贯穿始终，单元教学在教师的引领和启发下层层递进，结合科学史实，不断开展科学论证、探究实验，对酸、碱概念的理解层层深入，辩证地看待一类物质的共性和特性，形成了研究物质性质的研究模型，提升了较为综合的素养。

附录

学 案

第 1 课时

任务 1：猜想盐酸、硫酸、氢氧化钙、碳酸、硫酸钠、氢氧化钠等非氧化物哪些物质是酸，小组分析讨论后在学案中写出理由，并与大家分享。

资料 1

17 世纪，英国科学家波义耳将盐酸溅到了堇菜花的花瓣上时，花瓣变成红色，波义耳认为酸可以使植物的色素变色。

18 世纪，法国科学家拉瓦锡认为酸的形成需要氧元素，他将这种元素命名为 oxygen，在拉丁语中 gen 是生成的意思，氧的意思就是可以生成酸的东西。

任务 2：设计实验，证明盐酸、硫酸、硫酸钠是否为同一类物质，都是酸。

【实验药品】盐酸、硫酸、碳酸钠、石蕊、金属锌、碳酸钙、锈铁钉、硝酸钡溶液等（碳酸不稳定，实验室无该药品）

【实验仪器】酒精灯、试管夹、镊子、滴管、药匙等

分为 3 小组，两人为一组，分别负责做实验和记录实验现象，实验现象记录于下页表格。

刮摩淬励 研精覃思
一位初中化学教师的教学实践

	第1小组	第2小组	第3小组
试剂	盐酸	硫酸	硫酸钠
石蕊			
锌粒			
氧化铁			
碳酸钙			
硝酸钡			

组长组织组员共同分析实验现象，得出结论：

资料2

盐酸可以做除锈剂，与氧化铁发生如下化学反应：
$$Fe_2O_3+6HCl=2FeCl_3（黄色）+3H_2O。$$

课时作业：梳理反应现象及结论，尝试写出实验中的化学反应方程式。

反应物类别	反应方程式
金属（锌）	
氧化物（氧化铁）	
含碳酸根的非氧化物	

第2课时

任务3：交流、改进作业中的化学方程式，分析盐酸、硫酸具有共性的原因。

初步分析：_____

资料3

（1）19世纪，英国化学家汉弗莱－戴维认为酸是含氢的化合物。盐酸含有氢元素和氯元素，是氢赋予了物质酸性。

（2）19世纪末，瑞典科学家阿伦尼乌斯将溶于水后产生氢离子的物质定义为酸。

（3）视频：盐酸、硫酸导电性实验。

任务4：基于文字和视频资料，尝试绘制盐酸、硫酸微观示意图，推论盐酸、硫酸属于一类物质的证据。基于微观示意图，分析盐酸、硫酸具有相同化学性质的原因。

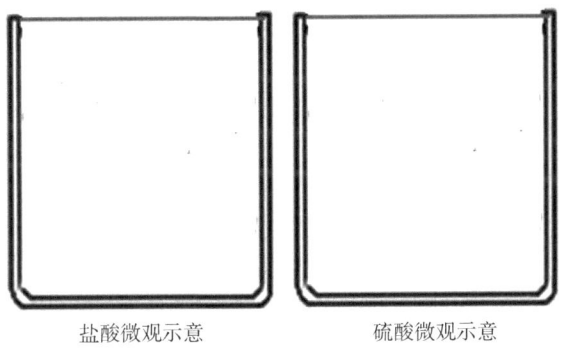

盐酸微观示意　　　　　　硫酸微观示意

再次分析盐酸、硫酸具有相同化学性质的原因：

课时作业：
（1）推测氧化铜能否与硫酸反应，写出推测原因。
（2）醋酸是一种酸，对于醋酸你有什么推测，请写出全部想法。

第3课时
任务5：结合已学知识和本节课的讨论及实验，讨论对酸的最新认识。

刮摩淬励　研精覃思
一位初中化学教师的教学实践

任务6：以小组为单位，结合本节课所学内容分析讨论，点评典型作业。

小组点评：
_____
_____

第4、第5课时

资料1　氢氧化钙、氢氧化钠、硫酸钠的微观示意图

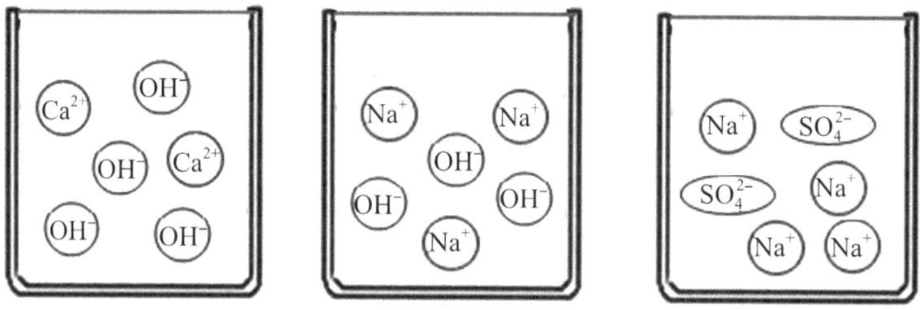

（氢氧化钙微观示意：Ca^{2+}、OH^-、OH^-、Ca^{2+}、OH^-、OH^-）

（氢氧化钠微观示意：Na^+、Na^+、OH^-、OH^-、Na^+）

（硫酸钠微观示意：Na^+、SO_4^{2-}、SO_4^{2-}、Na^+、Na^+、Na^+）

任务7：基于微观示意图判断上述3种物质是否属于一类，组内讨论证明猜想的方法。
_____
_____

任务8：设计实验，研究氢氧化钠、氢氧化钙、硫酸钠是否属于一类物质，写出实验思路。

【实验原理及思路】_____
_____

实验方案	
实验现象及结论	
反思	
实验改进	

资料2：碳酸钠易溶于水，碳酸钙难溶于水。20 ℃时，碳酸钠在水中的溶解度为21.5 g，碳酸钙的溶解度为0.0013 g。

资料3：氢氧化钙和碳酸钠的反应：
$$Na_2CO_3 + Ca(OH)_2 = CaCO_3 \downarrow + 2NaOH。$$

第二章
基于"深度学习"理论的单元教学实践

深度学习指在教学中，学生积极参与、全身心投入、获得健康发展、有意义的学习过程。在这个过程中，学生在素养导向学习目标的引领下，聚焦引领性学习主题，展开有挑战性的学习任务与活动，掌握学科基础知识与基本方法，体会学科基本思想，建构知识结构，理解并评判学习内容与过程；能够综合运用知识和方法创造性地解决问题，形成积极的内在学习动机、高级的社会性情感和正确的价值观，成为既有扎实学识基础又有独立思考能力、善于合作、有社会责任感、具备创新精神和实践能力、能够创造美好未来的社会实践的主人。

"学习单元"是整体落实核心素养的基本学习单位，是目标、内容、活动、评价、环境的整合。学习单元是围绕学习主题组织起来的，包含系列化的挑战性学习活动（任务），可帮助学生获得整体发展。

深度学习的核心要素包含以下6点。

1. 素养导向的学习目标

素养导向的学习目标是学生经由单元学习而获得的核心素养的具体表现。每个单元的学习目标按照素养维度分为若干条目。学习目标的表述以学生为主语，一般包含具体的素养维度、相应的学习内容、可观测的行为表现及行为发生的情境或条件等。

2. 引领性学习主题

引领性学习主题是对单元学习核心内容的价值提炼，既要反映学科本质和单元大观念，又要与真实世界和学生的基础与兴趣相联系，体现核心素养落实的具体化与整体化。主题有助于学生聚焦单元中最为核心、最具有育人价值的内容，打通从学科知识到学科素养的通道。能够引发师生的学习兴趣，使得学生积极加入学习。

3. 具有挑战性的学习任务或活动

具有挑战性是指任务或活动相对于学生现有水平，具有一定的难度要求，学生依靠现有的知识经验或思维方法难以完成，必须吸收新的知识、建立新的联系，或者转变思路、调整方法等。任务凸显实践活动的整体性、关联性和结果导向，强调学生完成实践活动的责任。每个学习任务与学习目标都有明确的对应关系，由学习情境、驱动性问题、任务流程、学习内容及其操作要求等组成。

4. 持续性学习评价

持续性学习评价主要是指教师根据单元学习目标，在学习过程中或者学习结束后，通过师生对话、课堂观察、日常作业、评价量表、单元测试、个别化辅导等多种方式，对学生在挑战性学习任务中的表现，以及学科核心素养达成情况等方面进行有针对性的分析、诊断与改进的过程。持续性学习评价贯穿学习始终，包括课前、课中和课后。

5. 开放性学习环境

开放性学习环境指丰富的学习资源、灵活的学习时空、多样的学习方式、深入的学习交互、个性化的学习反馈，具有一定的弹性和开放性。充分关注和挖掘已有课程教材、硬件资源、教室实体空间等的开放性，充分运用信息技术和网络空间，扩展线下教室的实体空间，建立虚拟空间，实现线上线下融合的开放性学习环境，支持更多样的学习方式。以单元为学习单位对学习内容进行重构后，根据学习主题的范围，课时可缩短或延长，涉及大、小课时的编排。

6. 反思性教学改进

反思性教学改进主要是指在实施教学任务过程中或者完成教学任务后，教师个人或教研团队根据观察记录与分析及持续性评价，诊断出的素养达成情况，分析教学存在的问题与原因，通过教研组研讨、撰写教学反思、改进教学设计等方式，进一步调整单元教学目标、改进教学进度、完善教学内容、丰富教学策略等的一种专业要求，体现了基于证据的教学改进。

第一节 《物质构成的奥秘》单元教学一（新授课）

"物质构成的奥秘"主题内容特有的陌生感和抽象性，始终是初中化学教学的重点，其中元素、分子和原子的教学更是重点中的难点。由于素材的限制和教学方式的单一性，学生很难产生兴趣，课堂气氛沉闷乏味。基于"深度学习"教育理念，教师将原本分散在教材各处的相关内容进行整合，创设挑战性问题，广泛联系生活实际，设计一系列生动有趣的实践活动，极大地调动了学生学习的积极性，有利于深入地理解主题知识，培养一系列能力，最终形成较为全面的素养。

> 刮摩淬励 研精覃思
> ——一位初中化学教师的教学实践

案例5 基于证据探索物质构成的奥秘——跟随水分子的足迹

【案例信息】

人教版九年级（上册）第三、第四单元

【主题简介】

本案例教学内容为《课程标准》下的"物质的组成与结构"主题的主要内容，是5个一级主题中的一个，其中二级主题包括"物质的组成""元素、分子、原子与物质""认识物质的组成与结构的思路与方法""研究物质的组成与结构的意义""学生必做实验及实践活动"。

从化学学科的角度，化学的核心研究对象是物质及其变化，对微粒的认识可以加深对物质及其变化的认识水平。"微粒观"和"元素观"是化学学科的核心观念，从微观角度联系地看待物质及其变化是学生应具备的学科能力。

人教版教材不断渗透有关"物质构成的奥秘"主题的教学内容：绪言部分即提出化学是从分子、原子角度研究物质性质、组成、结构和变化规律的科学；第二单元学习混合物和纯净物的概念；第三单元学习元素、分子和原子概念，认识原子结构；第四单元学习单质、化合物的概念，接触化学式和化合价的概念。

其中，第四单元借助研究水的组成认识"物质构成的奥秘"主题下的相关概念。水是自然界最为普遍的物质之一，与人类的生产、生活息息相关，是初中化学教学中的常见物质，同时水是非常典型的由分子构成的物质，分子结构简单，在本单元的教学中采用水作为素材中的核心物质开展教学有利于一以贯之地发展学生的微观定量认识。

早期哲学家对微观世界的猜想基于宏观世界的现象，分子、原子等抽象概念的建立基于实验，学生学习过程中站在前人的肩膀上寻找证据，进行推论。因此，教师经多维系统思考调整了部分内容，本单元的教学整合了第三和第四单元课题3和课题4中关于化学式含义的教学内容，确定化学团队"深度学习"的主题是"基于证据探索物质构成的奥秘——跟随水分子的足迹"。重点认识分子、原子等微粒的功能和价值，发挥第四单元课题3《水的组成》教学素材的功能，发展学生定量观，共5课时。

【学习内容】

教材中"物质构成的奥秘"主题内容是初中化学教学的重点，元素、分子和原子等核心概念集中出现在第三、第四单元，由于其特有的陌生感和抽象性，始终是该主题下教学的重点中的难点。形成宏观辨识与微观探析化学学科核心素养是本单元教学中最重要的教学价值和功能：学生在认识物质的微观世界的过程中，可以了解人类探索物质微观结构的重要成果；能从宏观与微观结合的视角解释物质的性质和变化；从微观角度认识物质的多样性，依据该角度对物质进行分类；能在宏观世界和微观世界之间自由转换，即面对宏观现象，能从微观角度对其本质进行解释，面对微观假设，能够从宏观现象中寻找证据。

在物理"内能"章节的教学中，学生已经知道物质是由分子等微粒构成的，对分子、原子等名词不陌生，但是对概念本身的内涵模糊，只是笼统地感觉这些都是"微粒"。经历过从宏观现象推理分子特征的过程，知道分子具有小、不断运动、有间隔等基本特征。但大部分学生只能机械地复述物理课所学的内容，对于陌生情境，主动使用微观视角分析问题的意识很薄弱。

学生对物质及其变化的认识将从认识角度丰富和认识方式类型转变两个方面得以发展。认识角度的丰富表现为增加了组成、构成、分类、转化等认识物质的基本角度。一方面基于宏观事实建立微观认识，用微观认识解释宏观事实；另一方面建立宏观概念与微观概念的联系。

在以往的教学中，受素材的限制和教学方式单一性的影响，学生在学习第三、第四单元时，课堂气氛沉闷乏味，很难产生学习兴趣。学生学习课本不同章节时，孤立、被动地接受各种概念。由于缺乏对概念间关系的认识，不能真正地理解概念，常出现概念混用、错用和机械记忆套用的问题。主动使用微观视角分析问题的意识也很薄弱。学生对于物质在不同中蕴含相同及基本的守恒观念具备朴素的哲学认识，但还停留在一种模糊的感觉阶段。让学生用元素、原子这些他们还不能明确其内涵的新概念来阐释化学问题，他们会觉得非常绕口难懂，如果要学生准确应用概念来解释说明问题就更加困难了。

综上所述，从宏观到微观，基于分子、原子认识物质和变化时，学生在物质组成、构成部分中的认识发展障碍点具体有以下4个。

（1）用分子、原子的概念解释物质及其变化，建立宏观现象与微观本质间的联系。

（2）从微观角度对物质及其变化进行符号表征；从微观角度认识物质的多样性，并依据该角度对物质进行分类；从微观层面理解分子、原子与物质的性质的关系。

（3）用分子、原子的概念解释化学变化中的变与不变，从微观角度对化学变化进行定性、定量分析。

（4）初步认识原子模型，了解化学现象的本质，预测物质及其变化的可能结果。

【学习目标】

（1）通过设计家庭实验寻找物质是由微粒构成的证据，在这一过程中，逐步认识物质是由微粒构成的；以符号（化学式）、文献和一系列实验作为证据，认识原子结构，认识微粒与物质组成、性质和变化的关系。

刮摩淬励 研精覃思
一位初中化学教师的教学实践

（2）通过探讨水的微观构成及水分子与氢原子、氧原子的关系等活动，建立物质、微粒和元素之间的关系；通过绘制不同类别物质的微粒图，从微观角度对物质进行分类；通过过氧化氢分解等实验，从宏观与微观结合的视角解释物质的性质。

（3）通过分析过氧化氢分解为水和氧气的微观过程认识化学反应的实质是原子重组的过程，原子种类和个数、元素种类在化学反应前后不变，而化学反应前后分子和物质种类有所改变；通过水的电解实验及文字素材，从微观角度定量认识微粒构成，认识化学变化。在"变"与"不变"中建立对立统一、量变和质变相联系的观点。

（4）通过调查文献认识原子发现过程，动手制作原子结构模型，初步认识原子的结构，了解原子核、质子、中子和核外电子的关系，为进一步认识、了解化学现象的本质——"最外层电子数与元素化学性质的密切关系"做准备。

（5）通过了解人类探索物质微观结构的重要成果，了解化学对社会发展的重大贡献。基于证据认识客观世界，崇尚真理，形成真理面前人人平等的意识；主动运用所学化学知识，积极参与有关化学问题的社会决策。

【单元学习活动设计】

《基于证据探索物质构成的奥秘——跟随水分子的足迹》单元学习基于"深度学习"教育理念，将原有分散在教材各处的相关内容进行整合，创设有挑战性的任务，广泛联系生活实际，设计一系列生动有趣的实践活动，调动学生学习的积极性，有利于学生深入地理解主题核心知识，培养宏观与微观相结合分析、解决问题的关键能力。

本单元需要5课时完成。第1课时，利用生活中的物品设计实验，寻找微粒性质的证据，证明物质是由微粒构成的；第2课时，依据已有的科学研究结果，寻找宏观物质与微粒的构成关系；第3课时，通过实验和分析，从微观角度认识物质的组成、分类及其变化；第4课时，依据科学发展史寻找证据，探秘原子结构，并利用生活中的物品制作氢原子、氧原子模型；第5课时，从原子、分子的视角定量认识物质的组成（表2-1-1）。

表2-1-1 单元学习活动设计示意

课时	学习目标	学习内容	学习活动	学习资源
第1课时	认识物质是由微粒构成的	物质由微粒构成	设计家庭实验，寻找物质是由微粒构成的证据	小组展示：用生活物品做实验的视频或课件
第2课时	建立分子、原子（离子）、元素及物质之间的关系	分子、原子（离子）、元素及物质之间的关系	观看、分析视频及文献；绘制水分子的微粒示意图；借助化学式、常用试剂及食品标签等，推测微粒、元素及物质之间的关系	学生录制的凯库勒发现苯分子结构的视频；常用试剂、食品标签等的图片

续表

课时	学习目标	学习内容	学习活动	学习资源
第3课时	从分子、原子的角度区分物质类别,认识分子与物质化学性质的关系,认识分子、原子在化学变化过程中的变与不变	从分子、原子角度区分纯净物与混合物、单质与化合物;分子保持物质化学性质;化学变化中分子改变,原子重组	参考水分子和氧气分子的微粒示意,绘制过氧化氢溶液微粒示意,填写微粒与物质类别关系表;通过催化剂可使过氧化氢溶液迅速放出氧气但不能使水放出氧气的实验,分析分子、原子与物质化学性质的关系;结合水分解微观过程,推测过氧化氢分解过程中的微粒变化	水、氧气等的微粒示意图;混合物、纯净物、单质、化合物与微粒关系表;10%浓度过氧化氢溶液、水、氯化铁(催化剂)和线香;水分解过程微粒变化图等
第4课时	认识原子结构	原子的结构	搜集文献,调查各国科学家发现原子结构的过程;动手制作原子结构模型	科学家研究原子结构的文献、橡皮泥模型等
第5课时	定量认识微粒之间的关系,从微观角度定量认识化学变化	微粒之间量的关系;化学变化的定量角度	结合科学家研究水的组成的化学史素材,完成水的电解实验,分析水的组成;通过给定水分子、氢原子、氧原子质量,计算推测水的组成及水分子中氢、氧原子个数	普利斯特里、拉瓦锡研究水的组成的化学史文献;水通电实验相关仪器

【持续性评价方案】

基于"深度学习"理论的单元教学持续性评价方案如表2-1-2所示。

表2-1-2 基于"深度学习"理论的单元教学持续性评价方案

序号	评价目标	评价任务	评价标准	评价方式
1	基于证据认识客观世界,崇尚真理,形成真理面前人人平等的意识	(1)课前,能否利用生活物品设计实验有力证明物质是由微粒构成(2)课上,表达时是否有意识地使用证据,观点与例证之间的逻辑关系是否紧密(3)课后,师生访谈过程中,是否表达出对证据的重视	(1)主观臆断,没有证据意识(2)有证据意识,但证据不足或目标不清(3)主动获取证据,目标明确,证据充足	校外实践活动记录单、课堂观察、师生访谈

刮摩淬励 研精覃思
一位初中化学教师的教学实践

续表

序号	评价目标	评价任务	评价标准	评价方式
2	认识物质是由微粒构成的，建立物质、微粒和元素之间的关系	（1）课前，能否设计实验证明物质由微粒构成，设计思路是否正确 （2）课前，绘制水的微粒图时对构成水的微粒及微粒之间的关系认识是否清楚 （3）课上及课后，学生在课堂上的表现及在填写学案和单元任务单时，能否对物质、微粒和元素之间的关系进行准确表述	（1）对于物质是由微粒构成的不理解、不认可 （2）能理解所处的物质世界是由微粒构成的 （3）知道构成物质的微粒的种类，理解分子与原子的关系 （4）理解微粒、元素、物质三者中两两的关系 （5）建立正确的关于物质、微粒和元素之间关系的认识	前测、学案、课堂观察、单元任务单
3	能从微观角度对物质进行分类；能从宏观与微观结合的视角解释物质的性质	（1）课上及课后，学生在课堂上的表现及在填写学案（实验报告）和单元学习任务单时，能否从微观角度对物质类别和物质性质之间的关系进行准确表述 （2）课后，能否对作业中的相关习题正确作答	（1）能从微观角度对物质类别或物质性质之一进行正确解释 （2）能够从微观角度对物质类别、物质性质进行全面解释 （3）能够熟练地对物质类别进行分类，从宏观、微观结合的视角解释物质的性质	学案（实验报告）、课堂观察、单元任务单、作业
4	认识化学反应的实质是原子重组的过程；从微观角度定量认识微粒构成，认识化学变化，建立对立统一、量变质变、联系发展的观点	（1）课上，学生在课堂上的表现及在填写学案和单元任务单时，是否体现出从微观角度对化学变化进行阐释分析 （2）课后，能否对作业中的相关习题正确作答 （3）课后，进行师生访谈时，是否体现对立统一、量变质变、联系发展的观点	（1）理解化学反应的实质 （2）关注微粒之间及化学反应过程中微粒之间量的关系 （3）能够熟练运用微粒之间及反应过程中微粒量的关系，解释问题，形成对立统一、量变质变、联系发展的观点	学案、课堂观察、单元任务单、作业、师生访谈

续表

序号	评价目标	评价任务	评价标准	评价方式
5	初步认识原子结构，了解原子核、质子、中子和核外电子的关系	（1）课前，学生调查原子结构发现的过程并制作海报；在课堂表达时，能否准确认识原子结构（2）课前，学生检查用生活物品制作的原子结构模型是否科学；课后，学生再次制作的原子模型是否科学、严谨	（1）对原子结构存在错误认识（2）正确认识原子内部微粒之间的从属关系（3）对原子结构有精准认识（微粒的半径、距离等）	校外实践活动、课堂观察、作业

【单元学习计划】

单元教学共包括5课时，每课时的内容主题及关联如图2-1-1所示。

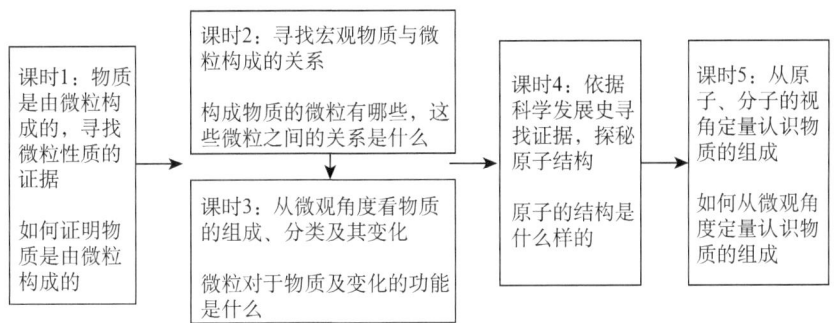

图2-1-1 "深度学习"理论每课时的内容主题及关联

【教学过程】

以第2、第3课时为例。

第2课时

【引入】展示学生绘制的水微观示意图。

教师展示学生绘制的水微观示意图，简单评价学生已有认识。学生表述自己的认识，认识情况主要有以下3种。

（1）认为构成水的微粒是一些简单的小颗粒（图2-1-2）。

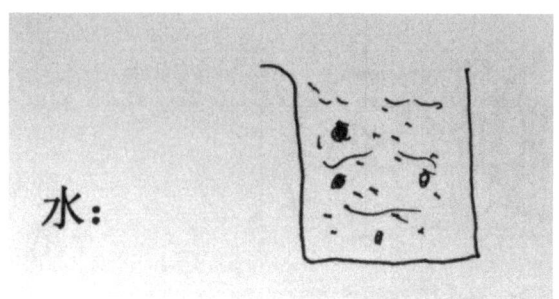

图 2-1-2　学生对水组成的认识 1

（2）对分子和原子的构成关系认识不清（图 2-1-3）。

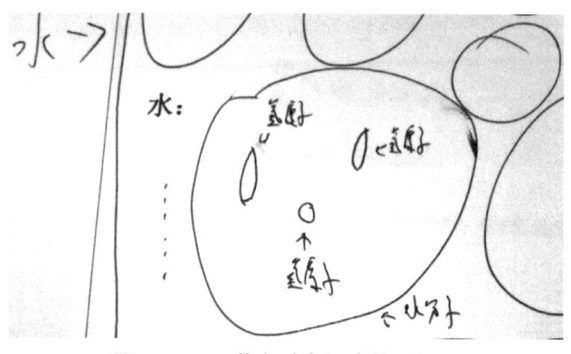

图 2-1-3　学生对水组成的认识 2

（3）对水分子中原子的种类和个数认识不清（图 2-1-4）。

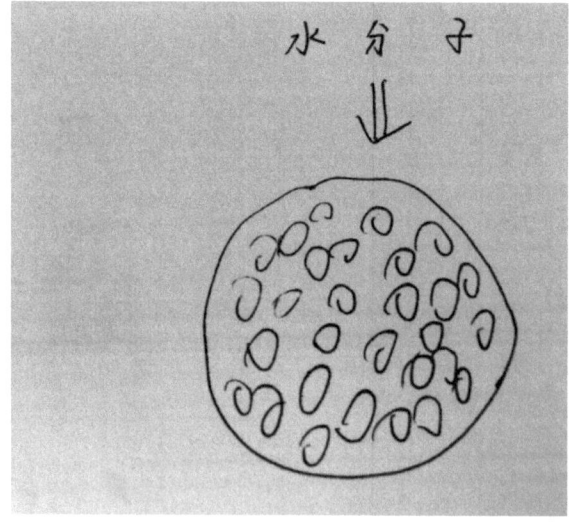

图 2-1-4　学生对水组成的认识 3

设计意图：

探查学生已有认识，引发关注，思考构成物质的微粒及微粒间的关系。

【环节1】认识构成物质的微粒种类；初步认识分子和原子的关系

问题1：你能说出构成物质的微粒有哪些吗？它们之间的关系是什么？

活动1：学生观看同学录制的视频后兴趣陡增，借助文字素材，反复讨论，积极思考构成物质的微粒及微粒之间的关系（图2-1-5）。

图2-1-5 科学家探索物质构成的奥秘视频

大部分学生回答物质是由分子、原子（离子）构成的，少部分学生答出分子由原子构成。

设计意图：

评价已有认识，引发思考，引导学生思考构成物质的微粒种类及其关系。认识构成物质的微粒种类；初步认识分子和原子的关系。

【环节2】以图形、素材及化学式为证据，分析分子和原子的关系，判断典型物质的微粒构成

问题2：你能说出微粒之间的关系吗？你为什么这么想？

活动2：学生依据素材内容和微粒图示，借助化学式分析讨论后得出结论（图2-1-6）。

刮摩淬励 研精覃思
一位初中化学教师的教学实践

图 2-1-6 水分子、氢分子、氧分子微观示意

学生 A：第一个是水分子，因为水的化学式是 H_2O，又因为分子是由原子构成的，因此两个小球代表氢原子，一个大球代表氧原子。

学生 B：另外两个图形分别代表氢分子和氧分子，因为氢气的化学式是 H_2，说明一个氢分子由两个氢原子构成，氧气的化学式是 O_2，说明一个氧分子由两个氧原子构成。

教师给出 H_2O、O_2、$NaCl$、Si、C_6H_6 等物质的化学式，追问："水、氧气、氯化钠、硅和苯是由何种微粒构成的？你的依据是什么？"

学生再次结合视频、图片、生活经验和化学式素材建构分子、原子与物质的关系。认出化学式 C_6H_6 表示的是苯，因为苯是由苯分子构成的，而苯分子是由 6 个碳原子和 6 个氢原子构成；进一步明白单质硅是由硅原子构成的，所以用 Si 来表示（图 2-1-7）。

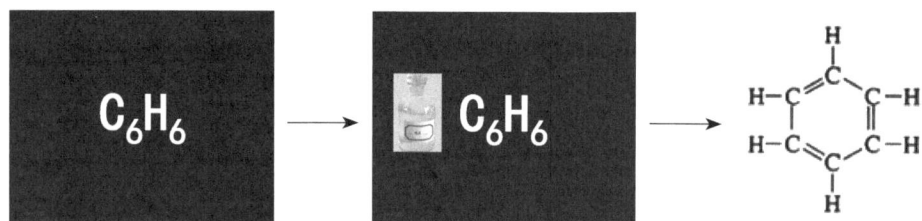

图 2-1-7 苯的化学式、试剂及结构式

教师重新播放学生课前绘制的微观示意图，再次开展评价和自我评价，学生对绘制的水微观示意图达成较为一致的正确认识。

设计意图：

通过对素材的分析、讨论，借助化学式，进一步理解物质、分子和原子之间的关系。认识分子和原子的关系，知道核心物质的微粒构成。

【环节3】思考原子与元素的关系，基于微粒认识建立元素概念

问题3：CO_2、O_2、H_2O，$NaCl$、Na 这两组物质分别有什么共同点？

活动3：观察分析，根据教师给出的物质分析、比较，初步形成元素概念。

学生 A：第一组中都含有氧原子，第二组中都含有钠原子。

学生 B：氯化钠中的"钠"是离子，并不是原子。

教师展示试剂瓶的标签"钠"和食盐标签中的"钠",地壳中"氧"的含量和氧气瓶上标着的"氧",追问学生这些"钠"和"氧"分别指的是什么概念(图2-1-8)。

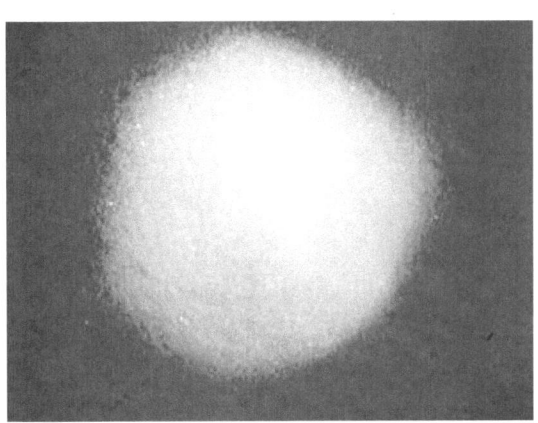
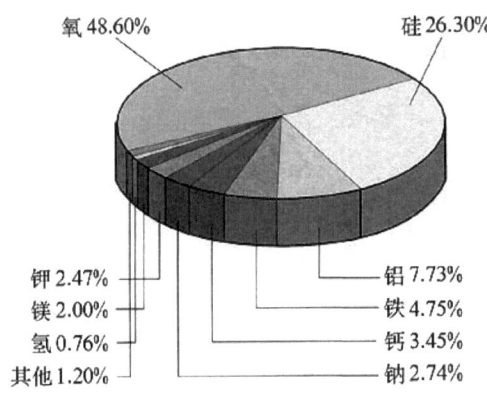

图2-1-8 食用盐、地壳元素饼状图和食品营养标签等

学生回答:"钠"和"氧"都是指元素概念。

教师追问:元素与微粒有什么关系?

学生:元素是一种宏观概念,与原子或离子有一定的关系。

设计意图:

在分析原子与元素关系的过程中,将原有的朴素的元素概念发展为与微粒相关联的较为科学的概念。认识原子与元素的关系,初步形成元素概念。

【环节4】认识微粒、元素和物质之间的关系

问题4:你能找出微粒、元素、物质之间的关系吗?

活动4:学生借助常见物质图形、化学式、微观示意图等素材,结合前面所学,分析、思考建构网络,建构过程中概念在头脑中进一步清晰、明确(图2-1-9)。

刮摩淬励　研精覃思
一位初中化学教师的教学实践

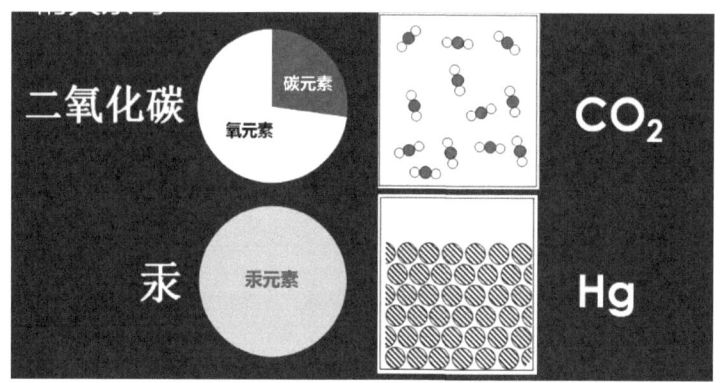

图 2-1-9　二氧化碳和汞的名称、元素含量关系、微观示意和化学式

学生激烈讨论并绘制关系图（图 2-1-10），在进行微粒、元素和物质关系的建构时表现出的典型问题有以下 3 点。

图 2-1-10　学生的激烈辩论过程及最终结果

（1）忽略概念之间的关联，如关注元素与物质的关系，但忽略元素与微粒之间的关系。

（2）对概念之间的关系不够明确，如表述时不能很好地说清元素与分子之间的关系。

（3）概念关联正确，表达不够科学，表现出对某些概念的地位和功能认识不足，例如关系图凸显物质与微粒的关系，元素位置边缘化；将"分子""原子"放在"元素"与"物质"之间。

通过讨论和教师引导，学生认识逐渐趋于统一，逐步建构概念之间的科学关联。

设计意图：

结合所学进一步探讨微粒、元素和物质之间的关系，建构知识网络。完善网络，建立"微粒""元素""物质"之间的关系。

【课时作业】

课时	作业	内容
第2课时	（1）完成单元学习任务单 （2）完成课时作业	（1）从微粒的角度认识物质（说出构成水、氢气和氧气的微粒及其组成结构） （2）与本小组同学分享、交流，完善微粒、元素及物质关系图

第3课时

【引入】展示前测——水的变化微观示意图。

教师展示学生绘制的水的变化微观示意图，并评价学生已有认识（图2-1-11至图2-1-13）。

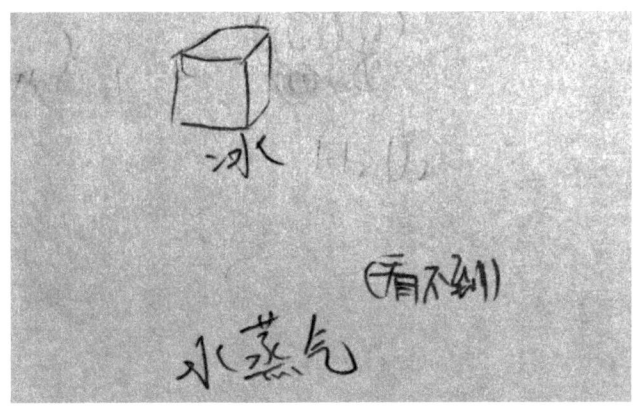

图2-1-11　只关注物理变化，且无法从微观角度表达

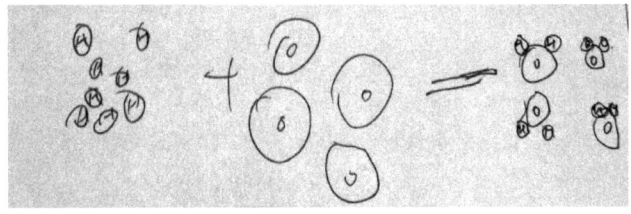

图2-1-12　只描述了化学变化的过程

刮摩淬励 研精覃思
一位初中化学教师的教学实践

图 2-1-13 没有描述化学变化的过程

学生解释自己绘制的微观示意图并结合上节课所学进行改进，小组互评。
设计意图：
评价原有认识，反思、应用上节课所学内容，进行改进。

【环节 5】从分子、原子的层次划分纯净物、混合物、单质和化合物
问题 5：你能画出过氧化氢溶液和氧气的微粒图吗？
教师给出水分子微观示意图和纯净物、混合物、单质及化合物定义，要求学生根据图示尝试绘制过氧化氢溶液和氧气的微粒图，思考纯净物、混合物、单质和化合物中微粒的不同（图 2-1-14）。

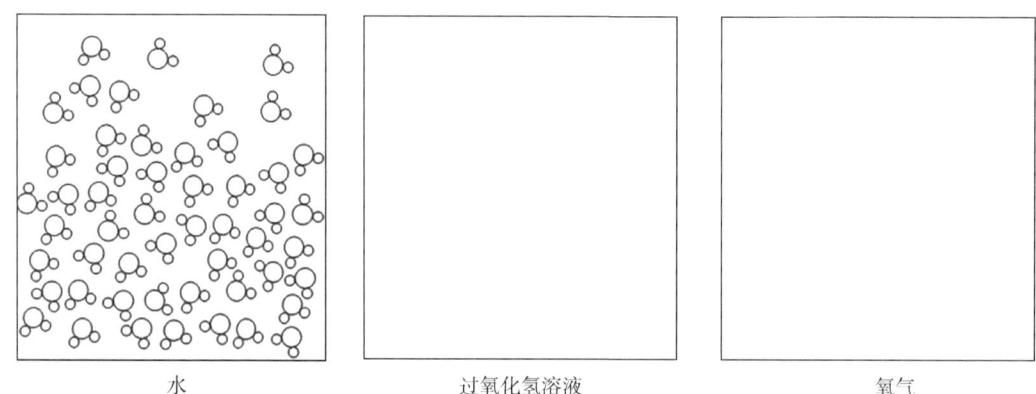

图 2-1-14 根据水分子微观示意图绘制过氧化氢溶液和氧气的微粒图

活动 5：讨论后说出从示意图中获得的关于纯净物、混合物、单质、化合物等的知识及它们之间微粒的不同。

学生：一种分子——纯净物，多种分子——混合物；一种分子中含有一种原子——单质，一种分子中含有多种原子——化合物。

设计意图：

从微观角度认识微粒对于物质分类的作用。从分子、原子的角度认识纯净物、混合物、单质和化合物。

【环节6】通过实验认识分子是保持物质化学性质的微粒

问题6：从微观角度推测，为何在过氧化氢溶液和水中加入氯化铁后产生了不同的现象？碘溶解在食用油和酒精中，碘分子（I_2）是否发生改变？

活动6：动手实验，向过氧化氢溶液和水中分别加入氯化铁固体，将带火星的木条伸入反应后的试管中；分别将碘（I_2）溶解在食用油和酒精中。结合实验现象分析思考问题。小组讨论、分析，分享交流。

学生A：在过氧化氢溶液和水中加入氯化铁后，过氧化氢溶液能与氯化铁反应产生氧气，而水不能。虽然水中和过氧化氢溶液中都含有氢原子和氧原子，但化学性质不同，因为原子组成的分子不同。

学生B：碘溶解在食用油和酒精中时，分子都没有改变，因此化学性质不变。分子是保持物质化学性质的微粒。

教师：分子由原子构成，分子保持物质化学性质而更小级别的原子不能保持其化学性质，所以分子是保持物质化学性质的最小粒子。

设计意图：

从微观角度认识分子与物质性质的关系，认识分子是保持物质化学性质的微粒。

【环节7】通过分析实验微观变化认识化学变化中分子改变，原子种类和个数不变，原子是化学变化中的最小粒子

问题7：给出过氧化氢溶液中过氧化氢分解微观示意（图2-1-15），提出问题：如何解释这个变化？你能得到什么结论？

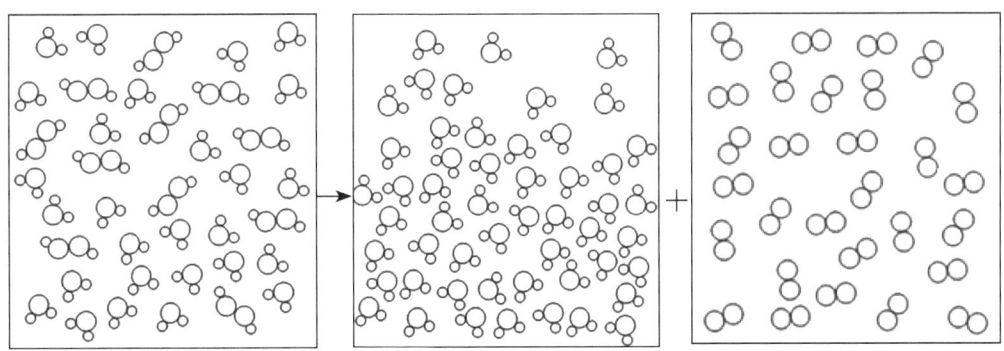

图2-1-15　过氧化氢溶液中过氧化氢分解微观示意

刮摩淬励 研精覃思
一位初中化学教师的教学实践

活动7：分小组交流讨论，绘制微观变化，讨论后汇报。

学生：过氧化氢溶液中的过氧化氢分子破裂为氢氧原子，氢氧原子重新组合为水分子和氧分子。

教师：物质发生化学变化时，分子改变，原子重组；原子是化学变化中的最小粒子。

设计意图：

从微观角度认识微粒在物质发生变化时的状况，认识化学变化中分子改变，原子种类和个数不变，原子是化学变化中的最小粒子。

【环节8】应用所学，加深认识

问题8：评价自己绘制的水发生化学变化的微观示意图，修改后，从微观角度，结合水分解和氧化汞分解微观示意（图2-1-16和图2-1-17），你都能想到些什么？

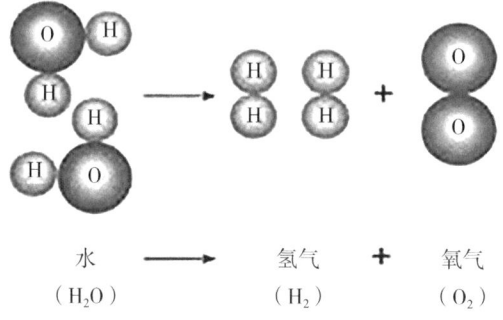

图 2-1-16 水分解微观示意

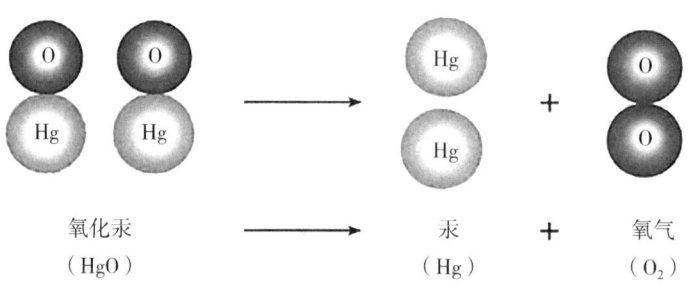

图 2-1-17 氧化汞分解微观示意

活动8：改进原有水的变化微观示意图，结合素材小组交流讨论，汇报所有收获。

学生A：水由水分子构成，氢气、氧气分别由氢分子、氧分子构成；水是化合物，所以其分子由两种原子构成，氢气、氧气是单质，由同种分子构成。

学生B：水分子发生化学变化时，分子破裂为氢原子和氧原子，氢原子和氧原子分别重新组合为氢分子、氧分子，氢分子、氧分子构成氢气和氧气。

学生C：水分子和氢分子、氧分子中的原子个数比或者原子总数是固定的，化学反应前后原子种类和个数都不能变，因此水分子和生成的氢、氧分子个数比是固定的，为2∶2∶1。

学生4：氧化汞分子破裂为汞原子和氧原子，氧原子重新组合为氧分子，即宏观上是氧气；汞是直接由汞原子构成的，因为原子也可以直接构成物质。

设计意图：

结合所学，进一步提升从微观角度认识变化的水平，加深从微粒层面认识物质变化的水平。

【课时作业】

课时	作业	内容
第3课时	完成单元学习任务单	从微观的角度认识化学变化（写出对水转化为氢气和氧气的所有认识）

【板书设计】

第2课时（图2-1-18）

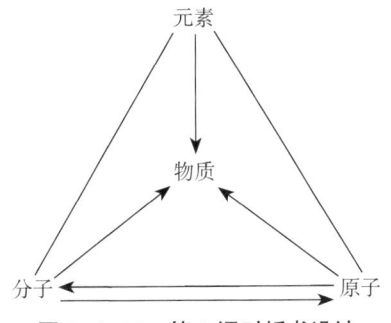

图2-1-18　第2课时板书设计

第3课时（图2-1-19）

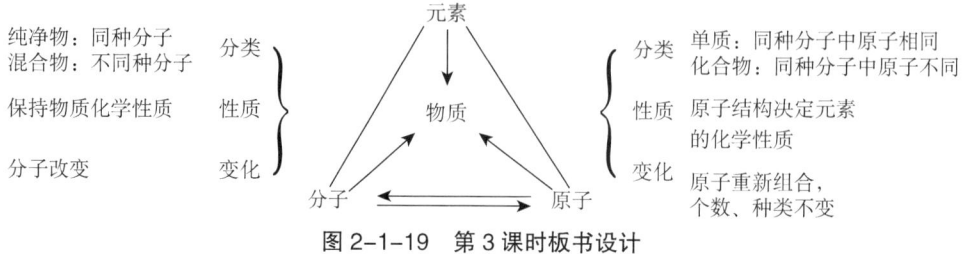

图2-1-19　第3课时板书设计

【单元作业设计】

单元作业作为持续性评价内容之一，持续探查学生认识发展，采用多种形式，促使学生深度参与学习，反思深化所学内容。教师根据作业完成情况，及时修正教学设计思路。

（1）设置单元学习任务单，进行持续性评价，探查学生是否达到教学目标。建立单元学习任务单："对于水通电生成氢气和氧气这个化学反应，你有哪些认识？尽可能写出你所有的认识。"探查学生学习后认识发展，及时改进教学（图2-1-20）。

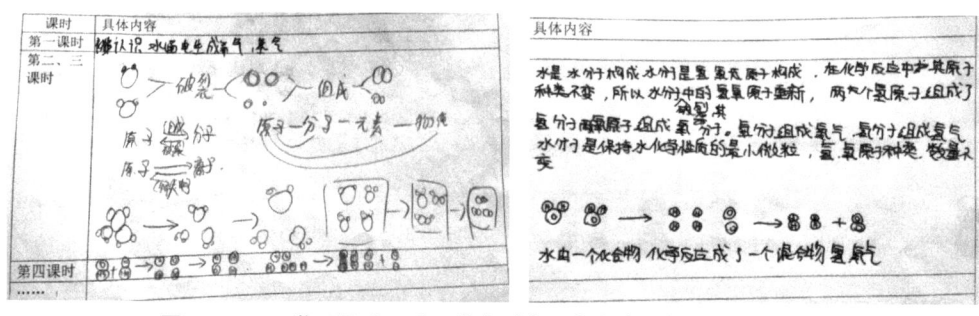

图2-1-20　学习课时3后，学生对水通电生成氢气、氧气的认识

（2）实践型作业：丰富作业形式、增强作业趣味性，兼顾书面作业与实践类作业，为学生提供作业内容和形式自主选择的机会（图2-1-21至图2-1-24）。

①用生活用品证明物质的微粒性（图2-1-21和图2-1-22）。

第二章
基于"深度学习"理论的单元教学实践

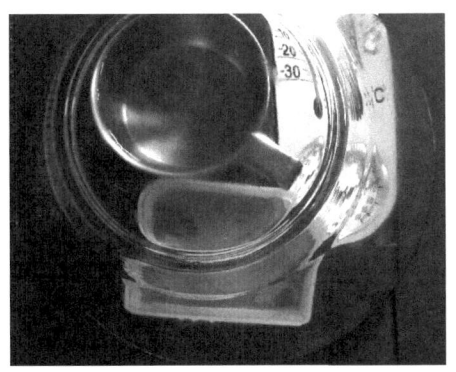

图 2-1-21　采用湿度计测定湿度变化，证明水的微粒是不断运动的

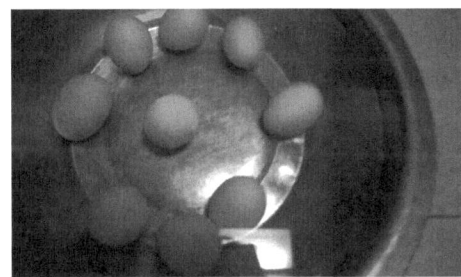

图 2-1-22　利用鸡蛋沉浮测定食盐溶液浓度变化，证明食盐微粒是不断运动的

②利用身边的材料，制作原子模型（图 2-1-23 和图 2-1-24）。

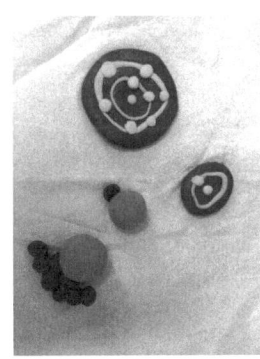

图 2-1-23　学生动手制作的各种各样的原子模型（课前）

刮摩淬励　研精覃思
一位初中化学教师的教学实践

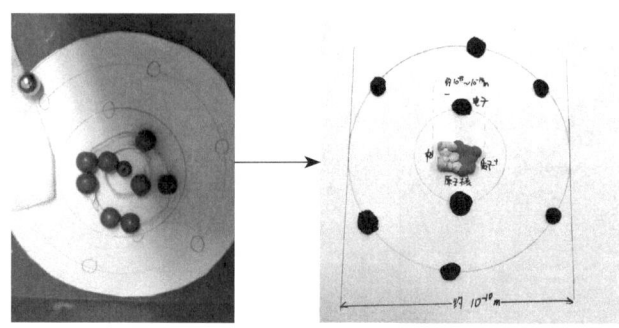

图 2-1-24　课后，学生制作的原子模型

（3）制作海报：学生以组为单位，收集科学家研究原子构成的资料，将研究过程及结果制作成海报并进行汇报（图 2-1-25）。

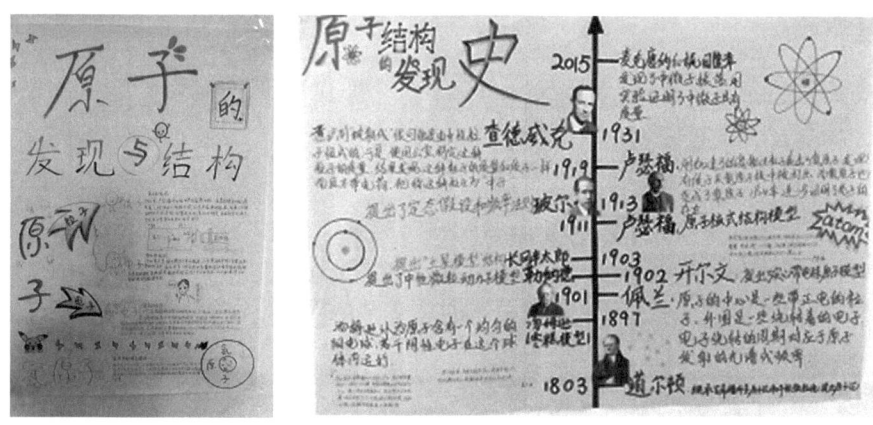

图 2-1-25　学生制作的海报

【教学反思】

深度学习主题的确立要基于学科本质，结合课程标准、教材特点及学生的学习需要；学习目标的制定需要做好充分的学情调研，结合课程标准和教材；教学设计要关注学生的认识发展和核心素养培养，评价与活动紧密结合，不断在课堂活动中评价学生的认识水平，有效地将学生思维外显，活动即评价，环环相扣，促进学生的认识发展。

课程关注分子、原子等微粒的核心功能和价值，教学策略不是定位在概念本身，而是定位在概念的功能价值。课堂中没有对原子概念（化学变化中的最小微粒）和元素概念（质子数相同的同一类原子的总称）逐字解读，也没有着力于原子元素概念的辨析和分子、原子概念的比较，而是着力于让学生体会到从原子、元素的概念层面，对物质组成、分类、变化过程产生新的认识，注重于概念的关联而不是概念的差异，避免了机械地背概念的状况。学生对概念的需求在于要分析解决关于物质组成分类的任务就必须要建立一个新的概念，否则无法将任务阐释清楚，这样就在应用的过程中建立了对概念的认识（图 2-1-26）。

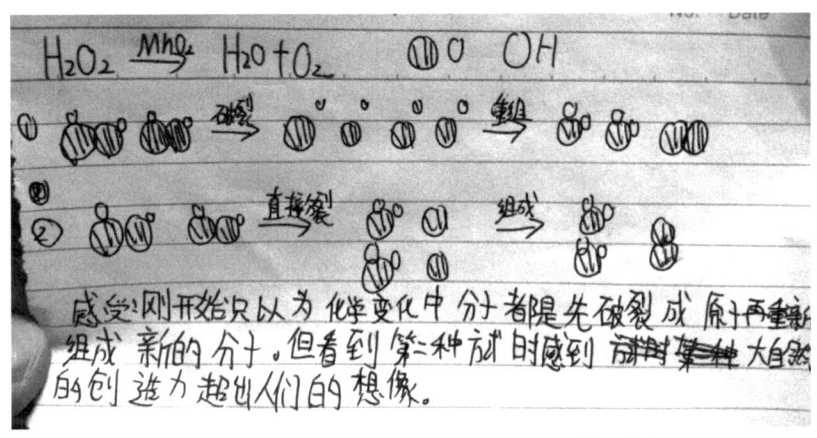

图 2-1-26　学生修正错误认识，感受化学的神奇

活动、任务是学生形成认识思路的载体和途径，要引发学生对化学变化进行深入思考，一方面需要教师设计促动学生思考的问题和引导学生建立认识角度的问题；另一方面在活动实施的过程中，需要教师耐下心来，为学生提供足够的时间和空间，让学生能够充分思考、讨论和交流问题解决的过程。需要师生有互动、相互质疑、观点碰撞才能够真正达到自主建构的目的。此外还要关注学生的活动表现，其实也是其能力外显的表现，授课教师可以通过学生的活动表现做出即时的判断，向学生提出有针对性的改进和指导建议，即在活动中进行教学评价和反馈。以上问题的产生提示授课教师自身还需在实践中不断探索、积累经验，提升课堂的掌控能力。

第二节　《物质构成的奥秘》单元教学二（改进后的新授课）

案例6　探索物质构成的奥秘（第1课时）

【学习目标】

（1）通过生活现象寻找物质是由微粒构成的证据，在这一过程中逐步认识物质是由微粒构成的。

（2）认识分子与物质组成、性质和变化的关系。

刮摩淬励　研精覃思
一位初中化学教师的教学实践

【教学过程】

【环节1】前测

问题1：你对"物质可分"是怎样理解的？你认为物质的微观世界是怎样的？绘制出水的三态及二氧化碳、氧气的微观示意图。

活动1：学生提出物质由分子、原子等微粒构成，基于自身理解，绘制构成物质的微粒。

教师对图示进行分类概括，包括宏观、微观图示、微观粒子构成图等。

评价要点：
（1）学生绘制微粒的形式、种类等。
（2）整体及个人活动参与程度。

【环节2】推论物质是由微粒构成的

问题2：大家对于微粒的名称都比较熟悉，人们是怎么想出来的呢？哪些宏观现象导致古人提出物质是由微粒构成的？

学生：闻到花香、酒香不怕巷子深、湿衣服晾干等。

追问1：这些现象怎么就能推论出物质是由微粒构成的呢？请大家讨论后回答。

学生：酒精是物质，气味是酒精的性质，鼻子可以闻到酒的气味，说明酒精与鼻腔有接触，酒精在空气中消失后进入鼻腔，证明酒精由无数非常小的微粒构成，微粒进到鼻腔……

教师：同学们在推论时，运用了物理课上学习的微粒特点，请大家和我一起回顾一下……

随着科学技术的发展，微粒说已经不再是假说，人们已经可以真正观测到构成物质的微粒（图2-2-1）。大家了解了科学家如何推论物质是由微粒构成的，请大家基于此修正水的三态和氧气、二氧化碳的微观示意图。

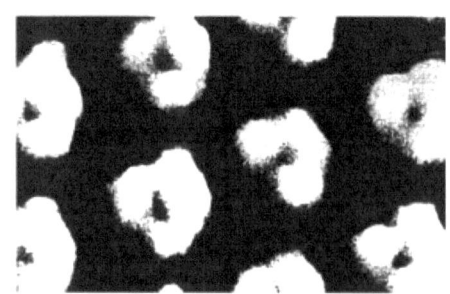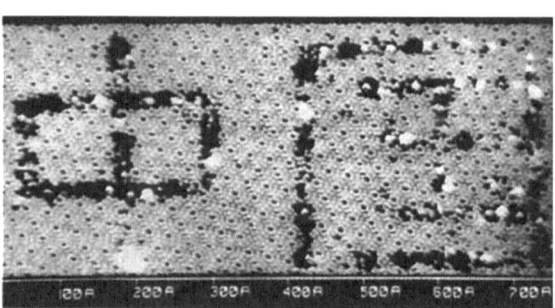

图2-2-1　扫描隧道显微镜拍摄的苯分子及硅原子照片

追问2：请你用微粒的特征解释下列现象（图2-2-2和图2-2-3）。

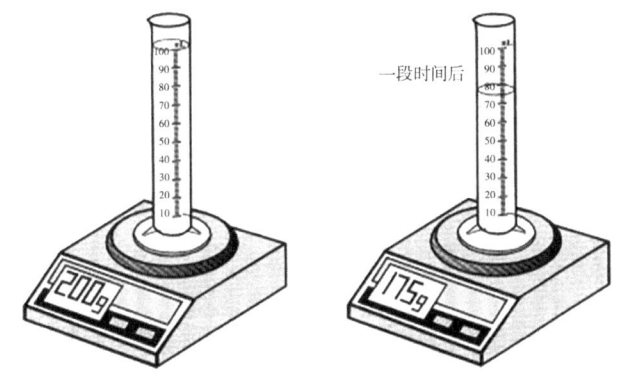

图2-2-2　量筒内的水减少

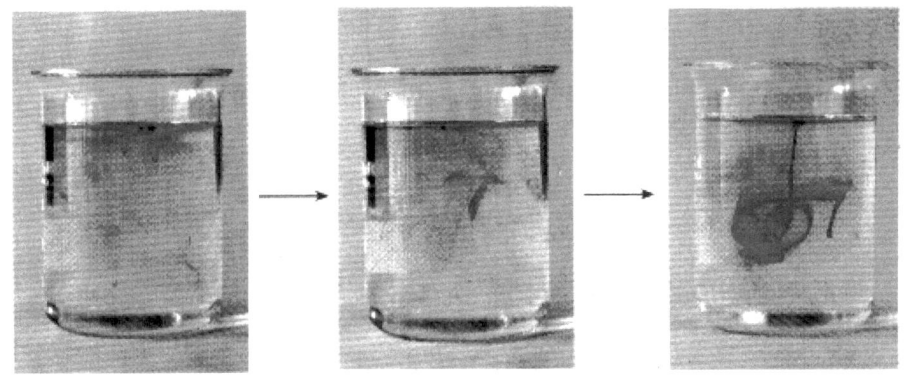

图2-2-3　烧杯内的品红逐渐扩散到水中

学生A：水是由非常微小的颗粒构成的，不断运动到空气中，即水蒸气，所以水的减少过程人们观察不到，但水确实就在人们眼前变少了。

学生B：水和品红都是由微粒构成的，这些微粒不断运动，而且有间隙，互相进入对方的间隔中，所以品红能自发扩散到水中。

评价要点：

（1）关注学生论点是否明确。教师点评后，学生分析、表达时的推理路径是否清晰，逻辑是否严谨。

（2）观察大部分学生是否认可物质是由微粒构成的。

【环节3】提炼构成物质的微粒与其化学性质的关系

问题3：这里有一瓶氧气和一瓶二氧化碳，混合后再分为两瓶，分别伸入燃着的木

> 刮摩淬励　研精覃思
>   一位初中化学教师的教学实践

条、倒入澄清石灰水（图2-2-4），你能预测一下实验操作所对应的实验现象吗？请你画出混合前后瓶内气体的微观示意图。

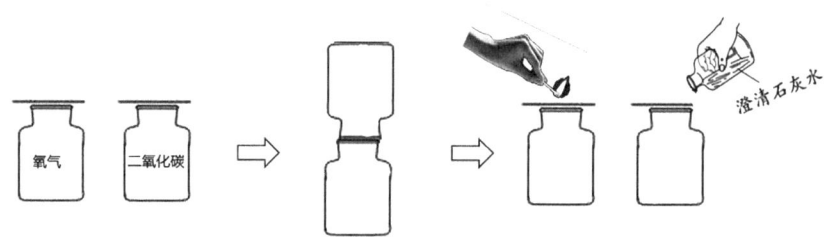

图2-2-4　氧气、二氧化碳混合实验过程

活动3：绘制氧气和二氧化碳混合前后的微观示意图，预测实验现象。

学生A：我绘制的是混合后微粒种类发生了变化，伸入燃着的木条后木条熄灭，澄清石灰水不浑浊。

学生B：我绘制的是混合后微粒种类没有发生变化，伸入燃着的木条后燃烧更旺，澄清石灰水也变浑浊。

教师演示实验，燃着的木条燃烧更加剧烈，澄清石灰水变浑浊。

追问：从微观上说，通过上述实验，你对构成物质的微粒（分子）有什么新的认识？

学生：氧气和二氧化碳没有发生化学变化，因为它们还能体现出自己的化学性质。氧气是由氧气的微粒构成的，二氧化碳是由二氧化碳的微粒构成的，所以它们的微粒也没有变化。因此，从微观上说，它们的化学性质和构成它们的微粒有关系。二氧化碳和氧气混合后，分子种类没有改变，各自仍然保持其化学性质。

师生小结：物质的化学性质由分子保持。

评价要点：

（1）关注学生在分析过程中是否将物质性质与构成物质的微粒建立关联。

（2）关注学生是否意识到变化中蕴含着物质类别与微粒的关系。

【环节4】梳理分子与物质变化、性质和种类的关系

问题4：你能总结一下构成物质的微粒——分子与物质的性质、变化和类别的关系吗？

活动4：物质类别的梳理总结。

（1）类别：同种分子——纯净物；不同种分子——混合物。

（2）性质：化学性质——单个分子，物理性质——分子聚集体。

（3）变化：化学变化——有新分子生成，物理变化——分子特征不变。

评价要点：

关注总结过程中，学生是否将分子与物质的性质、类别和变化建立了较明确、紧密的联系。

【课时作业】

课时	作业	内容
第1课时	（1）完成单元学习任务单 （2）完成课时作业	（1）与同学分享、交流，完善水的三态、二氧化碳和氧气的微观示意图 （2）说出水、二氧化碳和氧气的微粒构成，及其与物质的组分构成、变化和性质的关系

【板书设计】

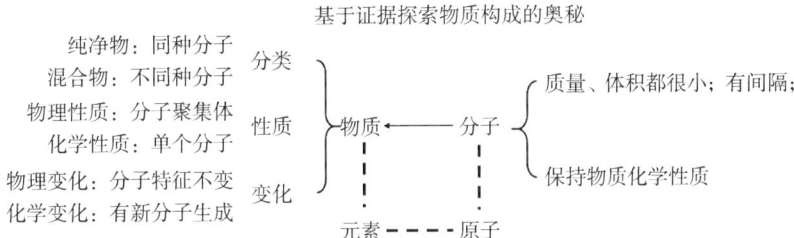

【教学反思】

与原有教学相比较，改进后的教学关注学生证据推理能力的培养。在推论物质是由微粒构成的过程中，需要运用微粒的特征证明微粒的客观存在，同时也巩固了初二物理课所学的微粒特征。在推论过程中，学生真正理解了为何科学家推测物质是由微粒构成的，也理解了物质与微粒特征的关系，内心认可了物质是由微粒构成的这一事实。

巧妙运用实验提炼微粒与化学性质的关系，深刻挖掘素材，进一步分析氧气、二氧化碳及其混合物的微粒构成，从类别角度认识分子，使课时大为缩减，但对物质及分子的关系，以及分子在性质、类别、变化上的功能价值认识更为清晰。

刮摩淬励　研精覃思
一位初中化学教师的教学实践

附录 2-2-1

单元学习任务单

对于水通电生成氢气和氧气这个化学反应，你有哪些认识？尽可能写出你所有的认识。

课时	具体内容
第 1 课时	
第 2、第 3 课时	
第 4 课时	
第 5 课时	

附录 2-2-2

第 2 课时学案

素材 1 "微粒"的故事

1803 年，英国化学家道尔顿在进一步总结前人经验的基础上，提出了具有近代意义的原子论。原子论的提出开创了化学的新时代，解释了很多物理、化学现象。1811 年，意大利科学家阿伏伽德罗提出了分子假说，最终得到了化学家们的承认（附图 1 至附图 3）。

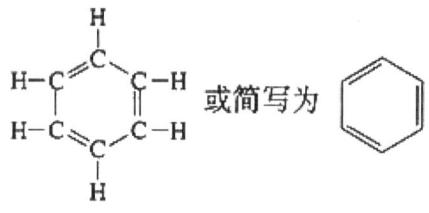

附图 1　德国科学家凯库勒在 1855 年提出的苯（C_6H_6）分子结构

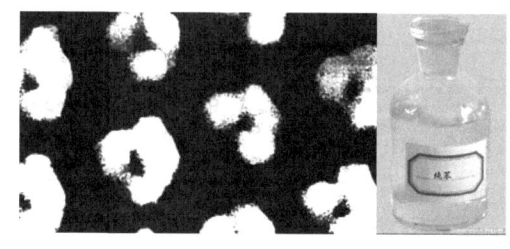

附图 2　20 世纪末，用扫描隧道显微镜拍摄的苯分子的图像

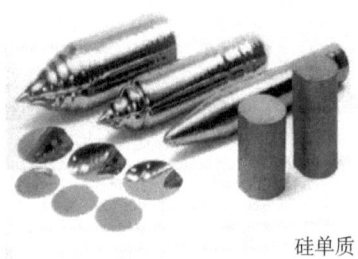

硅单质

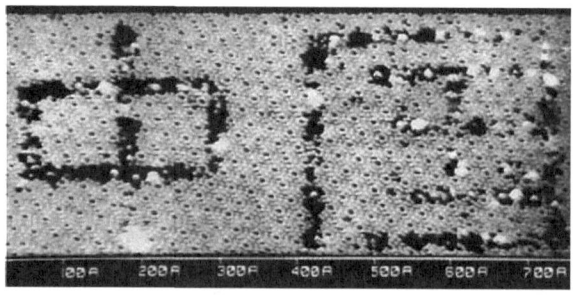

附图 3　1993 年，中国科学院运用纳米技术和超真空扫描隧道显微镜，通过操纵硅原子写出"中国"两字

瑞典科学家阿仑尼乌斯在前人研究的基础上提出了电离理论，荣获1903年诺贝尔化学奖。后来物理学家德拜对离子做了进一步研究并获得1936年诺贝尔化学奖（附图4）。

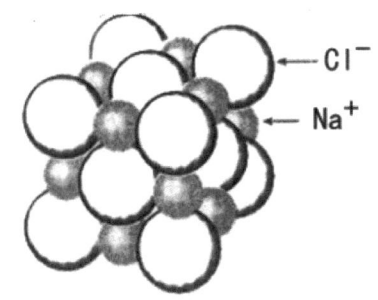

附图4　氯化钠中的微粒——钠离子、氯离子

任务1：结合素材分析构成物质的微粒有哪些，写出它们之间的关系。

素材2　水分子、氧分子、氢分子的微观结构示意如附图5所示。

附图5　水分子、氧分子、氢分子的微观结构示意

任务2：写出微粒之间的关系，以及你做出这一论断的理由。

刮摩淬励　研精覃思
一位初中化学教师的教学实践

素材3　附图6、附图7分别给出了地壳中各元素的质量分数及生产实践中的氧气瓶。

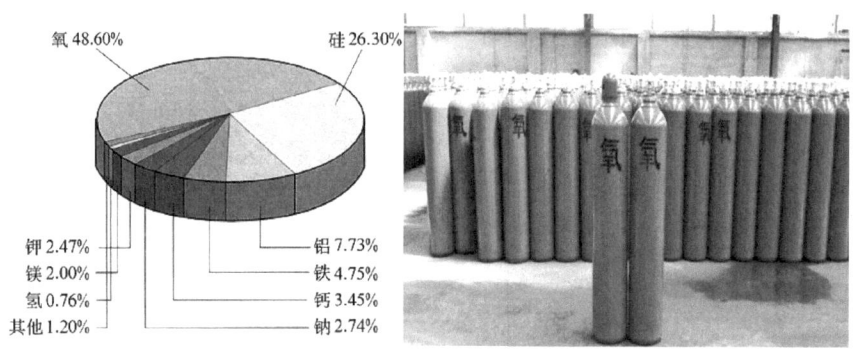

附图6　地壳中各元素的质量分数　　附图7　生产实践中的氧气瓶

任务3：结合素材分析以下物质的共同点。
（1）CO_2、O_2、H_2O　　　　　　　　（2）NaCl、Na

任务4：分析讨论微粒、元素、物质之间的关系，用图示将其表示出来。

第3课时学案

任务5：尝试绘制过氧化氢溶液和氧气的微粒图并完成表格。

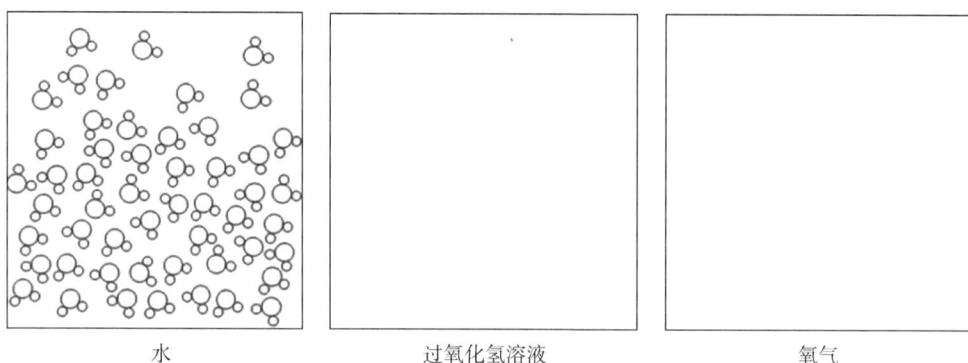

水　　　　　　　　　过氧化氢溶液　　　　　　　　氧气

概念	宏观	微观
混合物	由两种或两种以上物质组成	
纯净物	由一种物质组成	
单质	由一种元素组成的纯净物	
化合物	由两种或两种以上元素组成的纯净物	

任务6：关注实验，完成任务

（1）观察实验，从微观角度解释为何在过氧化氢溶液和水中加入氯化铁后产生了不同的现象。

（2）设计实验，研究碘（I_2）溶解在食用油和酒精中碘分子是否发生改变，说明你的设计依据。

任务7：尝试从微观角度解释这一变化，写出能得到哪些结论。

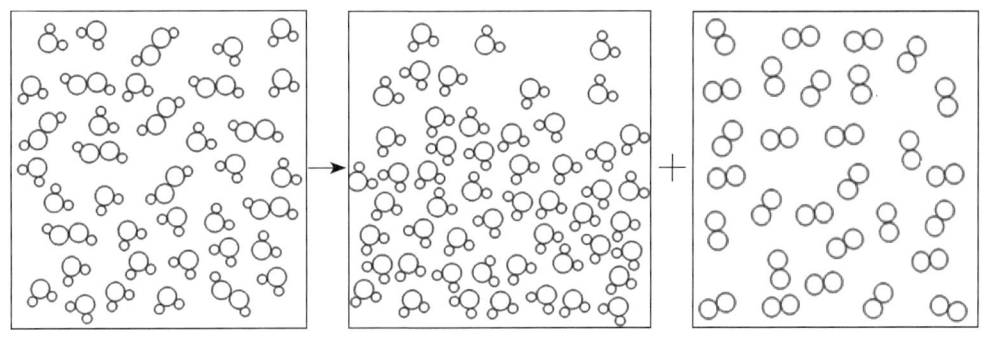

任务8：改进原有水的变化微观示意图，结合素材小组交流讨论，汇报所有收获。

刮摩淬励 研精覃思
一位初中化学教师的教学实践

附录 2-2-3

其他课时教学设计

第 1 课时（该案例由北京市八一学校初中化学教师于洋设计并实施）

本课时教学目标

（1）接受、理解和建立物质由微观粒子构成的观点。
（2）通过为微粒特征寻找证据的过程，建立微粒性质与宏观现象之间的对应关系，促进宏微结合视角的形成，发展实验探究能力。

教学重点和难点

教学重点：建立物质由微观粒子构成的观点，体验科学探究过程，形成证据意识。
教学难点：真正形成微粒观，能够自主运用微粒观分析、解释宏观现象。

教学流程

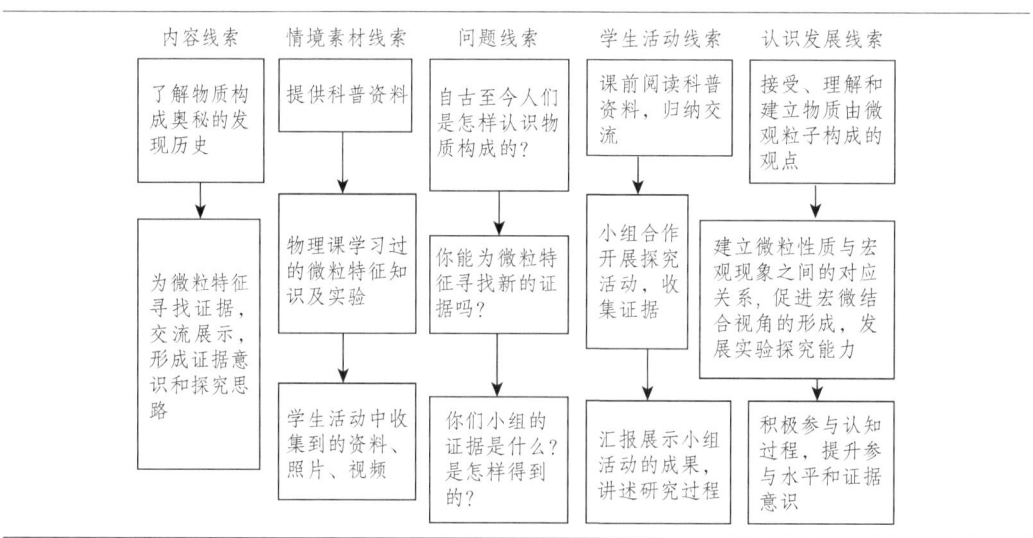

教学过程（核心环节及主要内容）

学生课前进行科普阅读，了解物质构成奥秘的发现史，课上汇报古代学者德谟克利特，近代科学家道尔顿、阿伏伽德罗的推测、研究结果，展示扫描隧道显微镜拍摄的微观粒子真实图片（附图 1）。

附图 1 物质构成奥秘的发展史

续

课前布置任务,分组设计实验,通过微粒"小""动""有间隔"等特征证明物质是由微粒构成的。小组合作自主查阅资料,设计方案,开展活动,采用照片、视频等方式记录过程和成果,及时进行自我总结和反思并做好记录。

课上交流展示宏观生活现象或进行科学实验交流(附图2)。

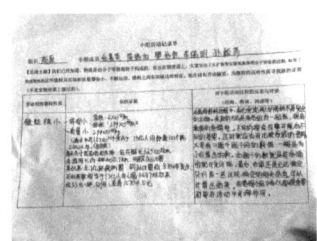 

附图2　课上或实验中交流展示

教师评价设计实验需要具有证据意识,实验时需要关注现象(或数据),分析现象、数据后进行解释,最后得出结论。

课后作业:
(1)完成单元学习任务单。
(2)资料:在1个标准大气压下,将18 mL水加热到100 ℃,变成3.06×10^4 mL的水蒸气,体积扩大约1700倍。尝试用图示表示这一过程。

板书设计

基于证据探索物质构成的奥秘——跟随水分子的足迹

任务:寻找微粒性质的证据

　　　　查阅资料——数据
　　　　生活现象　　　　　　　分析解释——结论
　　　　实验探究——现象

刮摩淬励 研精覃思
一位初中化学教师的教学实践

第4课时（该案例由北京市八一学校初中化学教师聂树新设计并实施）

本课时教学目标

（1）通过查阅资料，小组合作制作海报，初步学会根据要素提炼相应的内容，归纳、整理资料的方法，并用合适的方法表达。
（2）通过阅读教材的自主学习过程，获取有关原子结构的部分信息，学会阅读的方法。
（3）通过科学家的实验故事，感受科学发现的真实与魅力。
（4）通过小组合作制作原子结构模型，认识原子内质子、中子和电子的关系。

教学重点和难点

教学重点：建立原子、质子、中子和电子之间的关系；通过资料和课堂讨论，能够从实验事实中寻找微粒的真实性。
教学难点：在制作原子结构模型的过程中建立原子内粒子之间的关系。

教学流程

内容线索	情境素材线索	问题线索	学生活动线索	认识发展线索
引入：原子是一种微小的粒子	学生制作的海报	哪组海报制作得更加完善	从几个方面评价海报？	原子结构的发现经历了漫长的过程
原子的构成		原子内各粒子是哪位科学家通过什么实验得知的？	介绍海报内容	原子是由质子、中子和核外电子构成的，从科学实验中寻找证据
进一步认识原子的构成	海报内容和课本相关内容	这些粒子在质量、电性和直径比例上有什么关系	梳理质子、中子和电子的电性和质量关系，原子核直径和原子直径的比例关系	质子数=核外电子数=核电荷数
应用所学加深对原子结构的认识	线、剪刀、胶水、橡皮泥、彩纸等	你能用现有的材料，比较真实、科学地制作氧原子的结构模型吗？	制作氢和氧的原子结构模型，并进行介绍	氢原子核内只有一个质子，氧原子核内有8个质子和8个中子，核外有8个电子

教学过程（核心环节及主要内容）

环节1　展示学生绘制的原子构成发现过程海报

教师展示学生绘制的海报，简单评价学生已有认识，引发学生思考（附图1）。

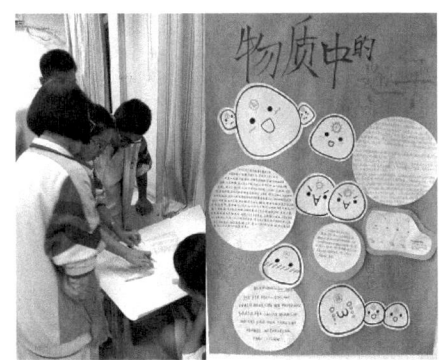
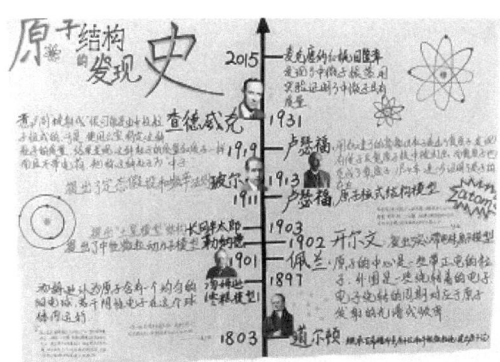
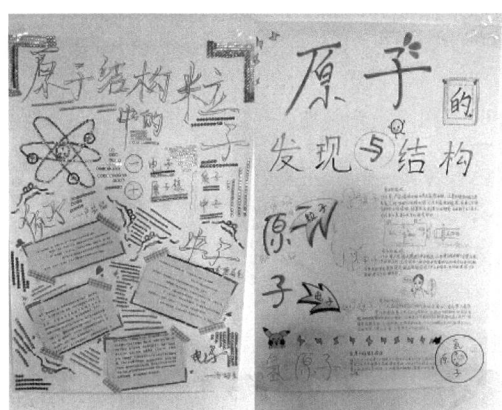

附图1　学生绘制的原子构成发现过程海报

问题1：不同科学家对原子结构有不同的研究结果，你认为原子的结构是怎样的？

活动1：小组讨论，初步得出原子结构并汇报，改进小组海报。

教师点评学生汇报结果，对原子结构做出小结。

续

环节2　进一步认识原子的微粒构成

问题2：根据讨论结果和课本内容，原子中的粒子在质量、电性和直径比例上有什么关系？

素材2：课本和学生绘制的海报

活动2：根据小结进行小组讨论，初步分析原子结构，改进氢、氧原子的原子结构示意（附图2）。

附图2　学生对原子微粒构成的认识

学生互评，教师进一步总结原子内部微粒的质量、体积和电性等。

环节3　制作氢和氧的原子结构模型

素材3：学生绘制的海报（改进后）和课本

所需材料：线、剪刀、胶水、橡皮泥、彩纸等。

问题3：你能用现有的材料，比较真实、科学地制作氧原子的结构模型吗？

活动3：制作氧原子模型并展示（附图3）。

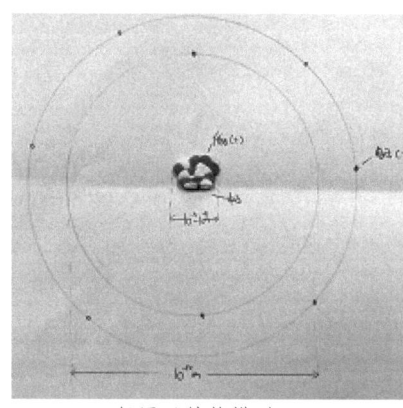 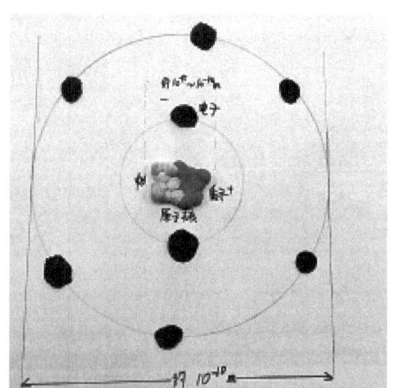

氢原子结构模型　　　　　　　　氧原子结构模型

附图3　学生制作氢和氧原子结构模型

教师点评和小组互评相结合，发现并改进氢原子、氧原子结构模型。

课后作业：完成单元学习任务单。

第二章 基于"深度学习"理论的单元教学实践

第5课时（该案例由北京市八一学校初中化学教师胡振环设计并实施）

本课时教学目标

（1）建立"可定量地研究物质的组成"的基本观念。
（2）能够多角度（原子和分子、基于微粒总和认识物质、基于比例认识物质）且有联系地认识物质的组成，并应用角度间的逻辑推理关系解决实际问题。

教学重点和难点

教学重点：建立定量研究物质组成的基本观念。
教学难点：多角度深入地从定量角度认识水的组成。

教学流程

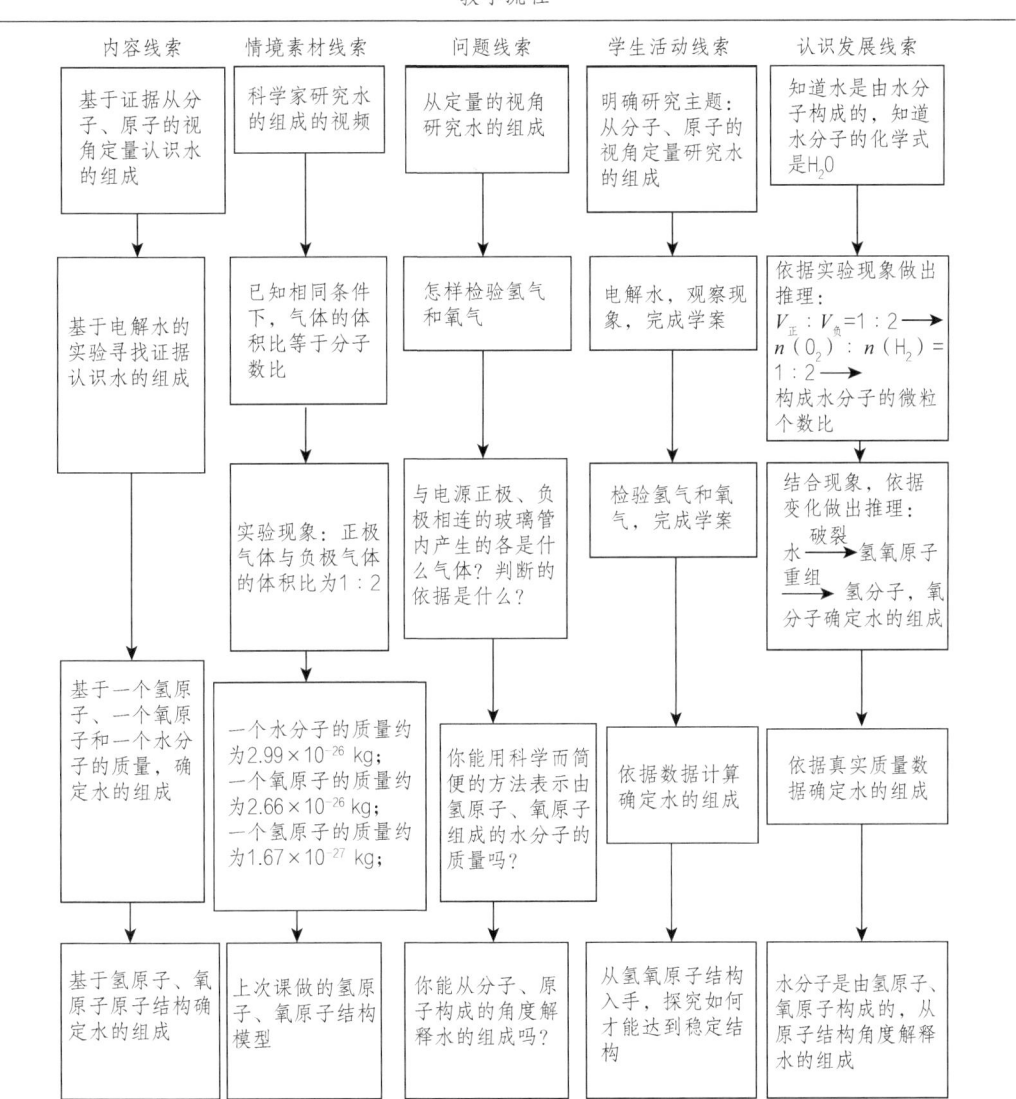

刮摩淬励 研精覃思
— 一位初中化学教师的教学实践

续

教学过程（核心环节及主要内容）

环节1 认识科学家定量探索水的组成奥秘

素材1：科学家探索水的组成奥秘的相关视频

问题1：视频中的科学家是从哪个角度定量认识水的组成的？

活动1：观看学生录制的视频、分析素材，思考从哪几个角度定量认识水的组成（附图1）。

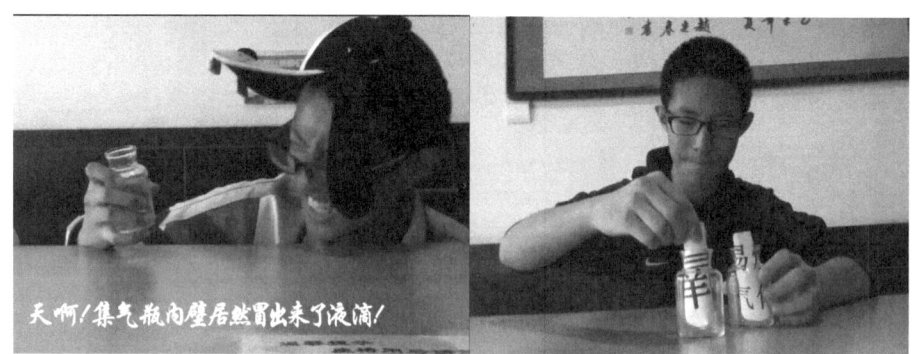

附图1 学生实验过程

环节2 基于实验定量认识水的组成

问题2：已知水分解能产生氢气和氧气，与电源正极相连的一端产生的是什么气体，你判断的依据是什么？

活动2：完成实验，试判断与电源正极相连的一端产生的气体是什么，负极产生的气体是什么（附图2）？

附图2 学生活动过程1

教师点评实验过程及结果，师生共同讨论，初步得出水的组成关系。

环节3 基于真实的质量数据定量认识水的组成

问题3：用分子、原子真实质量计算很不方便，能不能找到一种科学而简便的方法代替？

任务3：利用一个水分子的质量、一个氢原子的质量、一个氧原子的质量定量计算确定水的组成。

学生：查阅书，互相交流，完成学案（附图3）。

附图3　学生活动过程2

教师点评，师生共同讨论，进一步从定量角度认识水的组成。

课后作业：完成单元学习任务单。

第三节　物质的化学变化（复习课）

案例7　多角度认识物质的化学变化

【案例信息】

人教版九年级全册复习

【主题简介】

从《课程标准》角度看，"物质的化学变化"是《课程标准》中的一级主题，其下有"物质的变化与转化""化学反应及质量守恒定律""认识化学反应的思路与方法""化学反应的应用价值及合理调控""学生必做实验及实践活动"5个二级标题。主要包括化学变化的特征、化学反应的类型、化学反应中的能量变化、质量守恒定律和化学反

刮摩淬励 研精覃思
一位初中化学教师的教学实践

应的表示方法等内容。

以上内容在教材中不是集中呈现的，从第1单元《走进化学世界》到第8单元《金属和金属材料》，再到第10单元《酸和碱》、第11单元《盐　化肥》，都有关于物质的化学变化的教学内容，采取的是分散处理的方式，即教材中"身边的化学物质"是内容组织的明线，"物质的化学变化"则是暗线。

从学科本体上来看，化学是研究物质和变化的科学，化学变化是化学学科的主要研究对象。物质世界充满了化学变化，人类的生产生活离不开化学变化。对化学变化逐步深入的研究和认识使得人们能够更好地控制和利用化学反应，这种利用主要表现在两方面：一是利用化学变化中的物质转化合成人们需要的物质或者消除不利的物质；二是利用化学变化中的能量转化提供生产生活中所需要的能量。此外，从学科知识体系和发展过程来看，对化学变化的研究也加深和促进了人们对物质的组成、结构、性质和用途的研究。

从学科核心素养发展的角度看，学生通过专题复习应该达成如下基本认识：物质在一定条件下可以发生化学变化，这种化学变化一方面是物质转化；另一方面是能量转化，物质转化的实质是构成物质的微粒发生了改变，也就是我们强调的原子重新组合，能量转化的实质是体系中微粒的内能发生了改变。人们利用和控制化学变化的目的一是利用物质转化合成新物质；二是利用能量转化实现供能，通过控制条件使得反应按需求发生；三是通过实验获得变化的表征，基于现象研究变化的本质。

基于上述分析，有必要对物质的化学变化进行专题复习，这有利于培养学生变化观念、微观探析、证据推理、科学探究和科学精神等方面的素养。

【学习内容】

人教版教材对于涉及化学变化的内容是分散处理的，随着学习进程的推进，学生对化学反应的认识应该是不断发展变化的，学习第1—2单元时处于感知化学变化阶段，学习第3—5单元时处于理解化学变化阶段，学习第5—12单元处于应用化学变化阶段，学生对化学变化的认识程度随着学习进程的推进逐渐加深。

学生对化学反应的认识是在学习过程中不断发展变化的，不同的阶段，对化学反应的认识发展到了什么水平，需要通过调查才能确定。研究团队以实验校初三学生为研究对象进行了问卷测查。

以镁条和氧气反应生成氧化镁为素材，测查学生学习第2单元和第5单元后在感知化学变化和理解化学变化的阶段性差异，结果如表2-3-1所示。

表 2-3-1 学生在学习第 2 单元和第 5 单元后，在感知和理解化学变化方面的差异

时间	问题	回答		占比
学习第 2 单元后	对于镁和氧气反应，你有哪些认识？	关注反应现象（白光）		83.3%
		关注能量变化（放热）		64.6%
		关注条件（点燃或加热）		75.0%
		关注物质	反应物、生成物	27.1%
			文字表达式	56.3%
		关注反应类型	化合反应	27.1%
			氧化反应	14.6%
学习第 5 单元后	基于镁和氧气生成氧化镁这个化学反应，你能想到什么？	关注反应现象（白光）		92.6%
		关注能量变化（放热）		92.6%
		关注条件（点燃或加热）		88.9%
		关注物质	反应物（颜色、状态、气味、物质种类）	48.1%
			生成物（名称、颜色、状态）	98.5%
		关注反应类型	化合反应	48.1%
			氧化反应	25.9%
		关注式量	反应物和生成物质量关系（48 份质量的镁和 32 份质量的氧气可以生成 80 份质量的氧化镁等）	72.7%
			物质的式量（镁的相对原子质量为 24 等）	9.1%
		关注元素（反应前后元素种类不变、物质由元素组成）		16.7%
		关注微粒	化学反应前后的微粒（镁原子和氧分子生成氧化镁分子）	71.2%
			化学反应过程中微粒的变化（分子破裂为原子，原子重新构成新的分子；反应前后原子种类、个数不变）	13.6%
			原子构成、电子转移	9.1%

在完成第 8 单元《金属和金属材料》的学习之后进行调查，探查学生利用和控制化学反应的认识情况，结果如表 2-3-2 所示。

刮摩淬励 研精覃思
一位初中化学教师的教学实践

表 2-3-2 学生利用和控制化学反应的认识情况

问题	回答		占比
利用镁和氧气这个化学反应能做些什么？	基于能量角度	光能（闪光弹、镁光灯、烟花等）	72.2%
		内能（提供热量、自热米饭等）	16.7%
	基于物质角度	生成物（制氧化镁、涂料等）	25%
		反应物（消耗氧气、脱氧剂）	11.1%
	有意识地从能量、物质两个角度分类回答		0
设计实验研究铜和氧气的反应，你为何这样设计？（尽可能详细地阐明你的想法）	基于反应物（氧气）浓度设计实验		11.1%
	基于反应条件（温度）设计实验		5.6%
	基于现象设计实验（如果铜片变黑，则反应发生等）		58.3%
	基于定量角度设计实验（如果反应后质量增加，则反应发生）		2.8%
	基于生成物的性质设计实验	氧化铜的化学性质（如生成黑色固体，滴入硫酸，溶液变为蓝色）	11.1%

从统计结果看，学生在不同的学习阶段对化学反应的认识水平不同，在同一阶段的不同学生对于化学变化不同的认识角度的认识水平、同一认识角度的认识水平也是不同的，具体表现为：

（1）学习第 5 单元后，增加了从微观认识化学变化这一角度，但也仅仅是关注到反应中的微粒，对微粒与化学变化关系的认识仍旧严重不足。

（2）学习第 8 单元后，即使是对于非常熟悉的化学反应，学生从不同角度对利用化学反应的认识仍是不均衡的，没有建立物质角度和能量角度。

（3）学习第 8 单元后，学生在反应条件和反应物浓度等方面，尤其是从反应条件方面调控化学反应的意识仍较弱，有此类意识的学生只占总数的 5.6%，大部分学生没有建立调控化学反应的意识。

【学习目标】

（1）通过对熟知的生活情景素材的分析和讨论，认识化学变化中存在的物质转化和能量转化，建立"一定条件下物质可以转化"的基本观念。

（2）通过对典型物理变化和化学变化的微观角度的分析，认识物质转化的实质——微粒改变（分子改变、原子重组），能够从定量的水平认识物质的化学变化（微观：原子个数守恒），动态建立微粒与化学变化的联系。

（3）通过研究改变条件调控化学反应的情景素材或实验，认识到通过改变条件可以调控化学反应的发生，让化学反应为人类服务，形成调控化学反应的意识。

（4）通过研究证明化学反应发生的方案和思路，认识到现象对于化学反应的重要性，能够从反应物减少或生成物出现的角度设计实验，证明无明显现象的化学反应的发生。

（5）通过对广泛联系生产生活实际的化学问题的解决，逐步形成思路，能够运用化学变化多个角度间的逻辑关系解决实际问题。

【单元学习活动设计】

"多角度认识物质的化学变化"专题复习以学生的认识能力发展为整体目标，在复习阶段以学生对化学变化的认识角度的丰富作为教学线索，帮助学生逐渐建立和深化对化学变化的物质角度、能量角度、微观角度，以及现象和条件等角度的认识。

本课题需要4课时完成。第1课时，引导学生认识到物质在一定条件下可以发生化学变化，这种化学变化一方面是物质转化；另一方面是能量转化。在第2课时，认识到物质转化的实质是构成物质的微粒发生了改变，也就是我们强调的原子的重新组合，能量转化的实质是体系中微粒的内能发生了改变。第3课时，引导学生发现人们利用和控制化学变化的目的一是利用物质转化合成新物质；二是利用能量转化实现供能，通过控制条件使得反应按需求发生。在最后一课时中，学生通过实验获得变化的表征，基于现象研究变化的本质（表2-3-3）。

表2-3-3　"多角度认识物质的化学变化"单元学习活动设计

课时	学习目标	学习内容	学习活动	学习资源
第1课时	从物质转化和能量转化的角度认识化学变化，认识到化学变化为人类带来了更多更好的物质；化学变化的能量改善了人类生活	化学变化的物质转化和能量转化	分析汽车中与化学变化相关的问题	可利用太阳能转化的氢氧燃料电池小汽车模型
第2课时	深化微粒观，能用微粒的观点解释某些常见的现象。发展微粒观，建立微粒与化学变化之间的联系，能从微观角度分析化学变化的实质	化学变化中的微粒转化	利用分析、绘制一系列图示，从微观、定量的角度分析物质的变化	分离液态空气、水分解、硝酸钾溶液饱和后析出等图形素材
第3课时	认识化学反应发生需要一定条件，建立通过控制反应条件调控化学反应的意识，认识到通过控制反应，可使反应的发生符合人们的需要	化学变化进行的条件	观看获奖科学家事迹视频，动手实验，研究使过氧化氢迅速分解方法	学生录制的科学家事迹视频；5%、10%浓度的过氧化氢溶液，硫酸铜、氯化铁和猪肝等催化剂

刮摩淬励 研精覃思
一位初中化学教师的教学实践

续表

课时	学习目标	学习内容	学习活动	学习资源
第4课时	认识现象对于化学反应的重要性，能够依据现象，判断化学反应的发生。学会从反应物减少或生成物存在的角度证明没有明显现象的化学反应发生的实验方法	化学变化中的宏观现象	通过实验，分析讨论判断二氧化碳与氢氧化钠酸碱中和反应发生的依据	40%浓度的氢氧化钠溶液、二氧化碳、气球和圆底烧瓶；5%浓度的氢氧化钠溶液、稀盐酸、酚酞和小试管

【持续性评价方案】

"多角度认识物质的化学变化"持续性评价方案如表2-3-4所示。

表2-3-4 "多角度认识物质的化学变化"持续性评价方案

序号	评价目标	评价任务	评价标准	评价方式
1	建立"一定条件下物质可以转化"的基本观念；从物质和能量转化的角度认识化学变化	（1）课前，探查学生对氧化钙和水的反应用途的认识情况，观察他们能否从能量和物质的角度进行回答（2）课后，让学生从单元学习任务单给定的7个熟悉的化学反应中选择1个，从不同角度进行分析（需学生自主调用）	（1）零散、无规律地说出答案（2）化学变化存在着物质转化或能量转化（3）化学变化中存在着物质转化和能量转化的应用价值（4）主动说出化学变化中物质转化和能量转化的应用价值，有利用化学变化改善人们的生活质量的意识	前测、单元学习任务单
2	动态建立微粒与化学变化的联系，从微观角度深入认识化学变化	（1）课上，观察学生回答问题及填写学案时，以及课后填写任务单时，是否能用微粒的观点解释物理现象（分离液态空气、硝酸钾溶解后饱和再析出）、化学变化（水通电分解等）（2）课后，关注学生在师生访谈中对碳酸钠与氢氧化钙等复杂反应的微观实质的分析是否合理	（1）不能用微粒观点解释现象（2）从微观角度认识物理变化（3）从微观角度认识化学变化（4）从微粒角度，对溶液中发生的复分解反应有进一步认识（离子水平）	学案、课堂观察、师生访谈及单元学习任务单

续表

序号	评价目标	评价任务	评价标准	评价方式
3	建立化学反应的条件角度，形成调控化学反应的意识	（1）课上，观察学生设计实验方案时和得出实验结论时，是否关注化学反应条件（2）课上，关注学生回答问题情况，观察学生在填写课后问卷及单元学习任务单时，是否体现调控化学反应的意识，认识到调控化学反应可以为人类服务	（1）不关注反应条件（2）关注反应条件，认识到了调控化学反应的意义（3）建立调控化学反应的意识，有主动通过调控化学反应为人类服务的想法	实验方案、课堂观察、课后问卷及单元学习任务单
4	建立化学反应现象的角度，认识现象对于化学反应的重要性，能依据现象判断化学反应发生	（1）课上，观察学生在分组讨论中和设计实验方案时是否关注现象，是否能从反应物消失和生成物出现的角度进行设计（2）课后，关注学生填写任务单时是否体现出认识到了现象对于化学反应的重要性，是否能够依据独有的现象，判断有明显现象化学反应的发生	（1）不关注反应现象（2）关注现象，知道有明显现象的化学反应发生与否的判断方法（3）理解现象对于判断化学反应发生的重要性，能说出证明无明显现象的化学反应发生的实验方法（4）熟练设计实验，从反应物减少或生成物存在的角度证明没有明显现象的化学反应发生	实验方案、课堂观察及单元学习任务单

【单元学习计划】

单元教学共包括4课时，每课时内容主题如图2-3-1所示。

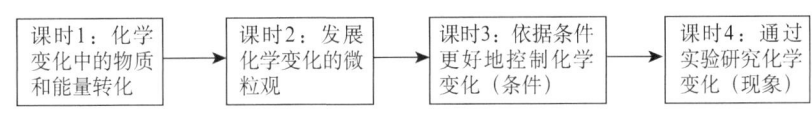

图2-3-1 "多角度认识物质的化学变化"每课时内容主题

【学习目标】

（1）通过对化学史的学习，了解化学学科对社会发展的贡献。认识反应条件对化学反应的重要性，形成"一定条件下物质可以转化"的基本观念。

（2）通过调控化学反应实验，感受实验和小组合作探究带来的快乐，建立通过控制反应条件调控化学反应的意识。

（3）通过生活中调控化学反应的实例，体会化学学科的价值，认识到通过控制反

> 刮摩淬励　研精覃思
>   一位初中化学教师的教学实践

应，可使反应的发生符合人们的需要。

【教学流程】（以第 3 课时为例）

【环节 1】利用熟悉的化学反应，引发学生思考化学反应的"反应条件"

问题 1：碳与氧气的反应能发生吗？

学生：碳和氧气可以反应。

学生反思后回答：碳和氧气在常温下不反应，在一定温度下可以反应（图 2-3-2）。

图 2-3-2　常温下木炭不与氧气发生反应，加热后剧烈燃烧

设计意图：
感知化学反应的发生需要一定条件。

评价要点：
（1）通过课堂表现关注学生是否认识到碳在常温下化学性质稳定。
（2）通过学生回答，探查学生对反应条件的认识情况，同时促进学生认识到条件对化学反应的重要性。

【环节 2】通过视频素材（工业合成氨），认识反应条件对化学反应的重要性

问题 2：从技术上说，工业合成氨成功的关键是什么？

观看自导自演的视频，再现弗里茨·哈伯、卡尔·博施和格哈德·埃特尔 3 位科学家因为对合成氨的研究和贡献，先后获得诺贝尔奖的事迹，学生在观看完视频后复述 3 位科学家对反应条件的研究（图 2-3-3）。

一百年，合成氨的故事

氨是化肥工业和基本有机化工的主要原料，世界每年合成氨产量已达到 1 亿吨以上，其中约有 80% 的氨用来生产化学肥料，20% 为其他化工产品的原料。

1918 年诺贝尔化学奖获得者——德国化学家，弗里茨·哈伯

弗里茨·哈伯以锲而不舍的精神，经过不断的实验，成为第一个从空气中制造出

氨的科学家，使人类从此摆脱了依靠天然氮肥的被动局面。氮气和氢气在550℃的高温、150～200个标准大气压、铀作催化剂的条件下，能得到氨，这就是哈伯合成氨。每小时生产数百毫升液氨，而且能耗极低，工业化合成氨的前景一片光明。

1931年诺贝尔化学奖获得者——德国工业化学家，卡尔·博施

卡尔·博施的主要贡献是改进了弗里茨·哈伯首创的合成氨法，找到了合适的氧化铁型催化剂，称为"哈伯－博施法"，实现了合成氨的工业化生产。

2007年诺贝尔化学奖获得者——德国化学家，格哈德·埃特尔

格哈德·埃特尔对"哈伯－博施法"的原理提供了详细的解释，发现了原有方法中化学反应最慢的步骤，这一突破有利于更有效地计算和控制人工固氮技术。格哈德·埃特尔自1997年起，就被聘为中国科学院催化基础国家重点实验室国际顾问。

弗里茨·哈伯　　　　　　卡尔·博施　　　　　　格哈德·埃特尔

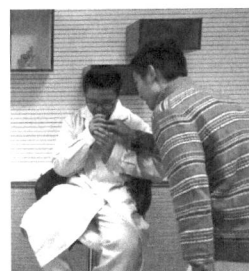 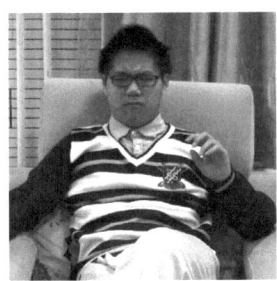 

图2-3-3　学生扮演科学家介绍实验成功的关键原因

设计意图：

进一步认识反应条件对化学反应发生的重要性。

评价要点：

观察学生观看视频后的表现，在回答时是否进一步认识到反应条件的重要性，是否认识到反应条件是化学反应的重要角度，是化学学科的一个研究领域。

刮摩淬励　研精覃思
一位初中化学教师的教学实践

【环节3】通过实验，认识到通过控制反应条件可以调控化学反应

问题3：用何种方法可以使过氧化氢迅速放出氧气？

学生通过改变过氧化氢溶液浓度、温度或催化剂种类改变化学反应速度。结合鱼塘增氧剂、安全气囊的使用等生活案例，师生共同分析、讨论反应条件的改变对化学反应速度的影响（图2-3-4）。

实验用品：5%、10%浓度的过氧化氢溶液，氯化铁，硫酸铜，猪肝，试管，酒精灯，火柴，线香，试管夹等。

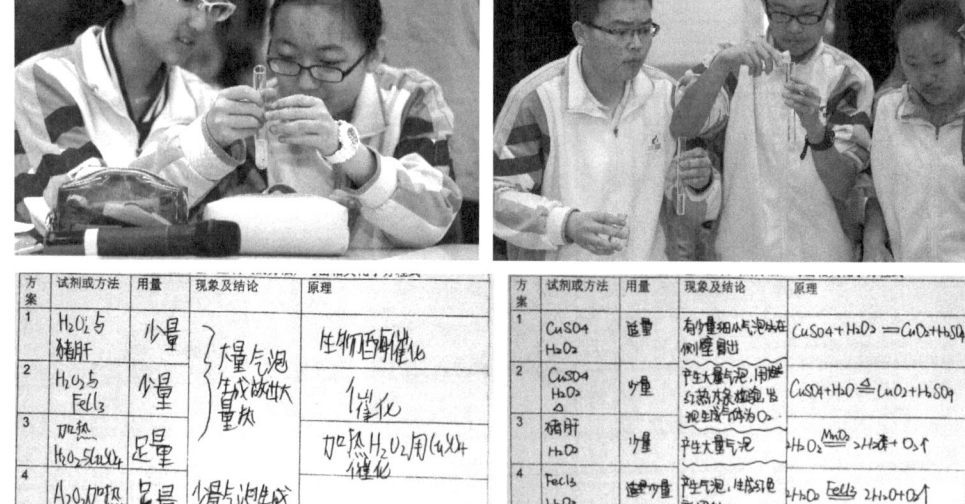

图2-3-4　学生研究反应条件对化学反应速度的影响

设计意图：

通过控制反应条件，建立调控化学反应的意识。

评价要点：

（1）观察学生在实验设计时和实验结束后的小组汇报时，是否从浓度、温度、催化剂等角度设计及回答。

（2）关注学生通过实验研究和文字素材的学习后，交流汇报时是否认识到可以通过改变反应条件，加快或减慢化学反应速率；认识到可通过控制反应条件调控化学反应的发生情况。

【环节4】分析生产生活中利用反应条件控制化学反应的例子

问题4：你能说出人们是如何利用反应条件控制化学反应的吗？

学生对酸奶机加温制酸奶、冰箱冷冻食物保鲜、汽车加装催化净化装置减轻尾气排放等例子进行讨论、分析，认识到通过控制反应可使反应的发生情况符合人们的需要（图2-3-5）。

  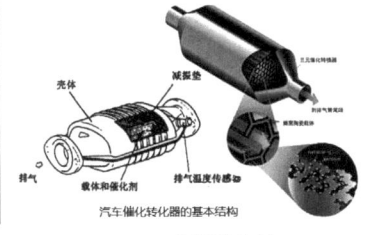

a 降低温度保鲜　　　　　b 升高温度制酸奶　　　　　c 使用催化剂

图 2-3-5　生活中控制化学反应的实例

设计意图：

建立通过控制反应可使反应的发生符合人们的需要的认识；从反应条件概括、总结所学化学反应。

评价要点：

（1）关注学生能否找出例子中的反应条件，观察他们是否了解了怎样调控反应的发生。

（2）观察学生在回答问题时是否认识到控制反应可使反应的发生符合人们的需要。

【环节5】应用所学解读文字素材，加深利用化学反应和控制反应的认识

问题5：航天飞机利用燃料升空，其是如何利用和控制化学反应的？

文字素材：航天飞机用铝和高氯酸铵（NH_4ClO_4）作燃料，加热铝粉使其被氧气氧化，放出大量的热，促使高氯酸铵分解，生成4种气体：两种气体是空气中的主要成分，一种气体是Cl_2，还有一种气体是化合物（常温下是液态），因而产生巨大的推动力。

学生从能量、物质、条件等多角度思考，书写化学方程式。

设计意图：

应用所学知识解决问题，加深认识。

评价要点：

（1）观察学生在分析素材时能否从能量、物质的角度关注化学反应（第1课时学习内容）。

（2）观察学生在书写化学方程式时是否重视反应条件，是否关注反应条件对化学反应的影响。

> 刮摩淬励　研精覃思
> 一位初中化学教师的教学实践

【板书设计】

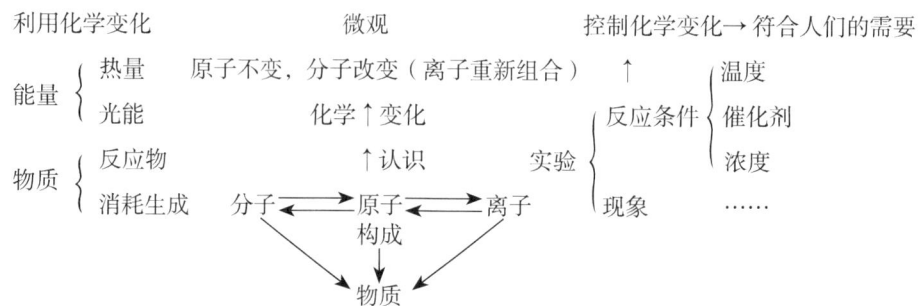

【单元作业设计】

"多角度认识物质的化学变化"单元作业设计如表 2-3-5 所示。

表 2-3-5　"多角度认识物质的化学变化"单元作业设计

课时	作业	内容
第 1 课时	完成单元学习任务单	选定化学方程式，从能量和物质角度回答它的作用，可录制成视频
第 2 课时	（1）完成单元学习任务单 （2）课时作业	（1）从微粒角度回答对选定化学方程式的新认识 （2）考查微粒的基本特征、物质化学变化中微粒变化情况的习题（例　氯气与氢气发生反应的过程中没有改变的是：A.原子种类；B.分子个数；C.相对分子质量；D.原子个数；E.物质种类）
第 3 课时	（1）完成单元学习任务单 （2）完成课后问卷 （3）课时作业	（1）从反应条件的角度回答对选定化学方程式的新认识 （2）设计实验方案，研究铜和氧气的反应 （3）根据文字内容书写陌生化学方程式，并将所学化学方程式从条件的角度进行梳理〔例：在光照条件下，利用含有石墨烯的催化剂，可使水分解生成氢气和氧气，该反应的化学方程式＿＿＿＿＿＿＿＿＿＿〕
第 4 课时	（1）完成单元学习任务单 （2）课时作业	（1）从反应现象的角度谈谈对选定化学方程式或另选无明显现象的化学方程式的新认识 （2）设计实验方案，从不同角度证明二氧化碳与氢氧化钠发生了化学反应（与课堂设计方案不同）

【教学反思】

对于复习课，理论的支持是关键的，需要成熟、科学的课程模式和理念；深度学习主题的选择要基于科学本质,结合课程标准、教材特点及学生需要确立;学习目标的制定需要做好充分的学情调研,结合课程标准和教材,确立深度学习目标;持续性评价和深度学习活动共同作用,才能更好地达成深度学习目标。

例如,根据课程目标和学生实际情况,设计单元整体学习任务单。第1课时结束后,学生对一个化学反应从应用角度录制的视频,应用角度有序、明显,且为其他学生做出示范,促进其他学生对化学变化的学习(图2-3-6)。

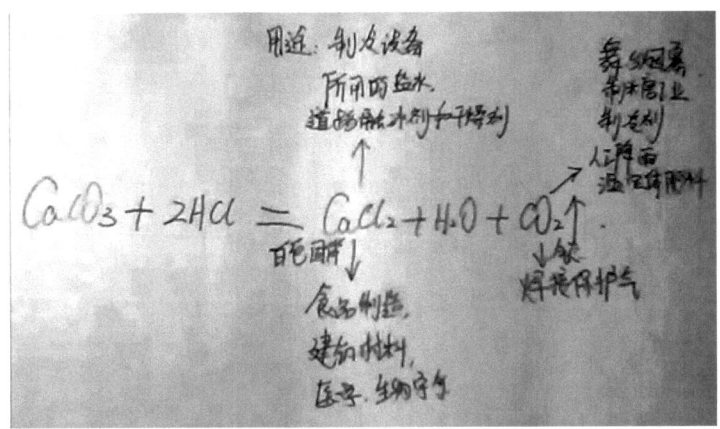

图2-3-6 有意识地从不同角度分析碳酸钙与盐酸反应的用途

第2课时结束后,在师生访谈过程中,学生对复分解反应的理解达到了新的高度。

教师:对于碳酸钠和氢氧化钙的反应,你怎样用微观示意图表示反应过程?碳酸钙为什么会沉淀下来?

学生A:某个时刻某些粒子巧遇。

学生B:某些粒子结合后更加稳定。

追问1:我们学过的知识能不能解释这一问题?

学生A、B:可以从溶解度、质量、微粒的质量对应的微粒数目角度解释。

追问2:对于课堂提问的反应,如果没有达到溶解度,晶体析出,算不算发生反应?

学生A:由于微粒在溶液中可以随意组合,也可以算反应,也可以算没反应。

学生B:由于没有沉淀,没有现象,所以没有反应。

追问3:如果在蒸干的过程中出现了某物质算不算发生反应?

学生A、B:算!

随着访谈的深入,学生对溶液中的微粒种类、个数,对生成沉淀的微粒构成状况,对化学反应的微观实质等认识逐步清晰,最终,学生基于对物质构成微粒和溶解度的理解写出了离子反应原理(图2-3-7和图2-3-8)。

▶ 刮摩淬励　研精覃思
　　一位初中化学教师的教学实践

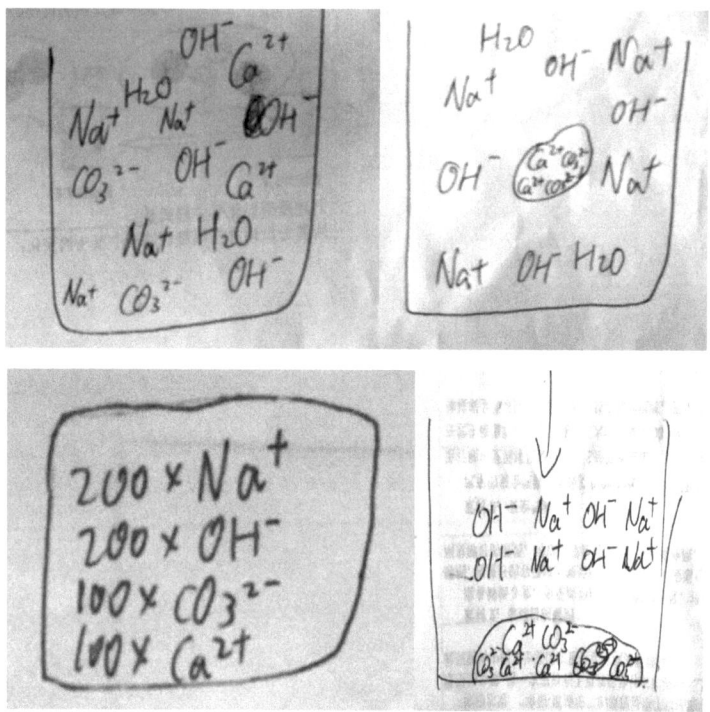

图 2-3-7　学生所绘的离子反应 1

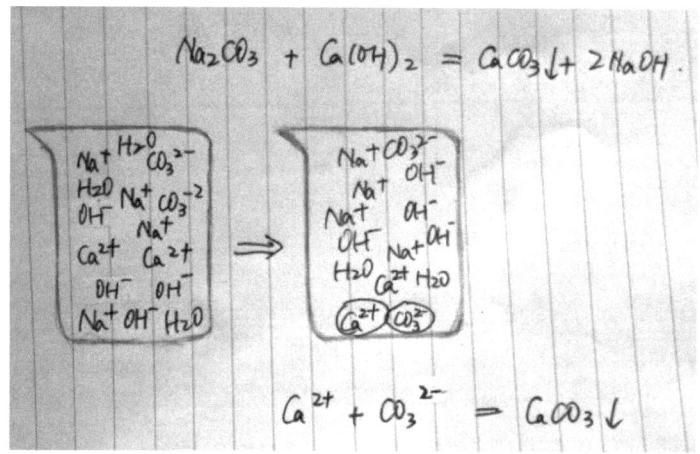

图 2-3-8　学生所绘的离子反应 2

学习第 3 课时前，几名学生受前两节课的巨大收获的鼓舞，主动录制视频，再现不同科学家先后因研究合成氨工艺而获得诺贝尔奖的故事。视频生动活泼，授课现场效果火爆，学生学习积极性大为提升。

课后，从反应物浓度（前测 11.1%，后测 86.1%）和温度（前测 5.6%，后测

77.8%）等反应条件的角度研究化学反应的人数大为提升（学生设计的化学反应如图2-3-9所示）。

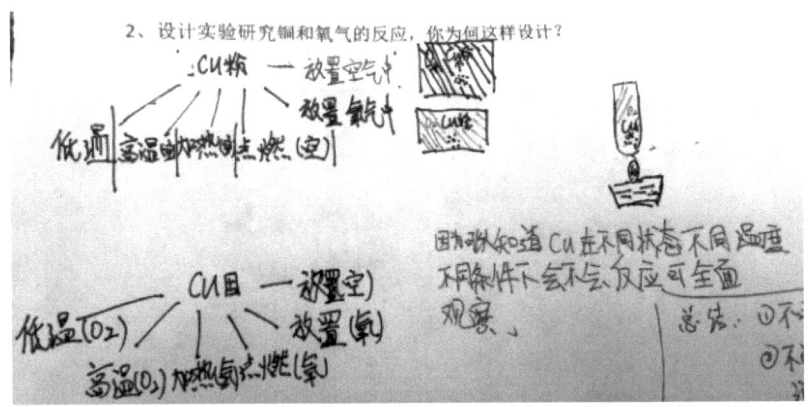

图 2-3-9　学生对铜与氧气反应实验的设计

授课教师感到，在专家的引领下，在团队的共同努力下，"深度学习"将复习课引领到一个新的高度，学生在课堂中的反应让老师们获得了一次次的惊喜。

附录 2-3-1

单元学习任务单

请你与小组同学合作，随本专题的复习进度，通过网络、图书等查阅资料，不断梳理、总结你对化学反应的认识及理解，可以在下列化学变化中选定一个作为主要的反应示例，以录制微视频的方式呈现小组学习成果，在第 5 课时进行集中汇报交流。

> 可供选择的反应：
> （1）碳酸钙与稀盐酸反应
> （2）氧化钙与水反应
> （3）铁与氧气反应
> （4）水分解
> （5）一氧化碳还原氧化铁
> （6）铁与硫酸铜反应
> （7）氢氧化钠与稀盐酸反应

第 1 课时：说出从哪些角度利用一个化学反应。

第2课时：从微粒的角度认识化学反应（说出由分子、原子和离子构成的物质在化学反应中微粒变化的情况）。

第3课时：联系生活生产实际，从化学反应条件的角度分析人们是如何通过条件控制化学变化的。

第4课时：该反应有哪些重要现象，如果该反应无明显现象或重新选择一个已学过的无明显现象的化学反应，思考如何通过实验证明这个化学反应发生了。

附录2-3-2

其他课时教学设计

第1课时

本课时教学目标
（1）建立物质可以转化的基本观念，认识到化学变化为人类带来了更多更好的物质，改善了人类的生活。 （2）认识到化学变化的能量改善了人类生活，建立从能量角度认识化学变化的意识。
教学重点和难点
教学重点：发展多角度认识化学反应的学科能力，能够多角度、联系地认识物质的化学变化，了解化学反应的应用角度。 教学难点：建立能量观。
深度学习活动核心环节及主要内容

活动1：感知化学变化的不同角度
学生：观察镁条燃烧实验。
教师：化学变化的基本特征是生成新物质，伴随着能量的变化，表现为吸热、放热、发光等。
活动2：从物质和能量等角度利用化学变化
阅读素材，分析化学反应的应用角度。
素材1：照明弹内部有一个特别的照明装置，里面装着照明剂。它包含金属可燃物、化合物和黏合剂等数种物质。金属可燃物主要用镁粉和铝粉制成。镁粉和铝粉燃烧时，能产生几千度的高温，放射出耀眼的光芒。化合物是硝酸钡或硝酸钠，它们燃烧时能放出大量的氧气，加速镁粉、铝粉燃烧，增强发光亮度。
素材2：烟花的发光原理为金属镁或铝的粉末燃烧。这些金属燃烧时会发出强光及放出热能。发色剂是一些金属化合物，金属化合物含有金属离子，燃烧时发出颜色独特的光。例如，氯化钠和硫酸钠在燃烧时发出金黄色火焰，硝酸钙和碳酸钙在燃烧时发出砖红色火焰，铜的化合物在燃烧时发出蓝绿色火焰，钾的化合物在燃烧时发出紫色火焰。
素材3：汽车与化学变化。燃料燃烧提供热能，尾气处理消除有害的反应物，安全气囊中的叠氮化钠或硝酸铵撞击产生大量气体，汽车表面刷漆防止氧化、隔绝氧气和水。
学生阅读素材，分析思考化学反应的应用角度。
教师进行总结、板书。

续附录

活动 3：分析所学化学反应的应用

（1）CaO + H₂O ══ Ca(OH)₂ 这个化学反应可以给我们的学习和生活带来哪些便利呢？

学生：配制澄清石灰水；生石灰用作干燥剂；利用生石灰与水反应放热制自热米饭。

（2）写出炼铁过程中的主要化学反应，思考每个化学反应在炼铁过程中有什么作用？

学生：焦炭燃烧反应放热提供反应条件高温和二氧化碳；二氧化碳与碳反应生成一氧化碳还原剂；一氧化碳与氧化铁反应制得单质铁；石灰石分解生成的氧化钙可以消除杂质二氧化硅等。

活动 4：归纳整理所学的化学方程式

角度 1：制备需要的物质

角度 2：消除不需要的物质

角度 3：利用反应伴随的能量变化

板书设计

多角度认识物质的化学变化

利用化学变化

能量 { 热量 / 光能

物质 { 反应物 / 消耗生成物

第 2 课时

本课时教学目标

（1）深化微粒观，能用微粒的观点解释某些常见的现象。

（2）发展微粒观，建立微粒与化学变化之间的联系，能从微观角度分析化学变化的实质。

教学重点和难点

教学重点：能够从微粒的角度联系地认识物质的化学变化。

教学难点：认识微粒构成物质的真实情况，深入认识微粒与化学变化之间的关系。

教学流程

刮摩淬励　研精覃思
一位初中化学教师的教学实践

续

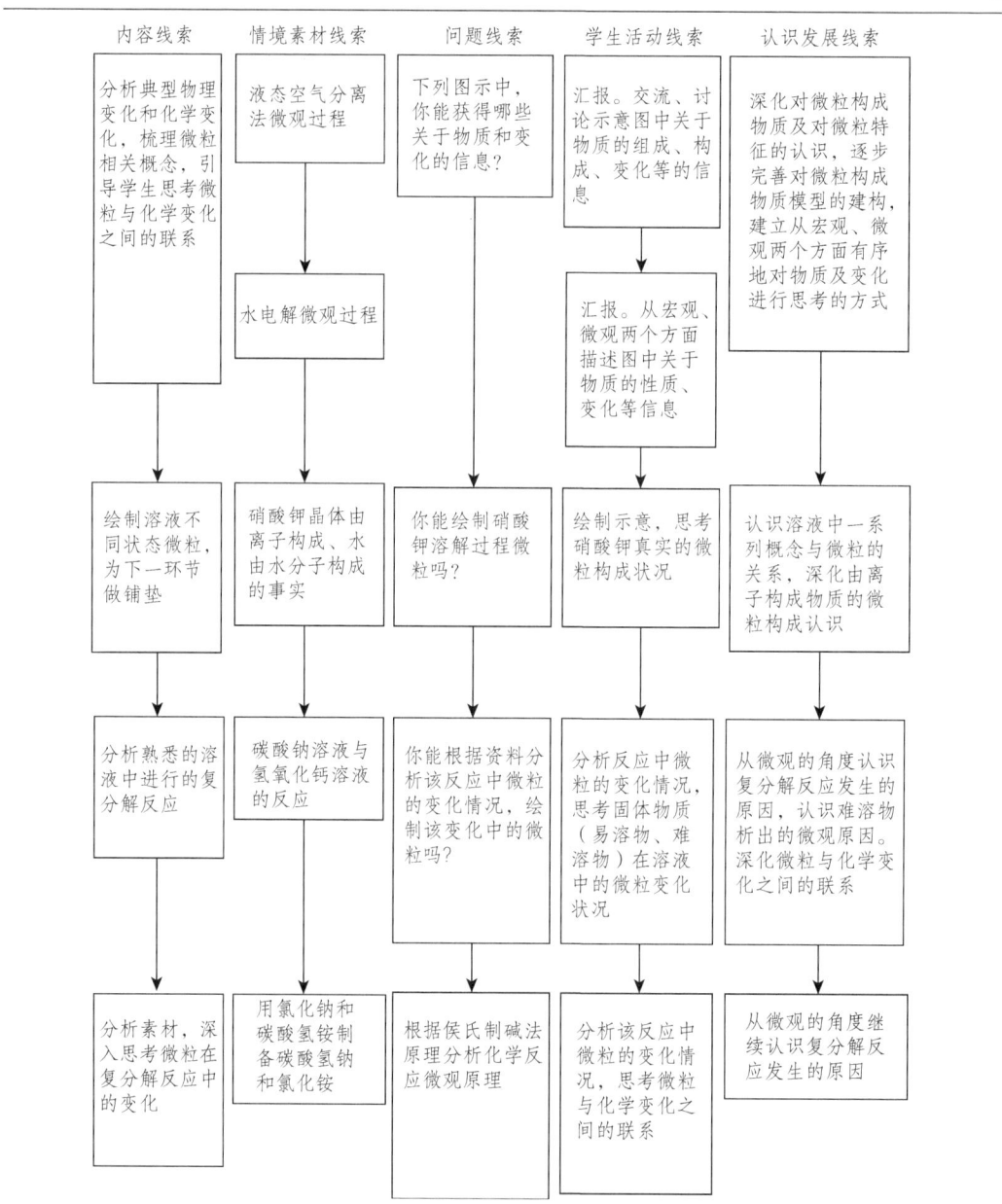

第二章 基于"深度学习"理论的单元教学实践

续

深度学习活动核心环节及主要内容
活动一：分析素材，梳理微粒相关概念 素材1：分离液态空气和水电解的微观过程 问题1：根据上述微观过程，你能获得哪些关于物质和变化的信息？ 学生说出从中获取物质的组成、构成、性质、变化等信息。 教师梳理学生答案，落实物质是由微粒构成及微粒的特征等，完善构成物质微粒的模型。引导学生从宏微观两个方面思考，物质方面包括物质及其元素、分子、原子概念等，变化方面包括物理变化、分子特征等。
活动二：从微观角度看溶液中的物质变化 问题2：你能绘制硝酸钾溶解过程微观示意图吗？ 素材2：硝酸钾晶体和水的微粒构成及溶解过程 学生用4幅微粒图分别表示溶液的4个过程：①硝酸钾晶体和水；②20℃时，硝酸钾不饱和溶液；③加热蒸发水至溶液恰好饱和；④降温至20℃ 学生分析、讨论，绘制微观示意图，思考硝酸钾真实的微粒构成状况。 教师分析硝酸钾的微粒构成，引发学生深度思考构成物质的微粒的真实状况。 活动中涉及的概念如下。 溶解——溶质微粒在溶剂中扩散（均匀）。 溶解度——溶质微粒在溶液中的数目达到最大的程度。 结晶——溶质微粒在溶剂中重新聚集，从溶液体系中析出。
活动三：分析素材，深入思考微粒与化学变化的联系 问题3：你能根据资料分析该反应中的微粒变化情况，绘制该化学变化中的微粒图吗？ 素材3：氢氧化钙溶液与碳酸钠溶液的反应 资料 20℃时4种物质的溶解度如下。 单位：g/100 g 水 | 物质 | 氢氧化钙 | 碳酸钠 | 碳酸钙 | 氢氧化钠 | |---|---|---|---|---| | 溶解度 | 0.16 | 21.5 | 0.0014 | 109 | 学生绘制溶液不同状态的微粒图。 教师引导学生思考反应后溶液中微粒的构成，思考碳酸钙等难溶物析出的原因。

刮摩淬励 研精覃思
一位初中化学教师的教学实践

续

活动四（作业）：思考复分解反应与微粒之间的联系

素材4：我国化学工程专家侯德榜于1939年创立联合制碱法（亦称"侯氏制碱法"）。用食盐、二氧化碳、氨和水，可制备碳酸氢钠和氯化铵，该反应可表示为：

$$NH_3+CO_2+H_2O+NaCl == NH_4Cl+NaHCO_3\downarrow。$$

（1）你认为该反应能发生吗？

（2）如果该反应能够发生，20 ℃时，按上述化学方程式中反应物的质量比，向100 g水中加入11.7 g NaCl和15.8 g NH_4HCO_3，理论上从溶液中析出晶体的质量为_____g。

资料

20 ℃时4种物质的溶解度如下，假设它们同时溶解在水中各自的溶解度不变。

单位：g/100 g水

物质	氯化钠	碳酸氢铵	氯化铵	碳酸氢钠
溶解度	36.0	21.6	37.2	9.6

学生：计算结果，分析、思考氯化钠与碳酸氢铵反应时的微粒变化情况。

教师引导学生思考复分解反应发生的微观原因，深入认识微粒与化学反应的实质之间的关系，进一步加深微粒与化学变化之间的联系。

板书设计

多角度认识物质的化学变化

利用化学变化　　　　微观

能量 { 热量　　原子不变，分子改变（离子重新组合）
　　　光能　　　　化学↑变化
物质 { 反应物　　　　　↑认识
　　　消耗生成　　分子 ⇌ 原子构成 ⇌ 离子
　　　　　　　　　　　　　↓
　　　　　　　　　　　　物质

第4课时

本课时教学目标

（1）认识现象对于化学反应的重要性。
（2）能够依据现象，判断化学反应的发生。
（3）学会从反应物减少或生成物存在的角度证明没有明显现象的化学反应发生的实验方法。

教学重点和难点

教学重点：学会从反应物减少或生成物存在的角度证明没有明显现象的化学反应发生的实验方法。
教学难点：认识实验现象的重要性。培养设计科学严谨的实验方案的能力。

第二章 基于"深度学习"理论的单元教学实践

续

深度学习活动核心环节及主要内容

引入：如何证明汽车尾气中的 CO 和 NO 转化为 N_2 和 CO_2？
学生：证明生成了二氧化碳。

环节一：证明化学反应发生的方法
问题1：如何证明一个化学反应发生了？
学生讨论：出现发光、吸热、放热、颜色变化、新物质生成等现象。
教师追问：（1）如果有现象，是不是所有的现象都能证明反应发生了？
（2）如有没有现象，如何证明反应发生了？
素材1：实验人员用如下装置进行实验，分别将水和氢氧化钠溶液（无色）挤入盛有氯气（黄绿色，有毒）的 A、B 两试管中，振荡后，观察到试管 A 中液体呈黄绿色，气体黄绿色变浅；试管 B 中液体、气体均为无色，胶头滴管胶头变瘪。根据上述实验现象，不能得到的结论或推论是（　　）
A. 氯气能溶解于水
B. 氯气能与水发生化学反应
C. 氯气能与氢氧化钠溶液发生化学反应
D. 实验后剩余的氯气可以用氢氧化钠溶液吸收
师生分析、讨论：
（1）不是所有的现象都能证明，应该是生成物特有的，而反应物没有的现象才能证明反应发生了。
（2）如有没有现象，可以从反应物减少和生成物存在证明反应发生了。

环节二：设计实验证明无明显现象的化学反应发生了
问题2：如何证明二氧化碳和氢氧化钠溶液能发生反应？
素材2：相关资料
（1）氢氧化钠和氢氧化钙性质十分相似，也能与二氧化碳发生反应，但此反应无明显实验现象，其反应的化学方程式为：$CO_2+2NaOH=Na_2CO_3+H_2O$。
（2）碳酸钠溶液和氯化钙溶液可以发生反应，生成碳酸钙白色沉淀：$Na_2CO_3+CaCl_2=CaCO_3\downarrow+2NaCl$。
（3）浓氢氧化钠有很强的腐蚀性，使用时应注意安全。
在教师的引导下，学生设计、分析、讨论和反思。

环节三：反思、应用
素材3：氢氧化钠和盐酸反应、检测汽车尾气的素材
学生：回忆实验原理，思考证明反应发生的方法还有哪些？思考检测汽车尾气的实验方法。
教师讲解、分析，给出实际生活中用尾气检测装置检验汽车尾气的方法。

板书设计

多角度认识物质的化学变化（现象）

实验现象 ──→ 有明显现象：生成物特有的 ──→ 证明：反应发生
　　　　　　　无明显现象 { 反应物减少
　　　　　　　　　　　　　 生成物存在

刮摩淬励 研精覃思
一位初中化学教师的教学实践

附录2-3-3：不同阶段学生对化学反应认识情况调查问卷（附表1至附表3）

附表1 感知化学变化阶段（调查对象：本校初三学生）

时间	问题	回答		统计结果
学习第2单元后	对于镁和氧气反应，你有哪些认识？	关注反应现象（白光）		83.3%
		关注能量变化（放热）		64.6%
		关注条件（点燃或加热）		75.0%
		关注物质	反应物、生成物	27.1%
			文字表达式	56.3%
		关注反应类型	化合反应	27.1%
			氧化反应	14.6%
	你认为铜与氧气能发生反应吗？可能发生什么样的反应？你是怎么想的？能设计实验证明你的想法吗？（请尽可能详细阐明你的想法）	认为反应可以发生		58.2%
		认为不能反应或不清楚能否反应		41.8%
		依据现象判断（铜会变黑）		22.7%
		依据反应物的性质判断	氧气（有氧化性）	13.6%
			金属（与铁、镁性质相似）	18.2%

附表2 理解化学变化阶段（调查对象：本校初三学生）

时间	问题	回答		统计结果
学习第5单元后	基于镁和氧气生成氧化镁这个化学反应，你能想到什么？	关注反应现象（白光）		92.6%
		关注能量变化（放热）		92.6%
		关注条件（点燃或加热）		88.9%
		关注物质	反应物（颜色、状态、气味、物质种类）	48.1%
			生成物（名称、颜色、状态）	98.5%
		关注反应类型	化合反应	48.1%
			氧化反应	25.9%
		关注式量	反应物和生成物质量关系（48份质量的镁和32份质量的氧气可以生成80份质量的氧化镁等）	72.7%
			物质的式量（镁的相对原子质量为24等）	9.1%

续附表2

时间	问题	回答		统计结果
		关注元素（反应前后元素种类不变，物质由元素组成）		16.7%
		关注微粒	化学反应前后的微粒（镁原子和氧分子反应生成氧化镁分子）	71.2%
			化学反应过程中微粒的变化（分子破裂为原子，重新构成新的分子；反应前后原子种类、个数不变）	13.6%
			原子构成、电子转移	9.1%
	你认为铜与氧气能发生反应吗？可能发生什么样的反应？你是怎么想的？能设计实验证明你的想法吗？（请尽可能详细阐明你的想法）	认为反应可以发生		98.5%
		依据现象判断（变黑等）		40.9%
		依据物质性质判断	反应物 氧气（氧气有氧化性）	22.7%
			反应物 金属（金属可以和氧气反应）	12.2%
			生成物氧化铜 物理性质（黑色）	9.1%
			生成物氧化铜 化学性质（与硫酸反应变蓝）	1.5%
		依据定量变化判断（如果铜与氧气反应后质量增加）		9.1%
		依据化学反应类型判断（氧化铜由氧气和铜化合得到）		6.1%
		设计实验，有调控化学反应的意识（分别研究铜在空气和氧气中能否反应）		1.5%
		依据定量变化判断（如果铜与氧气反应后质量增加）		9.1%
		依据化学反应类型判断（氧化铜由氧气和铜化合得到）		6.1%
		设计实验，有调控化学反应意识（分别研究铜在空气和氧气中能否反应）		1.5%

附表3 应用化学变化阶段（调查对象：本校高一学生）

时间	问题	回答		统计结果
学习第5单元后	利用镁和氧气这个化学反应能做些什么？	基于能量角度	光能（闪光弹、镁光灯、烟花等）	72.2%
			内能（提供热量、自热米饭等）	16.7%
		基于物质角度	生成物（制氧化镁、涂料等）	25%
			反应物（消耗氧气、脱氧剂）	11.1%
		有意识地从能量、物质两个角度分类回答		0

刮摩淬励 研精覃思
一位初中化学教师的教学实践

续附表3

时间	问题	回答		统计结果
	设计实验研究铜和氧气的反应，你为何这样设计？（尽可能详细阐明你的想法）	基于反应物（氧气）浓度设计实验		11.1%
		基于反应条件（温度）设计实验		5.6%
		基于现象设计实验（如果铜片变黑，则反应发生等）		58.3%
		基于定量角度设计实验（如果反应后质量增加，则反应发生）设计实验		2.8%
		基于生成物的性质设计实验	氧化铜的化学性质（如生成黑色固体，滴入硫酸，溶液变为蓝色）	11.1%
			氧化铜的物理性质（如生成黑色固体）	41.7%
	人们发现了一种新的、含量极少的化合物，对人体健康有很重要的意义，但难以直接提取，需要用人工方法制备。如果请你依据已有的经验和认识设计这个化学反应，你会从哪些角度去考虑？（或者你会思考哪些重要问题）	关注环境保护		47.2%
		关注生成物纯度		41.7%
		关注物质的物理、化学性质（如何收集化合物）		27.8%
		关注反应条件		19.4%
		关注成本、价格		16.7%
		关注反应物方便、易得		16.7%
		关注利用率		13.9%
		关注操作简便		11.1%
		关注能源问题		2.8%
		制备物质的一般思路	关注元素（用含有化合物中元素的物质制备）	22.2%
			关注化学式、化合价（化合物属于酸、碱、盐、氧化物等，研究可以生成这类物质的反应）	11.1%
			关注反应类型（可能通过化合反应得到这种化合物）	1.3%

附录2-3-4：作者自述

深度学习深几许
——记参与海淀区"深度学习"教学改进项目

2015年1月6日，举行区公开课的演播室内座无虚席，学校没有想到在初三期末紧张的复习阶段会有如此多的老师前来听课。上午10:25，原定结束时间已过去20多分钟，老师们依然兴致盎然地观察着学生们的种种表现，认真记录着课程的每一个细节。"我还有课，必须回去了，你走吗？""我还想听听，看看是什么结果。"这是两位富有经验的初三化学老师的对话。

经历几轮的初三教学，我认为复习课最需要的就是理论支持，对于这个问题我咨询过一些专家，专家认为应该以《考试说明》和《课程标准》为教学目标，但是除了知识目标，方法上应该如何提升，复习课背后又有哪些理论来支持它呢？我常常感到不知如何复习，不知道如何提高复习课的层次。教育部"深度学习"指导专家、海淀区化学教研员陈颖老师确定了研究方向——深度学习中的评估环节，如何持续性评价学生。结合复习阶段的需要，我将复习主题确立为"多角度认识物质的化学变化"。课程分为四课时：第1课时多角度认识化学变化；第2课时化学变化中的微观和定量问题；第3课时利用和控制化学变化；第4课时如何判断化学变化发生。

第2课时经历了由"通过素材证明反应条件的重要性，调控化学反应的方法之一是反应条件"转变为"用素材证明化学反应需要条件，条件不同可以影响化学反应的发生或者其反应的快慢，可以调控化学反应，可以使化学反应的发生符合人们的需要"的教学思路变化过程。

第3课时充分体现了深度学习的"深度"二字，学生从对微观世界的惧怕到顺利运用微粒概念解释化学变化，最后甚至写出了对于高中生都有一定挑战性的离子方程式，课后学生们普遍认为本节课的收获不比新授课少。

第4课时经历了从"通过实验证明化学反应发生了"到"实验现象有哪些，有明显现象的实验中，哪些现象能证明化学反应发生了，如果现象不明显，如何通过实验证明化学反应发生了"的改进过程，所以由原来的简单设计实验证明二氧化碳与氢氧化钠可以反应，转化到用什么思路证明无明显现象的实验发生了。

给我印象最深的是，随着试讲时课程目标的达到，专家经过思索，又提出了新的目标，使课程又达到了新的高度，而学生的反应也一次次让老师们惊喜。原来学生可以达到如此高的程度。

第四节 碳和碳的氧化物：
低碳行动——寻找大气中二氧化碳含量降低的方法

《课程标准》要求学生在学习碳和碳的化合物时，能从化学的角度认识和理解人与自然的关系，形成科学的物质观和合理利用物质的意识，保证社会的可持续发展。二氧化碳作为初中化学学习的核心物质，不同于氧气基于宏观实践和经验的学习，二氧化碳的学习具备元素转化、质量守恒等学科概念支撑。

从学生对于物质的认识发展角度来看，二氧化碳是学生在学习完氧气的性质后，学习的另一种重要物质，学生需要了解碳单质、二氧化碳及一氧化碳的性质。在本单元的学习中，学生将从元素守恒的视角，认识生活、生产中碳元素的单质、含碳元素的氧化物及碳酸钙的性质，认识含碳元素物质的转化。具体到二氧化碳的性质，学生主要发展以二氧化碳为中心的含碳物质的转化观念，认识碳循环。

"低碳行动"是当今社会提倡的一种重要的生活理念，影响着人类的生活、生产方式，也是一个综合度很大的问题。复习课"寻找大气中二氧化碳含量降低的办法"调用二氧化碳的核心性质分析、解决二氧化碳的吸收和转化等问题，不但能有效复习和巩固碳及其化合物的相关性质，使知识形成认识角度，而且有利于学生在科学论证过程中将多维系统思考与批判性思维相结合，有效形成从性质到转化的能力（图2-4-1）。

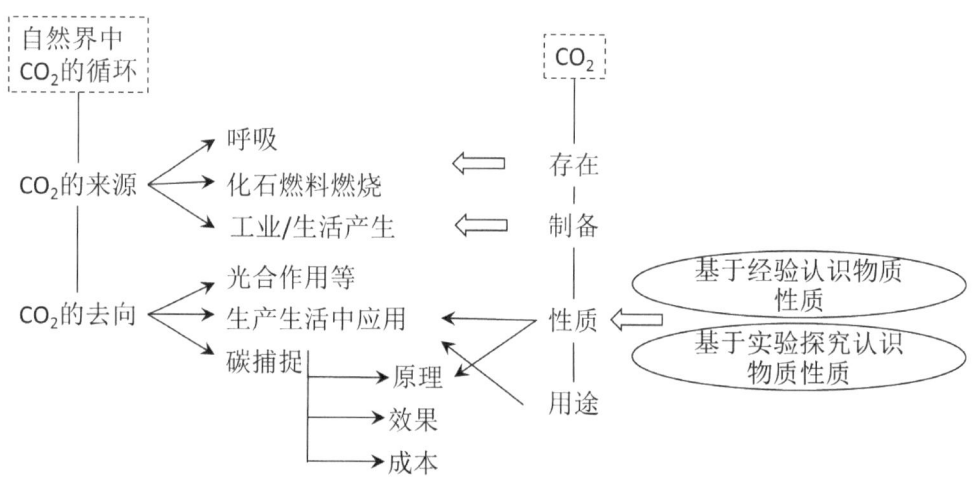

图2-4-1 二氧化碳性质知识结构

学生在含碳物质的学习中，存在着机械记忆物质的结构、性质、用途和制备方法等知识，割裂地看待变化中的物质转化、能量变化和现象等问题，没有深刻体会到知识的内在关联，难以形成认识角度。

根据前测结果，学生对"低碳行动"理解比较浅显，教学富有挑战性。学生知道二氧化碳会引起温室效应及低碳行动的一些措施，但不知道这些措施的化学原理；不会从原理、效果、成本等多角度对问题解决方案进行评价，说不清楚各种方案的优缺点。在本课的学习中，大部分学生认为可以通过使用大量的石灰水或氢氧化钠溶液直接吸收空气中二氧化碳，没听说过"碳捕捉"的方法，不清楚这些降低碳排放的措施与二氧化碳的性质之间的关系。

初三学生处于对于事物认识由感性到理性的过渡期，喜欢自我挑战。在本项目的引导之下，学生更愿意参与其中。他们运用化学知识和化学视角去解决二氧化碳过多的现状，将知识转化为认识角度，在科学论证过程中进行多维系统思考，分析和探讨二氧化碳排放对人类社会可持续发展可能带来的影响，形成保护环境的观念。

案例8 低碳行动——寻找大气中二氧化碳含量降低的方法

【案例信息】

人教版九年级（上册）第六单元《碳和碳的氧化物》

【项目简介】

初中学段，对于典型代表物，学生能从科学视角看待物质的性质、组构成和变化，培养化学观念素养。学生辩证地分析真实问题，基于证据获得结论的科学论证过程，可培养他们的科学思维素养。本项目设计为人教版九年级（上）第六单元《碳和碳的氧化物》复习课，主题为低碳行动，分为两个课时。

课时安排	主要环节
第1课时：了解空气中二氧化碳含量增加的原因	（1）调研日常生活对空气中二氧化碳含量的影响
	（2）分析工业生产对空气中二氧化碳含量的影响
第2课时：寻找让大气中二氧化碳含量降低的方法	（1）实验探究降低空气中二氧化碳含量的方法
	（2）理解工业尾气中高浓度二氧化碳的处理方法

第1课时基于常识和素材，了解大气中二氧化碳的来源、转化和影响。第2课时基于真实、复杂情境，分析吸收和转化大气中二氧化碳的方法。

【学习目标】

（1）通过利用二氧化碳的物理性质和化学性质进行相关实验装置和试剂的选择，进行工业废气中二氧化碳的吸收和转化方法的论证,形成从认识性质到懂得转化的能力。

(2)通过研究用水、澄清石灰水和氢氧化钠溶液吸收教室中二氧化碳的实验和对工业废气中二氧化碳的吸收和转化过程的论证,能基于事实论据和道理论据辩证地分析真实问题,获得科学结论。

(3)通过设计实验研究不同试剂、不同装置吸收不同场景中二氧化碳的方案,能基于真实情境,设计简单的实验方案,完成实验操作;通过模拟教室气体吸收实验和分析教师给出的实验数据,能基于现象和数据进行分析并得出结论,提出自己的看法。

(4)通过对真实情境下,吸收、转化不同情况下大气中二氧化碳的过程的分析,能分析和探讨二氧化碳排放对人类社会可持续发展可能带来的双重影响,有将化学成果应用于生产、生活的意识,对某一个化学过程进行分析,权衡利弊,形成保护环境的观念。

【持续性评价方案】

序号	评价内容	评价任务	评价标准	评价方式
1	是否关注化学变化的现象和能量变化,形成认识角度;从性质到转化的能力是否得到提升	(1)利用二氧化碳的物理性质和化学性质进行相关实验;装置和试剂的选择 (2)进行工业废气中二氧化碳的吸收和转化方法的论证	(1)关注现象或能量,对二氧化碳的物理性质和化学性质部分掌握 (2)熟练掌握二氧化碳的性质,联系地看待物质、能量和现象等知识,形成认识角度 (3)形成从认识物质的性质到懂得物质转化的能力	前测、课堂观察、学案填写、项目成果展示、纸笔测试
2	是否能通过科学论证过程,经多维系统思考,利用事实论据和道理论据辩证地分析真实问题,获得结论	(1)用水、澄清石灰水和氢氧化钠溶液吸收教室中二氧化碳的实验; (2)进行工业废气中二氧化碳的吸收和转化过程的论证	(1)有论证意识,但论据不合理或与论点无关 (2)能利用事实论据或道理论据,从正反方两方面中的至少一面,对问题进行论证 (3)能结合真实问题情境,利用事实和道理论据,从正反两方面进行论证	课堂观察、项目成果展示、课后访谈
3	是否能基于真实情境,设计简单的实验方案,完成实验操作,基于现象和数据进行分析并得出结论,提出个人看法	(1)设计实验研究不同试剂、不同装置吸收不同场景中二氧化碳的方案 (2)分析模拟教室气体吸收实验 (3)分析教师给出的实验测定数据	(1)无设计实验的意识或不具备设计实验的能力,数据分析不准确或无意义 (2)设计方案不完整或有科学性错误,对数据分析较合理 (3)实验方案符合真实情景需要,操作正确,分析严谨,得出较深入的答案,提出有价值的看法	学案填写、课堂观察、课后访谈

续

序号	评价内容	评价任务	评价标准	评价方式
4	是否能分析和探讨某一问题对可持续发展带来的双重影响，是否具有将化学成果应用于生产、生活的意识，对某一个化学过程进行分析，权衡利弊，形成保护环境的观念	在真实情境下，对教室气体、工业排放气体中二氧化碳的吸收、转化问题的分析	（1）从二氧化碳的作用和危害的某一方面理解二氧化碳的影响，有保护环境的意识，但无强烈的为人类服务的想法 （2）辩证地看待二氧化碳，认识到利用化学知识为人类服务的重要性，重视环境保护 （3）具有较强的用知识为人类服务的意识和环保意识，能够权衡利弊，用联系的、发展的眼光看待二氧化碳产生和吸收、转化与环境和人类社会发展的关系	课堂观察、项目成果展示、课后访谈

【教学过程】（以第 2 课时为例）

【环节 1】实验探究降低空气中二氧化碳的方法

教师：上节课我们一起讨论了大气中二氧化碳增多的原因，本节课来讨论如何减少大气中二氧化碳的含量。

前测展示：请你尽可能多地列举出降低大气中二氧化碳含量的方法，你是怎样想到这种方法的（学生前测结果如图 2-4-2 所示）。

方法	思路
减少使用煤、石油，天然气等化石燃料，更多利用太阳能、风能等清洁能源	因为燃烧化石燃料会产生 CO_2
提高能源效率和反复使用	可以减少化石燃料的使用，减少能源消耗
多种植绿色植物	$6H_2O + 6CO_2 \xrightarrow[叶绿素]{光照} 6O_2 + C_6H_{12}O_6$ 消耗 CO_2 生成 O_2
使用清洁能源，例：氢气	$2H_2 + O_2 \xrightarrow{点燃} 2H_2O$
将坑中的二氧化碳压入石灰水中	$CO_2 + Ca(OH)_2 == CaCO_3\downarrow + H_2O$
多降水（工雨）使坑中的二氧化碳溶入水中	$CO_2 + H_2O == H_2CO_3$

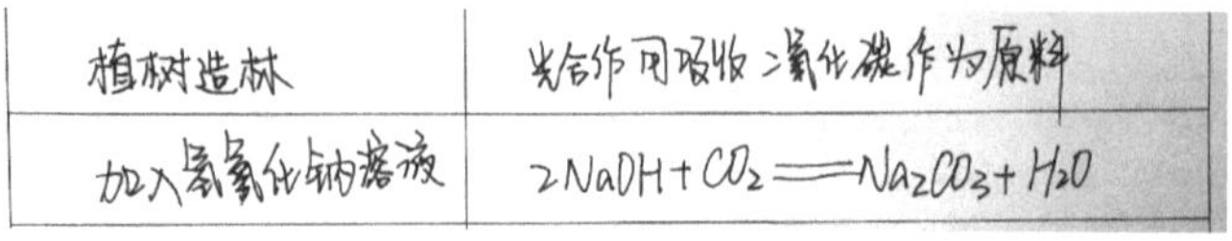

刮摩淬励　研精覃思
一位初中化学教师的教学实践

植树造林	光合作用吸收二氧化碳作为原料
加入氢氧化钠溶液	2NaOH+CO₂══Na₂CO₃+H₂O

图 2-4-2　前测结果

师生归纳：

方法	思路
减少化石燃料的使用	减少二氧化碳排放
用澄清石灰水、水吸收，植树造林	吸收、转化二氧化碳

活动1：同学们认为应该从吸收、转化和减排两个角度降低大气中二氧化碳的含量，我们今天针对第二种途径——吸收、转化二氧化碳，探讨如何降低大气中的二氧化碳含量。我们选择了两种同学们最熟悉的场景中的气体——教室中的气体和汽车尾气，研究降低这两种气体中二氧化碳含量的方法。选择合适的试剂和仪器，设计一种你认为能够有效降低样品中二氧化碳含量的最佳方案。

资料：氢氧化钠能与二氧化碳反应 $CO_2 + 2NaOH == Na_2CO_3 + H_2O$		
样品	教室中的气体 □	汽车急速时的尾气 □
可供选择的试剂、装置	蒸馏水 □　　0.16%澄清石灰水（氢氧化钙溶液）□　　2.5%氢氧化钠溶液 □	
	A装置 □　　　　B装置 □　　　　C装置 □	

学生装置选择从实际情境、可操作性等角度回答，试剂选择从能否反应、价格、浓度等角度回答。

学生A：A、B装置可能会吸收得更快，因为采用的是敞口装置，接触面积大。B装置用到了传感器，看起来比较先进，所以B装置应该是最好的选择。

学生B：采用氢氧化钠溶液吸收得会更快，因为它是化学反应，而且浓度比氢氧化钙溶液大。

学生C：氢氧化钠比较少见，可能用来吸收二氧化碳成本比较高，不如澄清石灰水，因为澄清石灰水是实验室常用试剂，价格应该会比较低。

问题1：根据老师提供的数据，你对于降低二氧化碳的方法有哪些新的认识？

活动2：分析数据，根据老师提供的数据，你对于降低二氧化碳的方法有哪些新的认识？讨论后写出你的观点。

【演示实验】将含有3%二氧化碳的气体和教室气体（0.3%二氧化碳）样品分别采用蒸馏水、0.16%石灰水和2.5%氢氧化钠溶液试剂，用A、B、C装置吸收，观察液面或传感器数据的变化。实验过程和结果如图2-4-3至图2-4-5及表2-4-1所示。

图2-4-3　装置A

图2-4-4　装置B

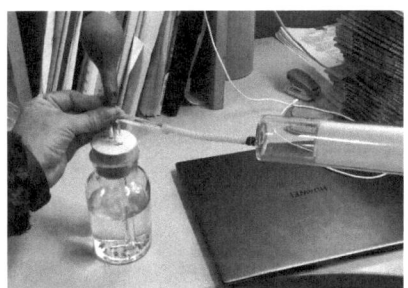

图2-4-5　装置C

教室气体样品CO_2含量约为0.3%，即3000 ppm[①]

---

① 1 ppm=1 μg/g。

刮摩淬励　研精覃思
一位初中化学教师的教学实践

表 2-4-1　采用不同装置和试剂进行实验的数据统计

装置	气体样品	时间	2.5%NaOH	0.16%Ca(OH)$_2$	H$_2$O
A	3%CO$_2$	1 h	液柱高 2 cm	液柱高 0.2 cm	无明显现象
		48 h	液柱高 2 cm	液柱高 0.5 cm	液柱高 2 cm
	教室气体	1 h	无明显现象	无明显现象	无明显现象
		48 h	无明显现象	无明显现象	无明显现象
B	教室气体	1 h	1529 ppm		2981 ppm
		2 h	901 ppm		2743 ppm
		4 h	607 ppm		2518 ppm
		48 h	506 ppm		515 ppm
C	教室气体	5 s	134 ppm	523 ppm	1866 ppm

学生 A：A、B 装置中氢氧化钠与二氧化碳反应速度快，但是由于二氧化碳浓度过低，水和氢氧化钠溶液最终吸收效果相同。

学生 B：使用 A 装置时，氢氧化钙溶液短时间吸收二氧化碳的速度比水快，但是长时间吸收量最少，可能是因为生成了难溶于水的碳酸钙，影响了溶液的吸收（图 2-4-6）。

学生 C：C 装置通入气体的方式使气体与试剂的接触面积增大，所以能够迅速、高效地吸收二氧化碳。氢氧化钠溶液浓度大，吸收最快，氢氧化钙次之，水最弱。

追问：地球表面 2/3 都被水覆盖着，为什么还会出现二氧化碳超标的情况呢？如何有效降低教室中和汽车尾气中的二氧化碳？2006—2019 年大气中二氧化碳含量变化如图 2-4-6 所示。

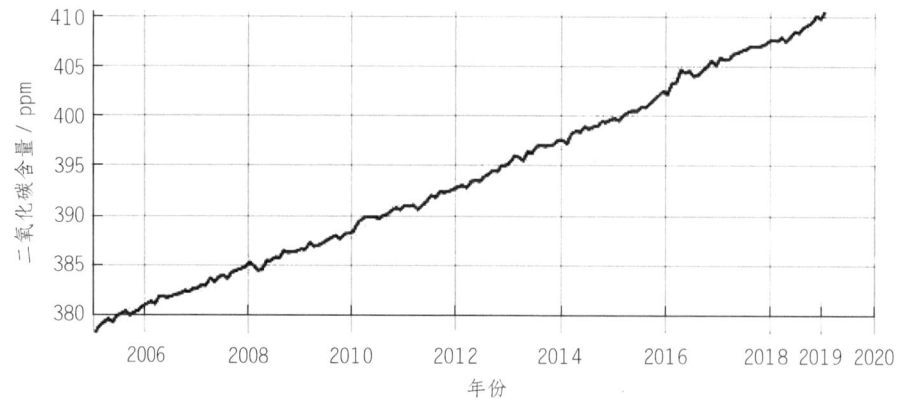

图 2-4-6　2006—2019 年大气中二氧化碳含量变化

学生A：海洋河流等水体一直都在起着吸收二氧化碳的作用，因为已经不能再吸收了，才会出现超标情况。

学生B：可以先捕捉工厂产生的高浓度二氧化碳，用通入海底深处的方法进一步溶解二氧化碳，但广泛存在于大气中的二氧化碳无法像吸收汽车尾气那样通入某种装置，可能还是要靠大面积植树造林等方法来吸收。

学生C：教室里中的气体没有外在气压，最简单的方法是放置水、氢氧化钠溶液，但是这种除去二氧化碳的方法并不理想，最简单的方法仍是开窗通风。可以通过绿色出行减少汽车尾气。

现场演示：开窗通风后，教室内二氧化碳含量变化（图2-4-7）。

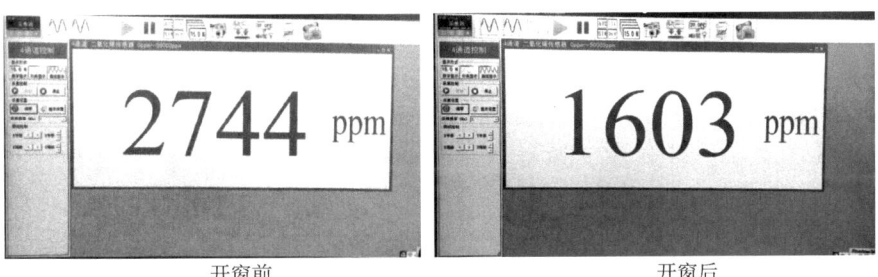

图 2-4-7　教室开窗通风 1 min 内二氧化碳含量变化

活动意图：

从学科知识出发，运用二氧化碳性质解决问题，在真实情境的解决中发现问题，再次回到学科问题，经过分析论证，发现真实问题的解决方法。

【环节2】理解工业尾气中高浓度二氧化碳的处理方法

问题2：根据上节课的研究结果，大气中二氧化碳含量的增加和化石燃料燃烧、水泥工业及人类生活有着密不可分的关系。阅读资料1、2，请你思考科学家是如何利用二氧化碳的性质来进行高浓度二氧化碳处理的，其目的及原理是什么？阅读资料3、4，思考科学家是怎样想到把二氧化碳转化为甲醇的？

活动3：思考科学家利用二氧化碳性质进行高浓度二氧化碳处理的思路，分析其目的及原理，分析科学家将二氧化碳转化为甲醇的思路。

资料1：二氧化碳"捕捉"
①改变尾气的温度、压强，使二氧化碳与其他气体分离。
②在燃烧化石燃料燃烧时使用富氧空气或纯氧（图1）。

刮摩淬励 研精覃思
一位初中化学教师的教学实践

图1 高浓度二氧化碳捕捉概念

资料2：二氧化碳封存
①海洋封存：将二氧化碳注入深度1000米以上的深海，使海洋成为封存二氧化碳的容器（图1）。
②地质封存：将二氧化碳封存在800米以下的地层中，包含枯竭油田等。
③矿石碳化：让二氧化碳与金属氧化物（如氧化钙、氧化镁）等物质在一定条件下发生反应形成稳定的碳酸盐，将二氧化碳永久地固化起来。

图1 海洋封存示意

资料3：甲醇工业
2016年，中科院完成了二氧化碳加氢制甲醇的工业实验，实现了稳定运行。以二氧化碳为原料生产甲醇是一个具有吸引力的选择，甲醇既可作为燃料，也是重要的化工原料。

$$CO_2 + 3H_2 \xrightarrow{\text{一定条件}} CH_3OH + H_2O$$

资料 4：植物光合作用原理

$$6CO_2 + 6H_2O \xrightarrow[\text{叶绿素}]{\text{光照}} C_6H_{12}O_6 + 6O_2。$$

没有光合作用就没有人类的生存和发展，将太阳能变为化学能储存在有机化合物中，可成为人类营养和活动的能量来源。

学生 A：海洋封存利用二氧化碳的物理性质，高压、低温时二氧化碳溶解度增大；地质封存利用二氧化碳的物理性质，压强、温度改变时，二氧化碳变为固态或液态；矿石碳化利用二氧化碳的化学性质，与硅酸盐反应生成碳酸盐。

学生 B：能量角度——能量守恒，转化为能源，所消耗的能量的产生过程要不污染环境。物质角度——元素守恒，生成有用的物质。反应条件——寻找有效的催化剂等。

活动意图：

将工业问题转化为化学问题，用学科知识解释已有方法思路，从元素转化、能量守恒、成本和环境污染等角度综合分析，解决真实情景中的转化问题。

【板书设计】

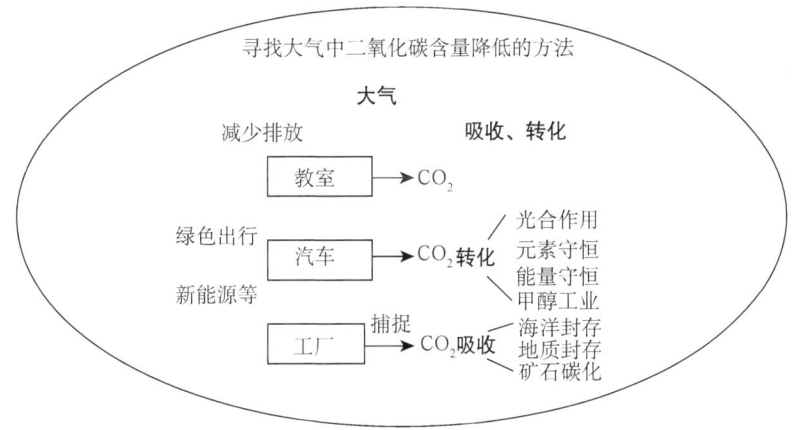

【教学反思】

该项目最大的特点是教师利用项目引发学生思考，设计活动或任务，在化学问题和真实问题之间不断转换，利用物质性质、分析物质来源，促使学生为找到减少大气中二氧化碳含量的方法而不断进行探索和尝试，引导学生在问题解决或任务完成的过程中体会物质的各个认识角度之间的关联，帮助学生基于性质建立认识角度，逐步建

刮摩淬励 研精覃思
一位初中化学教师的教学实践

立角度之间的关联，形成认识。

学生基于事实论据和道理论据辩证地分析真实问题，获得科学结论，凸显了项目式教学的优点，真实复杂却又符合学生实际，极大地调动了学生的积极性，真正培养了学生的做事能力，使学生形成了一系列素养。学生运用核心知识和技能解决实际问题，在解决问题的过程体会物质性质和用途等知识的内在关联，感受物质的用途及合理使用的方法体现着物质的性质，物质的组成结构决定物质的制备及转化关系等，真实地感受到知识的价值。

附录3-2-1

学 案

任务一：实验探究降低空气中二氧化碳的方法

【目的】选择合适的试剂和仪器，设计一种你认为能够有效降低样品中二氧化碳含量的最佳方案。

【方案】

样品	教室中的气体 □		汽车怠速时的尾气 □
可供选择的试剂、装置	蒸馏水 □　　0.16%澄清石灰水（氢氧化钙溶液）□　　2.5%氢氧化钠溶液 □		
	A装置 □	B装置 □	C装置 □
待收集的数据或待记录现象			
设计思路			

数据分析：根据老师提供的数据，你对于降低二氧化碳含量的方法有哪些新的认识？讨论后写出你的观点。

_____

_____

任务二：理解工业尾气中高浓度二氧化碳的处理方法

阅读资料1、2，请你思考科学家是如何利用二氧化碳的性质来进行高浓度二氧化碳处理的，其目的及原理是什么？

方法	目的及原理
二氧化碳"捕捉"	
二氧化碳封存	

阅读资料3、4，科学家是怎样把二氧化碳转化为甲醇的？

第三章
指向综合素养培养的项目式教学实践

项目式学习（Project Based Learning，PBL）源自美国教育家杜威倡导的"做中学（Learning by Doing）"。项目式学习作为基于建构主义理论的情境式教学方式，让学生在面向真实世界的真实问题中学习实践、实施设想并解决问题[1]。项目式学习具有如下特征：驱动性问题是面对真实世界的复杂现象产生的综合问题；学习过程基于学生内部合作和外部资源协同，是一个问题解决和探究实践的过程；评价方式为学生项目作品的制作、展示和答辩，以及持续的过程性和表现性评价[2]。

项目式教学指向国家课程，即符合《课程标准》规定的学习标准与学习内容，与教育部门规定的课时一致，一线教师实施起来有一定挑战性，如果应用得当，学生主动而深刻的学习会自然发生，学生在解决真实复杂问题的过程中会形成较综合的能力和品格，从而提升一系列核心素养。

第一节 氧气的性质、制法和空气中含量的测定：太空舱供氧方案的研究

初中化学核心物质的学习可分为3个阶段：第一阶段为识别具体物质阶段，如空气、自然界的水、化石燃料等；第二阶段是具体物质研究阶段，如氧气、水和二氧化碳；第三阶段是类别物质研究阶段，如金属、酸和碱。第一阶段的学习是随着学习的深入不断完善、发展的，如对空气的学习，学生通过专题学习，对空气组成有了了解，初步认识到物质可分为纯净物和混合物。在学习氧气的过程中，随着对纯净物概念理解的加深，对混合物的认识也逐步加深。

《课程标准》指出，对于氧气的学习要从不同角度予以关注。以大概念"物质多样

---

[1] 索耶.剑桥学习科学手册[M].2版.徐晓东，杨刚，阮高峰，等译.北京：教育科学出版社，2021：275.
[2] 王磊.基于化学学科的项目式教学探索：历程、收获、反思和展望[J].教育，2019（48）：4-6.

性"为统领，在空气、氧气教学阶段，要知道物质可分为纯净物和混合物，知道氧气具有独特的物理性质和化学性质，知道氧气具有广泛的应用价值，性质决定用途等。关键研究思路和方法方面，要从物质的存在、组成、变化和用途等视角认识氧气的性质；核心知识和技能方面，要通过实验探究认识氧气的主要性质，认识物质性质与用途的关系，初步学习氧气的实验室制法等；在重要应用和正确态度方面，认识到氧气在生活、生产、科技发展等方面有着广泛应用，体会科学地利用氧气性质对提高人们的生活质量具有重要作用。

氧气是初中生接触的第一个核心物质，学生对于氧气的认识停留在可以供给呼吸、支持燃烧的表层理解阶段，从化学学科角度，对于空气、氧气的物质类别，氧气的性质、转化、制备和性质与用途的关系等知之甚少，没有形成认识角度也并不理解各角度间的关系。需要教师引领学生进入化学核心物质学习的大门，对氧气的认识经历从熟悉到陌生再到熟悉的过程。

案例9 太空舱供氧方案的研究

【案例信息】

人教版九年级（上册）第二单元《我们周围的空气》

【项目简介】

随着中国航天事业的蓬勃发展，航天科技成为大关注的热点。北京市八一学校是全国第一个发射中学生科普卫星的学校，也是习近平总书记的母校。2016年12月，习近平总书记得知小卫星即将发射，特意发来贺信，鼓励大家"希望你们保持对知识的渴望，保持对探索的兴趣，培养科学精神，刻苦学习，努力实践……"。2018年9月，多次登上太空并圆满完成任务的景海鹏将军来八一学校举行报告，他在神舟七号舱门打开准备出舱时，火灾警报突然作响，另一名同志已经做好"让返回舱中的景海鹏与身处轨道舱的自己和翟志刚分离"的准备，用两个人的牺牲换来一粒航天精英火种，这段伟大任务中的惊险插曲反映出航天事故的可怕后果。习近平总书记的殷殷嘱托，中国航天科技的突出成就和航天员不畏牺牲的精神，使学生萌发出要为祖国的航天事业贡献智慧，积极参与航天事业的想法。以为太空舱提供氧气作为项目，可以有效引发学生关注。

案例整合课本教学单元中空气、氧气性质及制法等全部内容，以模拟太空供氧项

刮摩淬励　研精覃思
一位初中化学教师的教学实践

目为载体，认识氧气能够供给呼吸的性质，感受身边氧气的存在，思考如何获取氧气，以及获取多少，如何调控氧气产生的速度等，形成符合学生认识发展的学习单元。在为航天员供氧的巨大驱动下，学生在项目的实施及完成过程中需要密切联系航天员实际需求，在掌握氧气的性质、制备等知识和技能的基础上，迁移所学供氧和测定氧气的思路方法，认识到在一定条件下通过化学反应可实现物质转化，运用科学与技术相结合的思路与同学合作分享、设计、评价和反思方案。学生在了解科技前沿的同时，感受科技创新在我国现代化建设全局中的地位，逐渐将科技自立的精神融入个人追求中。这样的学习过程有利于初步形成自主、合作、探究的能力，培养学生的化学观念、科学探究与实践能力和科学精神等。

【学习目标】

（1）通过氧气与硫、铁、碳等物质的反应的探究性实验，认识氧气的化学性质，巩固化学实验的基本操作；通过对太空舱氧气获取的研究过程，学习氧气的物理性质和分解反应概念；通过对太空舱氧气含量测定的研究过程，学习纯净物、混合物的概念和空气中氧气含量测定的原理。

（2）通过研究氧气性质的过程，知道物质的性质可以分为物理性质和化学性质，支持燃烧、浓度越大物质燃烧越剧烈是氧气的化学性质；通过对太空舱氧气含量测定的研究过程，认识物质可以分为纯净物、混合物，提升设计实验能力；通过对太空舱氧气获取的研究过程，感受气体制备的一般方法和思路，逐步形成物质的制备、转化、性质等认识角度。

（3）通过对太空舱供氧方案的研究，提升信息获取、分析解决综合复杂问题的能力，了解科学家的化学研究成果，赞赏化学学科对社会的价值，形成正确的社会主义核心价值观，产生用化学知识为人类服务的意识，培养面对困难不畏艰险的品格。

【学习计划】

序号	课时名称	核心内容	核心活动
第1课时	项目拆解及认识氧气的物理性质	（1）项目拆解 （2）氧气物理性质	活动1：项目拆解 活动2：说说自身对氧气了解（色态味、溶解性等）
第2、第3课时	认识氧气的化学性质	（1）氧气的化学性质（上）：木炭、硫、铁在氧气中燃烧 （2）氧气的化学性质（下）：氧气的性质应用及小结	活动1：对比木炭、硫在空气、氧气中的燃烧 活动2：研究铁在氧气中燃烧 活动3：生产生活中氧气的用途与性质分析 活动4：氧气性质梳理

续表

序号	课时名称	核心内容	核心活动
第4课时	模拟太空舱中获取氧气	高锰酸钾、过氧化氢制氧气	活动：通过在实验室制取氧气的过程，研究调控生成氧气化学反应的方法
第5课时	探究太空舱气体环境中的氧气含量	（1）空气中氧气含量的测定实验 （2）空气成分及其用途	活动1：分析拉瓦锡实验的原理 活动2：设计测定氧气体积分数的方案 活动3：讨论测定氧气体积分数的注意事项 活动4：学习空气的组成及各成分的用途
第6课时	梳理项目成果	实验室制取气体、氧气测定的原理、氧气的性质等	活动：梳理项目中的原理、方法和知识（实验室制取气体、氧气测定原理、氧气性质）

【持续性评价方案】

评价内容	评价任务	评价标准	评价方式
氧气相关核心知识与技能	（1）氧气性质的研究 （2）获取氧气过程的研究 （3）测定氧气含量的研究 （4）项目总结展示过程	水平1：对氧气的性质、基本概念及氧气含量测定原理等认识不清 水平2：知道氧气的主要性质及分解反应、纯净物、混合物概念，对氧气含量测定原理认识不清 水平3：掌握氧气的核心性质，理解分解反应、纯净物、混合物概念，理解空气中氧气含量测定的原理	（1）课堂活动表现 （2）学案填写情况 （3）课时作业完成情况 （4）项目展示过程和结果
氧气性质的研究思路和方法	（1）氧气性质的研究 （2）获取氧气过程的研究 （3）测定氧气含量的研究 （4）项目总结展示过程	水平1：不能从信息中获取使用新能源的价值和意义 水平2：对氧气的物理、化学性质及纯净物、混合物等区分不清；可理解研究氧气性质的实验 水平3：主动将氧气性质区分为物理、化学性质，能区分纯净物、混合物；可设计实验研究氧气的化学性质，氧气可支持燃烧，浓度越大燃烧越剧烈，掌握氧气制备的基本思路，知道氧气的制备、转化、性质存在关联	（1）课堂活动表现 （2）学案填写情况 （3）课时作业完成情况 （4）项目展示过程和结果
氧气性质的广泛应用及合理使用	（1）项目拆解及氧气的性质和制备的研究过程 （2）测定氧气含量的研究过程 （3）项目总结展示过程	水平1：参与意识薄弱 水平2：参与度较高，有合作交流意识，跟随同学分析解决问题，有用一定应用知识解决问题的态度 水平3：参与积极性高，主动获取有效信息，能分析解决较综合复杂的问题，有用化学知识为人类服务的意识和不畏艰险的品格	（1）课堂活动表现 （2）学案填写情况 （3）项目展示过程和结果

刮摩淬励 研精覃思
一位初中化学教师的教学实践

【教学过程】

【片段1】拆解项目（第1课时）

问题1：前一阶段同学们对航天员呼吸的气体环境进行了初步分析，本单元我们将模拟太空舱供氧。如果你是一位科学家，需要在太空舱里为航天员提供氧气，你认为需要考虑哪些问题呢？

活动1：基于已有知识，以小组为单位，分析为太空舱内的航天员提供氧气需要考虑的问题，讨论后汇报。

学生A：我认为提供氧气最重要的是需要学习如何获取氧气及控制氧气产生的速度，因为航天员的呼吸有一定的频率，需要计算吸入氧气的量，如果产生氧气的速度跟不上，就会缺氧而窒息。

学生B：前面学过我们吸入的是空气而呼出的气体中二氧化碳含量升高了，空气中的氧气是有一定浓度的，随着呼吸，氧气和其他气体的比例会发生变化，如果氧气纯度过高或过低，也会影响航天员的呼吸，应该有测定装置监测舱内氧气浓度的变化情况。

学生C：我们组研讨后认为在做前面几组同学提到的任务前首先要知道氧气有哪些性质，否则无法研究如何得到氧气以及如何调控氧气产生的量和测定氧气含量。

师生共同讨论，将项目拆解为以下3个部分：

第一部分，研究氧气有哪些性质；

第二部分，分析如何获取氧气，调控氧气产生的量；

第三部分，研究如何测定太空舱中的氧气含量。

活动意图：

基于项目，应用前面所学知识，分析航天供氧方案的思路步骤，对项目进行拆解。

【片段2】研究如何获得氧气、调控氧气速率（第4课时）

问题2：在太空舱中制氧，需要考虑具体思路、方法和调控氧气产生速率的办法，你认为应该如何在实验室中研究这两个问题？

学生：可以通过查阅资料或者利用实验室常见试剂和仪器研究氧气的制取，感受氧气的制取思路方法，在研究过程中发现调控氧气速度的方法。

活动2：通过资料和实验室研究制取氧气的具体方法，分析氧气的制取思路和调控方法，使反应符合需求。

> **资料1**
>
> 以下为可获取氧气的一些反应,其中加热高锰酸钾制氧气、混合氯酸钾和二氧化锰加热制氧气、过氧化氢和二氧化锰混合制氧气为实验室制取氧气的常用方法。
>
> 实验室制氧气 {
> 高锰酸钾 $\xrightarrow{\text{加热}}$ 锰酸钾+二氧化锰+氧气;
> 氯酸钾 $\xrightarrow[\text{加热}]{\text{二氧化锰}}$ 氯化钾+氧气;
> 过氧化氢 $\xrightarrow{\text{二氧化锰}}$ 水+氧气。
> }
>
> 过氧化钠+二氧化碳 $\longrightarrow$ 碳酸钠+氧气;
> ……

学生 A：制取氧气时需要通过药品状态和反应条件设计实验装置，如高锰酸钾制氧气和氯酸钾制氧气的发生装置一样，因为高锰酸钾和氯酸钾、二氧化锰都是固体，而且都需要加热。过氧化氢和二氧化锰分别为固体和液体，所以发生装置和前两组不同。

学生 B：在实验室收集氧气要收集进集气瓶中，所以要考虑氧气的溶解性、密度和化学性质。因为氧气不易溶于水且不与水反应，所以可以用排水法收集；因为氧气密度比空气大，所以可以用向上排空气法收集。将来在太空舱中制造氧气应该是直接排放到敞开体系中，但是如果要储存氧气，也可考虑类似的收集装置。

学生 C：调控氧气的制取速率可以靠温度、反应物浓度和催化剂，如增大过氧化氢溶液浓度可以使反应速度加快，向氯酸钾或过氧化氢溶液中加入催化剂二氧化锰可以明显加快氧气的产生速度。

学生 D：制备氧气的同时还要考虑其他生成物。例如，高锰酸钾产生氧气的同时还会生成锰酸钾和二氧化锰，可能会造成环境污染；过氧化氢产生氧气的同时会生成水，对环境无污染，而且还可以做饮用水。

教师：同学们分析得非常好，氧气制备时要考虑药品的状态和反应条件，收集时要考虑气体的溶解性和与空气相比密度的大小（图 3-1-1），催化剂可以改变化学反应速率，二氧化锰的作用是加快高锰酸钾和过氧化氢产生氧气的速率。同学们基于实验结果和资料，分析目前给出的方法是否适合为航天员供氧。

刮摩淬励 研精覃思
一位初中化学教师的教学实践

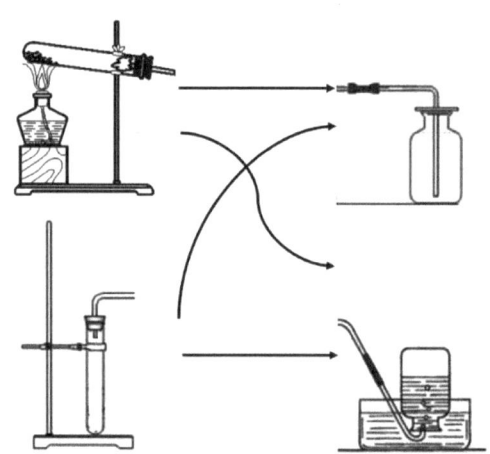

图3-1-1 实验室制取氧气的发生装置和收集装置

资料2

分解反应：由一种物质生成两种或两种以上其他物质的反应。分解反应属于四种基本反应类型之一。

学生A：氯酸钾有一定安全隐患，高锰酸钾会产生污染，两种物质制取氧气需要加热，要消耗航天器的能源，过氧化氢本身不稳定，在不加入催化剂的情况下也会缓慢分解放出氧气。

学生B：从反应类型的角度看，实验室制氧气都是分解反应，由一种物质生成氧气，过氧化钠和二氧化碳制氧气的过程中不但产生氧气，还可以消耗二氧化碳，刚好可以降低航天员呼吸时生成的二氧化碳，有利于调节空气成分比例。

学生C：从反应物和生成物的状态和条件看，过氧化钠为固体，更便于携带，如果制成氧气面罩，在常温下可以随着呼吸一边消耗二氧化碳一边产生氧气。可以根据不同场合的需要使用过氧化钠或者类似的药品和思路为航天员供氧。

学生D：过氧化钠不是实验室常用的制备氧气的药品，因为反应物是多种，还需要二氧化碳，而且价格可能更加昂贵，制备氧气还需要考虑成本问题。

活动意图：

学习实验室制取氧气的思路方法和具体知识技能，通过对实验室制取氧气的分析和讨论，关注调控反应速率、物质转化等问题的同时，综合考虑环境、成本等，形成航天器中制造氧气的基本角度和思路。

【片段3】研究氧气含量的测定方法（第5课时）

问题3：上节课我们学习了如何调节氧气产生速率，本节课我们需要研究如何准确、及时测定航天器内氧气含量。如何测定氧气含量呢？请同学们阅读200多年前，法国科学家拉瓦锡用定量的方法研究了空气中氧气的含量，分析讨论后提出初步的测定思路（图3-1-2）。

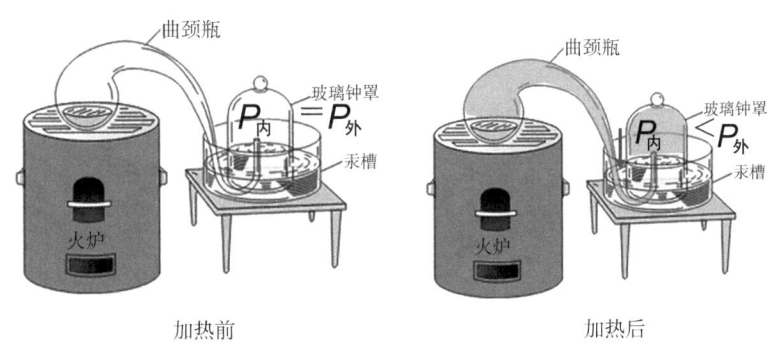

图 3-1-2 拉瓦锡测定空气中氧的含量

活动3：基于文字和视频资料，分析拉瓦锡测定空气中氧气含量的方法，提出初步的氧气测定思路。

学生1：拉瓦锡利用化学反应充分消耗掉装置内的氧气，使装置内的压强与大气压形成压强差，使汞液面上升，通过上升的汞的体积"看出"消耗的氧气的体积。

学生2：装置内外产生压强差的关键点是：汞与氧气反应，消耗气体生成固体，且装置气密性要好。我们也可以用这种思路测定太空舱内氧气含量。

追问1：我们可以选择汞测定氧气含量吗，如果不行，是否可以采用我们学过的某种试剂测定？

学生1：汞为液体，而且有毒，需要加热，消耗大量能源，反应速度较慢，不能实时测定舱内氧气含量。

学生2：用硫、铁、碳测定氧气含量也不合适，因为铁不能在空气中燃烧，碳和硫生成物二氧化碳、二氧化硫为气态，而且二氧化硫有毒。

追问2：基于资料，你认为红磷是否符合测定的基本要求？

资料

红磷是一种固体，可以在空气中燃烧，燃烧所需的最低温度为240 ℃，生成固体五氧化二磷。红磷可用于制作安全火柴，滑动火柴时摩擦生热，引燃火柴头部的红磷，红磷燃烧放热，点燃火柴木制部分。

$$磷(P) + 氧气(O_2) \xrightarrow{\text{点燃}} 五氧化二磷(P_2O_5)。$$

143

刮摩淬励 研精覃思
一位初中化学教师的教学实践

学生A：红磷可以在空气中燃烧，且生成物为固体，可以使气压降低。

学生B：红磷为固体，便于使用和携带；红磷着火点适中，易于点燃，比较安全。

学生C：氧气含量测定装置可以设计为类似拉瓦锡测定氧气含量的密闭装置，通过点燃红磷前后的气压变化测定航天器中氧气含量。

教师：在下节课中，我们就采用红磷作为试剂，模拟拉瓦锡测定空气氧气含量的原理，测定教室内氧气含量，请大家课后设计实验装置，写明步骤及原理。

活动意图：

深入分析拉瓦锡测定空气中氧气含量的装置及原理，形成思路，结合已学内容进一步应用原理，寻找适合在航天器中测定氧气含量的药品，引出红磷测定氧气含量的实验。

【教学反思】

空气、氧气是学生最熟悉的物质，但是从化学学科角度学习和研究它们还是第一次。空气、氧气的教学处于初中化学学习的启蒙阶段，是教学的重点，也存在着很多难点。基于本项目开展教学，有利于引导学生在已有基础上关注物质的存在、转化、性质和制备，基于物质多样性，真正理解区分纯净物、混合物概念，理解研究纯净物的意义，在对化学产生更加浓厚兴趣的同时，对化学物质研究的思路方法更加清晰。

氧气的实验室制法是教学重点，基于研究如何获取氧气及调控氧气产生，项目有利于促进学生对于气体制备方法思路的认识，让学生更多地关注试剂状态、反应条件与发生装置之间的关系，生成气体自身的物理、化学性质与收集方法的关系，建立反应类型与气体制备的关联，使学生对于反应条件及通过催化剂调控化学反应，有了足够的关注，且更有利于理解化学反应的成本、环保等问题。

空气中氧气含量的测定是教学中的难点，基于航天器中氧气含量的测定任务，项目有效促进学生理解拉瓦锡测定氧气体积分数的实验原理和思路，有助于学生理解课本中红磷测定氧气含量的原理、步骤及关注重要现象的意义。

理解和赞赏化学学科价值，为中华之崛起而读书，为国家航天事业贡献自己的力量成为项目的核心驱动力，项目的实施和完成，不仅有效落实《课程标准》规定的知识技能和思路方法，培养学生协作能力、获取信息和分析解决问题的能力，更能有效引导学生形成社会主义核心价值观，有利于形成一系列核心素养。

第二节　金属和金属材料：
I am Mr. Coins——硬币金属材料的选择

　　《课程标准》要求学生能够认识常见金属的主要化学性质，知道在金属中加入其他元素可以改变金属材料的性能等问题，同时要认识金属材料在生产、生活、社会发展中的重要作用。学生要了解我国能源与资源储量有限的国情，认识资源综合利用和新能源开发的重要意义。金属是一种不可再生资源，学生要认识合理开发、综合利用它的意义。但是，一些学生对金属硬币材料选择的思路不明确，部分学生对所用材料应有的性能缺乏认识，对性能与性质间的关系认识不清。

　　从化学学科角度上看，学生对金属性质的学习是从研究一种物质过渡到研究一类物质的"分水岭"。金属性质的相关内容在教材中具有特殊重要的地位。本单元的学习需要学生能够根据共性预测一种金属可能具有的化学性质。在教材中，位于金属之后的酸碱盐内容的学习，仍然是基于物质性质的学习，因此，金属在教材中具有特殊重要的地位。学生通过学习，能够更好地学会基于类别认识物质。

　　义务教育阶段的化学教育要激发学生学习化学的好奇心，引导学生体验科学探究的过程，启迪学生的科学思维。核心物质承载着科学探究主题的学习，研究金属的化学性质是《课程标准》中学生必做实验之一，对金属与氧气和盐酸、稀硫酸的研究可以增进学生对科学探究的理解，发展他们的科学探究能力，进一步提升学生的观察能力，培养学生有角度地筛选有价值信息的能力，即基于目的地观察，能够从化学学科的角度推理问题的能力。学生应在学习中逐渐认识化学学科的科学本质和科学探究的特点，培养基于化学学科的思维方式，学会从化学学科的角度分析、研究解决问题的方法。学生学习金属与氧气和稀酸的反应实验可进一步深化他们对控制变量法的认识，在多变量实验研究中培养学生从化学学科的角度推理问题的能力。学生对科学探究的一般流程有一定认识，但是有目的地观察，有角度地筛选有价值信息、推理问题的能力有待进一步提升。具体方法上，学生在不同学科不同时间都接触过控制变量法，但很多学生并不了解"为什么要控制那些变量"，甚至不知道"有哪些变量"。

案例10　I am Mr. Coins——硬币金属材料的选择

【案例信息】

人教版九年级（下册）第八单元《金属和金属材料》

刮摩淬励　研精覃思
一位初中化学教师的教学实践

【项目简介】

案例属于教材中《金属和金属材料》的学习内容，本部分内容的学习可以帮助学生建立一类物质的研究思路和方法，应用其性质和转化方式分析解决实际问题——形成材料的选择和使用模型。本案例的教学共6课时，设计为"金属材料的选择和使用"项目式教学，是基于项目式学习理论设计和实施的单元整体教学。硬币金属材料通常为铁、铝、铜等材料，是学生生活经验中非常熟悉的材料，也是《课程标准》要求掌握的重要物质。

"硬币金属材料的选择和使用"涵盖材料领域的基本问题，包括材料的性能、制备、回收和利用，同时也涵盖核心的化学知识，包括金属的物理性特征、常见金属的主要化学性质、防止金属腐蚀的简单方法、铁矿石的冶炼等。研究材料的性能、制备、回收和利用需要综合利用上述化学知识，应用化学学科知识了解认识和研究物质的一般思路和方法。

以"I am Mr. Coins（争做硬币先生）——硬币金属材料的选择"为项目示例，需要学生以小组合作、课内外结合的方式，通过查阅资料、实验探究、社会性议题辩论等多种活动，最终形成小组项目学习成果，成果的表达方式多样，包括视频、海报等形式，这一项目有助于培养学生的合作探究意识及创新、质疑等综合能力。该项目成果的完成贯穿学习始终，因此，将其作为本主题持续性评价的主要任务。选择该问题开展项目式教学，能够较好地承载内容的 STS［Science（科学）、Technology（技术）、Society（社会）］教学功能和价值，也能够让学生在真实问题解决的过程中发展化学学科能力，提升化学学科素养。

前测结果显示，学生对选择硬币金属材料的思路不明确，部分学生对使用材料应有的性能缺乏认识，一部分学生对物理、化学性能与物理、化学性质的关系认识不清（图 3-2-1 和图 3-2-2）。

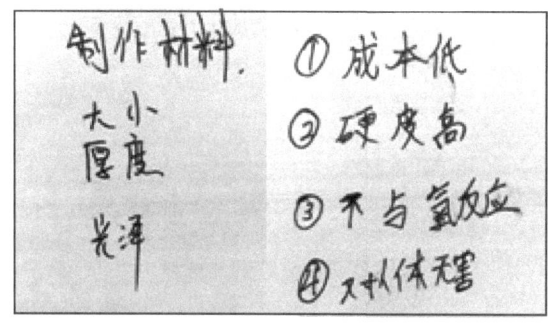

图 3-2-1　对使用材料应有的性能缺乏认识

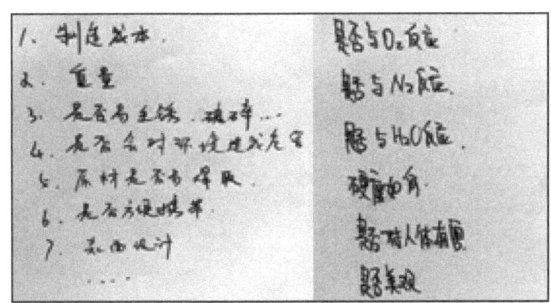

图 3-2-2 对性能与性质的关系认识不清

学习过程中,学生在认识思路的发展上可以突破以下障碍点。

(1)学习对象从典型的单一核心物质发展到一类物质,初步形成一类物质性质相似的研究思路。

(2)从真实、复杂的实际问题中抽提出化学的认识对象,将实际问题转化成化学问题,进而应用化学知识、思路和方法解决问题。

【学习目标】

经多维系统的思考,结合学习内容和学生情况,制定指向核心素养的教学目标。

(1)通过实验探究金属化学性质,培养有目的地获取实验或事实证据的能力;建立从化学视角分析材料问题的角度(框架)和思路——从实际问题中抽提出化学问题,将货币对材料的需求与金属的化学性质结合起来,进行推理与论证,结合实例与实验,能从性能、成本和使用等方面说明某种金属材料制作货币的合理性、存在的问题与解决办法。

(2)通过"铁生锈条件的探究""研究金属和氧气的反应""研究金属和酸的化学性质"等活动,初步体验一类物质的研究方法和思路,能够找出因变量和自变量,能运用比较的方法设计实验,将其他变量控制相同;关注物质性质之间的相似性和差异性,了解金属及金属材料的物理特征,认识金属在不同条件下与氧气、酸等物质发生反应的差异性,认识金属活动性顺序;能和同学交流实验探究的成果,提出进一步探究或改进实验的设想,在学习过程中逐渐形成自主学习、合作探究的意识,具有独立思考、敢于质疑和批判的创新精神。

(3)通过对金属性质的研究,能从物质类别的角度对化学变化进行分类,认识置换反应;通过金属材料的制取,初步建立基于物质的性质实现物质的制备思路。

(4)通过对硬币发展历史、社会功能和价值、加工工艺和铸造技术、制取和鉴别方法等方面的学习,赞赏化学对社会发展的重大贡献,认识环境保护和资源合理开发的重要性;在材料成本分析、材料选择决策的过程中形成循环利用、可持续发展的意识，认识到实际问题的解决需要综合考量社会、科学、环境、技术的共同作用和影响。

【项目学习计划】

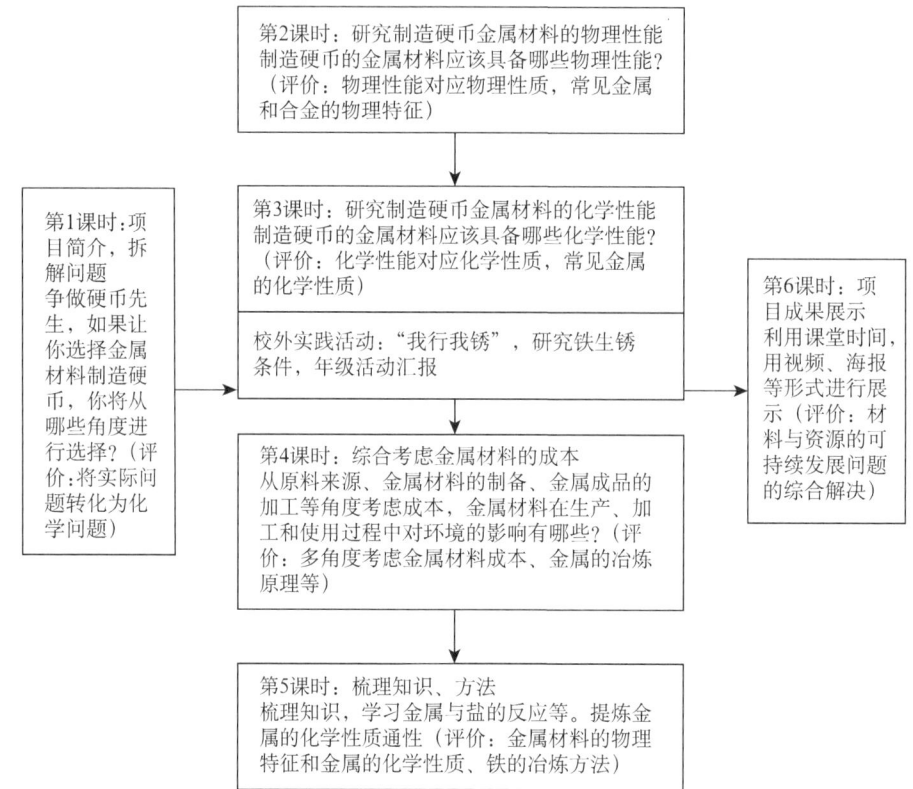

【项目学习活动规划】

第1课时：项目简介，拆解问题

【环节1】引入主题，介绍项目

以硬币材料的演变史及其对社会发展的重要贡献作为情境切入点，介绍项目学习目标，即小组合作完成项目学习成果"I am Mr. Coins（争做硬币先生）——硬币金属材料的选择"（以海报、视频等方式呈现）。项目学习方式：自主学习及合作学习；样品收集、明确问题、文献研究、实验探究、社会性议题讨论等。项目学习评价方式：小组学习成果、课堂活动表现、课下活动作业等。

【环节2】聚焦项目，拆解问题

提出问题：如果由你选择金属材料制造硬币，你将从哪些角度考虑？通过分组研讨、师生互动将问题分解为材料的性能、成本、使用等基本问题。

布置课下任务：小组合作研究硬币金属材料的种类及成分；规划项目学习成果的内容、呈现方式及任务分工。

第2课时：研究制造硬币金属材料的物理性能

【环节1】提出问题：作为制造硬币的金属材料，应该具有哪些性能

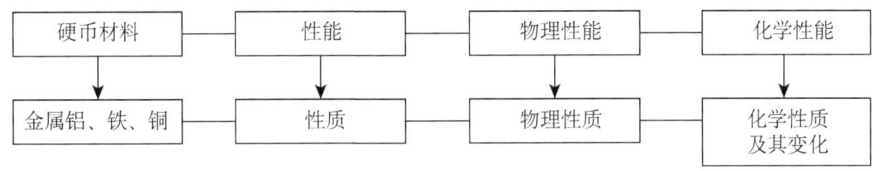

引导学生通过讨论建立材料性能和物质性质的关联。

物理性能：金属及其合金的颜色、熔点、密度和硬度等（物理性质）

化学性能：耐腐蚀。与空气中的成分、常见物质是否反应（化学性质）

【环节2】聚焦已有硬币金属材料——铝、铁、铜，分析铝、铁、铜的物理性质是否符合硬币材料物理性能的需求

分组讨论硬币材料的性能与铝、铁、铜及其合金的物理特征的对应关系，认识金属制成合金可以改变金属材料的性能。

校外实践活动

开展校外实践活动——"我行我锈"，研究铁生锈的条件，学生在年级活动中汇报（图 3-2-3）。

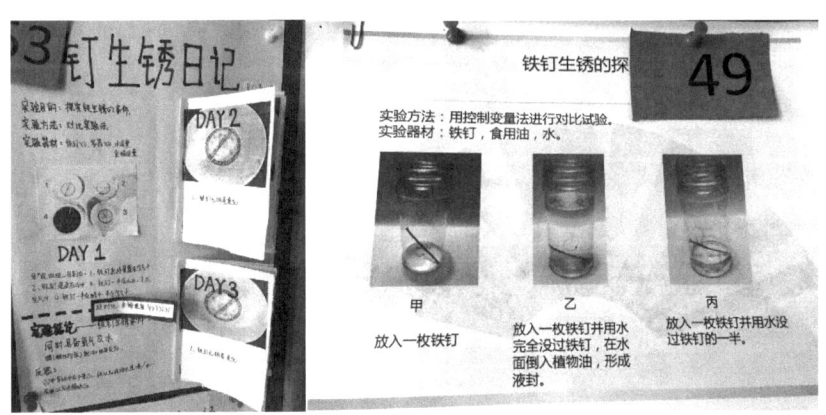

> 刮摩淬励　研精覃思
> 一位初中化学教师的教学实践

图 3-2-3　学生作品展示及评价

第 3 课时：研究制造硬币金属材料的化学性能

【环节 1】小结学科实践活动，分析用控制变量法研究铁生锈条件的方法、思路

【环节 2】实验探究铝、铁、铜等金属的化学性质是否符合硬币金属材料的化学性能的需求

提出问题：如需选择硬币金属材料，要研究铝、铁、铜的哪些化学性质？

分组探究与金属硬币材料相关的铝、铁、铜等金属与氧气和酸的反应，基于类别学习重要金属的化学性质。

【环节 3】交流讨论铝、铁、铜及其合金作为硬币金属材料的可行措施（利用金属的化学性质进行金属材料的防护）；布置课下任务，小组查阅资料——铝、铁、铜金属材料成本的影响因素有哪些

第 4 课时：综合考虑金属材料的成本

【环节 1】交流研讨金属材料成本的影响因素

提出问题：你们从哪些角度考虑选择铝、铁、铜等不同金属对硬币制造成本的影响？各思考角度之间是否存在联系？

小组讨论、归纳影响硬币金属材料的因素——原料来源、金属材料的制备、金属成品的加工等，成本是社会、科学、技术、环境等综合因素相互制约、相互影响的结果。

【环节 2】聚焦铝、铁、铜制备原理对铝、铁、铜成本的影响，探究工业制铁流程中铁及其化合物的转化关系

小组分享研究资料结果，汇报铝、铁、铜的制备原理，以氧化铁制取铁为例，分析铁元素的转化，体验基于物质的性质，实现物质的制备思路。

第 5 课时：梳理知识、方法

第 6 课时：项目成果展示（争做 Mr. Coins，制作海报交流展示）

【教学过程】（以第 3 课时为例）

【引入】展示前测，归纳硬币金属材料可能的化学性能。

前测展示：制造硬币的金属材料应该具有哪些化学性能？学生前测调查结果如图 3-2-4 所示。

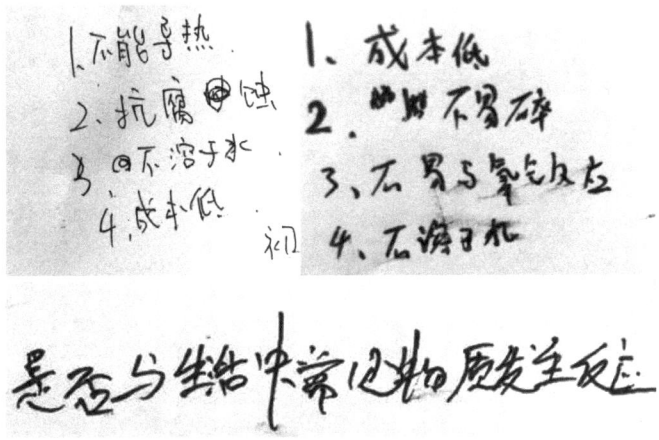

图 3-2-4　学生前测调查结果

师生交流，归纳出金属材料应具备的主要化学性能是耐腐蚀。但是生活中存在着硬币被腐蚀的现象，在学科实践活动中已知铁在常温下与水和氧气同时接触会生锈，应重点研究生活中常见物质能否与铝、铁、铜等金属反应，在何种条件下会发生反应，使其被腐蚀。

活动意图：

明确硬币应具有的化学性能；感知依据化学性质选择材料的思路。

【环节 1】认识硬币金属材料中铝、铁和铜与氧气的反应

问题 1：铝、铁和铜等金属能否与氧气反应？

在教师的提示下，学生想到铁可以在氧气中燃烧，汞可以在空气中生成氧化汞，但不能肯定铝、铜能否与氧气反应。

视频：铝在空中高温熔化后不滴下；将打磨后的铝丝、打磨后放置 24 h 后的铝丝和未打磨的铝丝分别放入硫酸铜溶液中，观察其变化（图 3-2-5）。

刮摩淬励　研精覃思
一位初中化学教师的教学实践

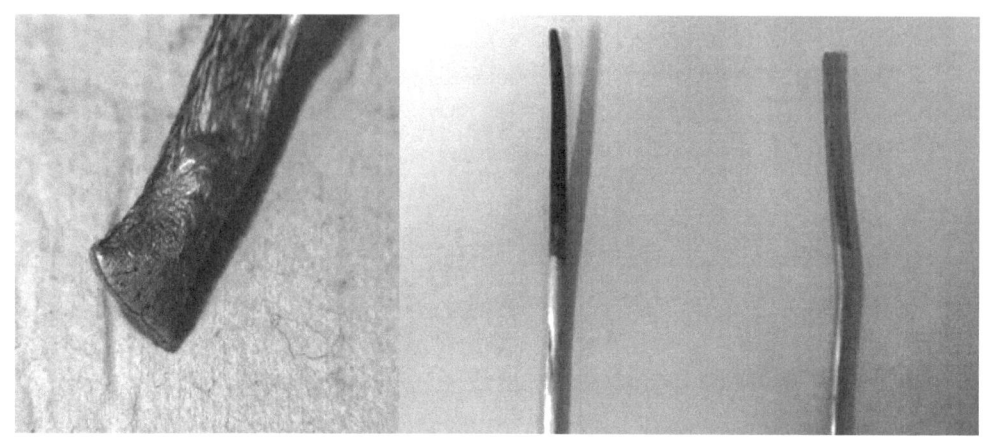

图 3-2-5　加热片和铝与硫酸铜反应

学生 A：铝熔化了但是没有滴下，因为高温下铝和氧气反应生成了氧化铝。

教师：你为什么认为铝表面生成了氧化铝？

学生 A：铝的熔点大于 600℃，里面的铝熔化了，说明加热温度足够，外面没熔化的已经不是铝了。

学生 B：常温下，铝也能和氧气反应生成氧化铝。因为在空气中放置的铝或没有打磨的铝很难和硫酸铜发生反应。

让学生依次观看铁粉在空气中燃烧、铜在空气中生成氧化铜、真金不怕火炼的相关视频（图 3-2-6）。

图 3-2-6　空气中给铜加热及纳米铁粉在空气中燃烧

学生A：铝和铁都可以在不同形态和温度下与氧气发生反应。

教师：那么大家推测一下，铜能否和氧气反应？

学生B：能反应，因为有氧化铜。

教师：和氧气反应的物质有什么共同特点？

学生：都是金属，铜能和氧气反应因为铜是金属。

学生观看视频，认识到不同形态的铁在不同浓度的氧气中可以燃烧，基于类别推测铜可以和氧气反应，观看视频后认识到铜和氧气在加热的条件下可以反应，认识到因为铜和其他金属是一类物质，所以具有相似的性质。金在不同浓度氧气和不同温度下都不能和氧气反应，感受金属的特性。

小结：

铝、铁、铜等金属在不同温度、不同氧气浓度下可以和氧气反应；金不能和氧气反应。铝可以制成硬币是因为表面生成了致密氧化膜，铁可以制成不锈钢，而铜在一定条件下才能和氧气反应，因此从这个角度来说它也可以用来做硬币材料。

设计意图：

通过金属与氧气反应的归纳与实验，发现金属化学性质的共性和差异性；通过研究金属和氧气的反应感受因变量和自变量的关系；通过熔化后的铝不滴下，铝和硫酸铜的反应发生状况推理氧化铝的生成；学习从化学视角分析材料问题，理解根据化学性质选择材料的问题。

【环节2】认识硬币金属材料中铝、铁和铜与稀酸的反应

问题2：铝、铁、铜等金属能否与稀酸反应，它们是否存在着共性和差异性？

学生A：铝、铁、铜等金属可能能和酸反应，被酸腐蚀。

教师：你为什么这样想？

学生A：因为镁可以和盐酸反应。

教师：为什么因镁可以和盐酸反应就推断铝、铁、铜可能与盐酸发生反应呢？

学生A：因为铝、铁、铜也是金属！

学生B：铝、铁、铜可能也能和硫酸反应，因为实验室采用锌和硫酸反应制取氢气！

【实验】研究金属与稀酸的反应。（提供的药品：锌片、锌粉、铝片、铝粉、铁粉、铁钉、铜片、铜粉、镁粉、镁条、10%盐酸、20%盐酸、10%硫酸）

实验方案设计及实施：

A组：无序设计实验，随意选择金属的形状、金属的质量、酸的种类、酸的浓度、酸的体积（图 3-2-7）。

B组：控制变量设计实验，但不清楚自变量和无关变量的区别，将金属的形状、酸的种类、酸的浓度、金属种类当作自变量进行研究（图 3-2-8 和图 3-2-9）。

C组：控制变量设计实验，且明确自变量和因变量，控制变量使金属的形状、酸的种类、酸的浓度相同，但没有注意金属的质量和酸的体积也应相同（图 3-2-10）。

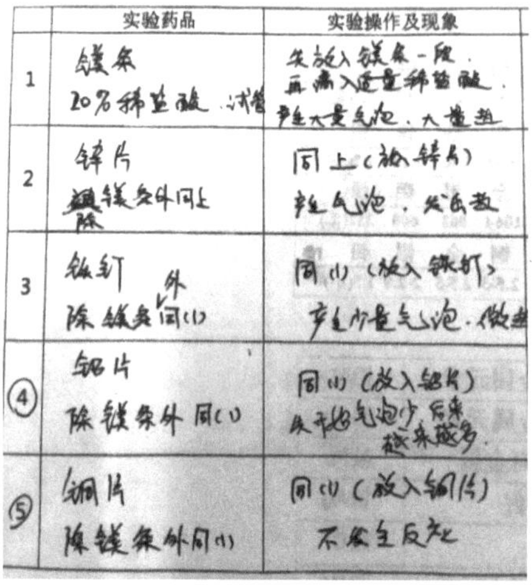

图 3-2-7 A组实验结果

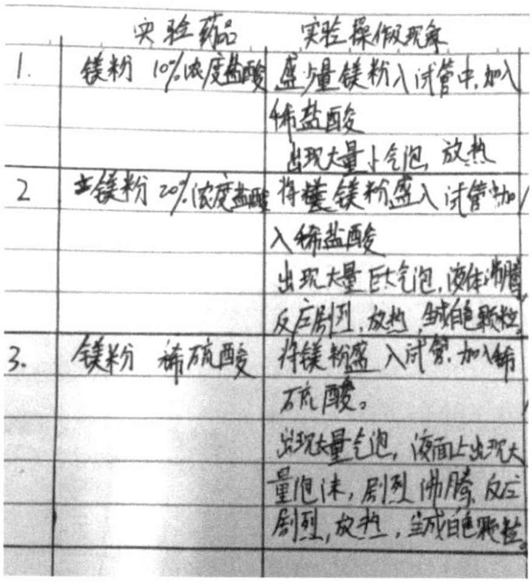

图 3-2-8 B组实验结果（1）

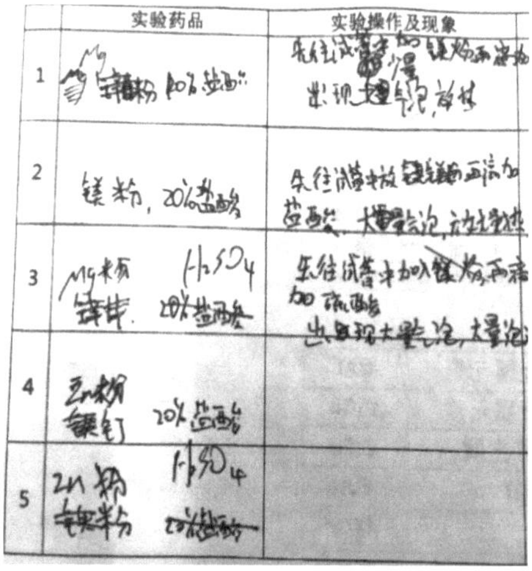

图 3-2-9 B组实验结果（2）

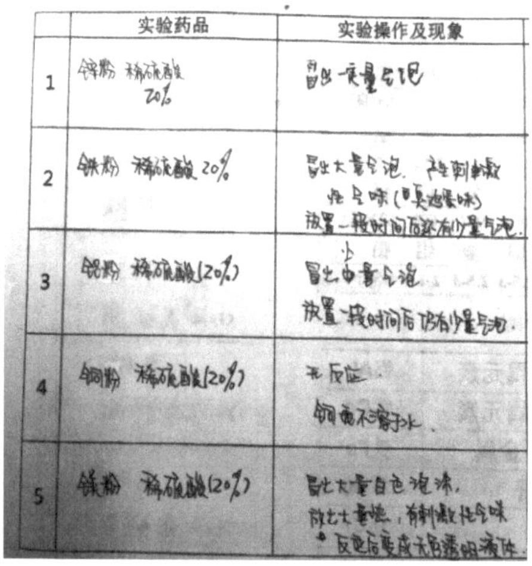

图 3-2-10 C组实验结果

基于实验设计及结果，教师带领学生分析第一个活动中影响金属与氧气反应的因素：①金属种类不同；②反应温度不同；③反应物（氧气）的浓度不同；④反应物的形状不同等，认识实验中的变量。

教师：关于铝、铁、铜等金属能否与酸反应，它们反应时是否存在共性和差异性的实验研究，自变量和因变量是什么呢？

学生：自变量是金属，因变量是能否与酸反应。

教师：金属的哪个变量是自变量呢？

学生：金属种类。在前一个活动中，铁丝在空气中不能燃烧，但不能因此认为铁不能和氧气反应，因为铁粉在空气中可以燃烧。而铜在空气中，在加热的条件下可以和氧气反应。

教师：我们要研究因变量和自变量之间的关系，就要将其他变量控制为相同的，如反应物的浓度，反应条件，反应物的形状、质量等。

学生控制变量使金属的形状、酸的种类、酸的浓度、金属的质量、酸的体积都相同，研究自变量（金属的种类）对因变量（差异性）的影响，认识金属种类不同，与酸反应的剧烈程度不同（图 3-2-11）。

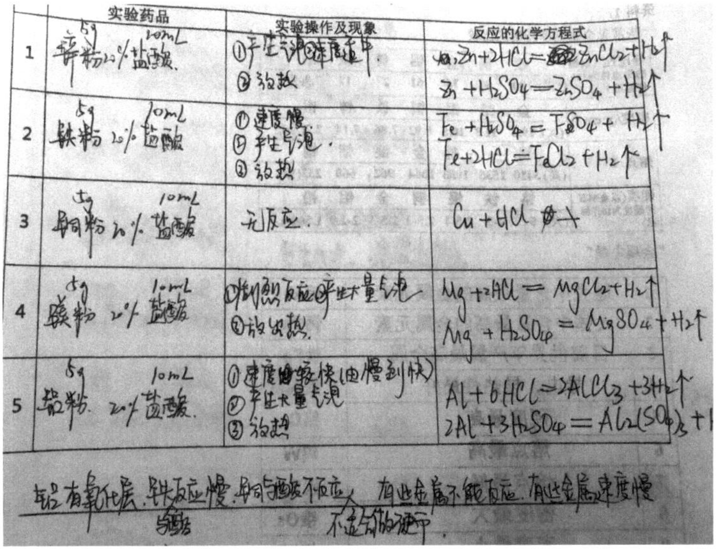

	实验药品	实验操作及现象	反应的化学方程式
1	5g 锌粉 10mL 20% 盐酸	①产生气泡 ②速度适中 ③放热	$Zn+2HCl=ZnCl_2+H_2\uparrow$ $Zn+H_2SO_4=ZnSO_4+H_2\uparrow$
2	5g 铁粉 10mL 20% 盐酸	①速度慢 ②产生气泡 ③放热	$Fe+H_2SO_4=FeSO_4+H_2\uparrow$ $Fe+2HCl=FeCl_2+H_2\uparrow$
3	5g 铜粉 10mL 20% 盐酸	无反应	$Cu+HCl$ 不反应
4	5g 镁粉 10mL 20% 盐酸	①剧烈反应 ②产生大量气泡 ③放出热	$Mg+2HCl=MgCl_2+H_2\uparrow$ $Mg+H_2SO_4=MgSO_4+H_2\uparrow$
5	5g 铝粉 10mL 20% 盐酸	①速度较快（由慢到快） ②产生大量气泡 ③放热	$Al+6HCl=2AlCl_3+3H_2\uparrow$ $2Al+3H_2SO_4=Al_2(SO_4)_3+$

铝有氧化层，铁反应慢，铜与酸不反应 有些金属不能反应，有些金属速度慢 与酸 不适合做硬币

图 3-2-11 改进后实验设计方案

小结：

铜与盐酸、稀硫酸不反应；铁与盐酸、稀硫酸反应速度很慢；铝与盐酸、稀硫酸反应速度有一个由慢到快的变化过程，因为它表面有氧化层，这些金属适合做硬币材料。大部分金属可以和酸反应，但反应速度不同。

设计意图：

通过研究金属和酸的反应，感受金属活动性顺序，体验研究一类物质化学性质的思路和方法；通过设计实验研究金属和酸的化学性质，找出因变量和自变量，运用比较的方法设计实验，将其他变量控制为相同；通过金属和硫酸、盐酸的反应发生状况

刮摩淬励 研精覃思
一位初中化学教师的教学实践

推理金属的活泼性;进一步学习如何从化学视角分析材料问题,理解根据化学性质选择材料的原理。

【环节3】分析、讨论金属硬币材料的选择原因、保护方法和发展方向

问题3:为什么铝、铁、铜等金属的性质与硬币应有的性能不一致却依旧选择用它们制造硬币?

学生讨论、分析:金属制成合金后,与其他物质的反应速度有所减慢;采用特殊方法处理,表面镀保护层等。

教师追问:对于金属硬币你还有什么认识?

学生:金属硬币应远离高温环境,纪念币等需要密封保存。早期钱币,硬币占据主流,现代科技进步,防伪技术提升,大面额货币采用纸币,随着时代的发展,钱币向数字化发展,可以有效节约资源。

设计意图:

在思考硬币防腐方法的过程中,初步形成用可持续发展、绿色化学观念解决材料问题的价值取向。

【板书设计】板书设计详见图3-2-12至图3-2-14。

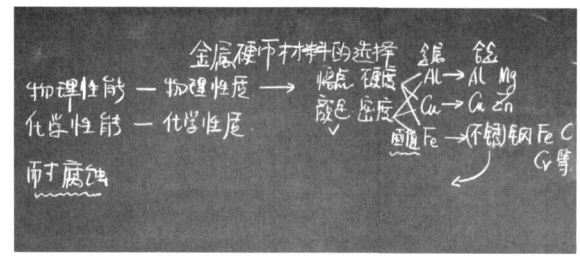

图3-2-12 第2课时板书

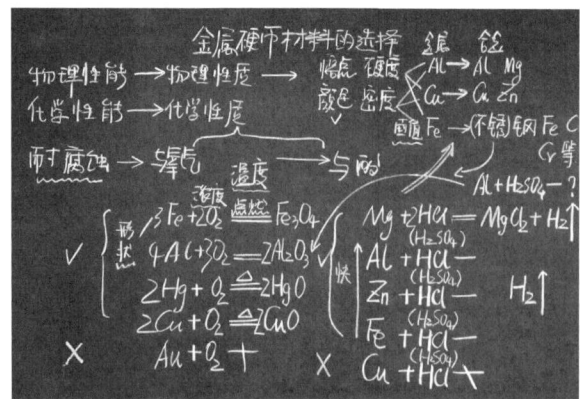

图3-2-13 第3课时板书

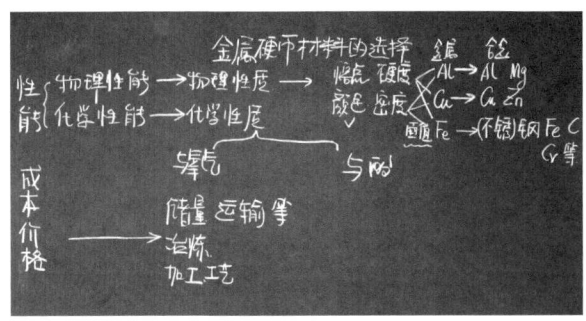

图 3-2-14　第 4 课时板书

【持续性评价结果】

课程评价围绕着学生的认识发展变化开展，基于学生已有认识，形成本单元的教学思路，具体操作为通过学生活动，解读课前学生已有认识，知识掌握情况。经教师指导和小组分析讨论，逐步认识到所教内容，在教学中持续检测学习内容是否已被学生接受，对前一个活动的效果进行评价，发现评价效果，再进行讨论、评价，如此循环，直至课堂环节结束，活动和评价融合，活动表现即为即时评价学生的依据。

具体持续性评价方式有以下 3 点。

持续性评价 1：前测探查已有认识，确定教学起点，形成基本教学思路

前测有效探查学生对硬币金属材料的认识情况。一种类型是，学生对使用材料应有的性能缺乏认识；另一种类型是，学生对物理、化学性能与化学、物理性质关系认识不清。

持续性评价 2：学生自主纠偏，促进认识发展。教师在活动中与学生互动，评价与追问相融合

教师：关于铝、铁、铜等金属能否与酸反应的实验研究，自变量和因变量是什么呢？

学生：自变量是金属，因变量是能否与酸反应。

教师：金属的哪个变量是自变量呢？

学生：金属种类。在前一个活动中，铁丝在空气中不能燃烧，但不能因此认为铁不能和氧气反应，因为铁粉在空气中可以燃烧。

教师：我们要研究因变量和自变量之间的关系，就要将其他变量控制为相同，如反应物的浓度，反应条件，反应物的形状、质量等。

持续性评价 3：检测目标的达成

1. 填写学案，阶段性测查目标的达成

（1）实验过程中发现异常现象，即铝和硫酸反应速度缓慢，分析讨论后认识到可

能与氧化铝有关，并回家进行探究实验。

（2）实验改进后的反思和收获：①明晰金属化学性质与性能的关系；②明晰不同金属化学性质的共性和特性（图 3–2–15 和图 3–2–16）。

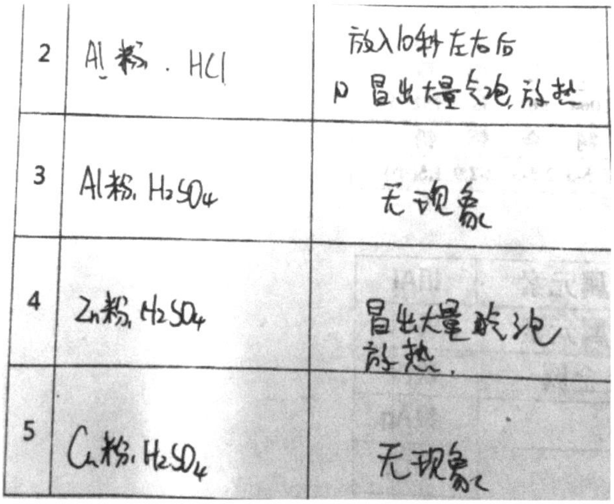

2	Al粉、HCl	放入10秒左右后冒出大量气泡，放热
3	Al粉、H_2SO_4	无现象
4	Zn粉、H_2SO_4	冒出大量气泡，放热
5	Cu粉、H_2SO_4	无现象

图 3–2–15　实验材料及现象

	等量铁粉，同上。	速度最慢，产生气泡，溶液变为浅绿色。	$Zn+H_2SO_4=ZnSO_4+H_2\uparrow$ $Fe+2HCl=FeCl_2+H_2\uparrow$ $Fe+H_2SO_4=FeSO_4+H_2\uparrow$
3	等量铜粉，同上。	无反应现象产生。	×
4	等量镁粉，同上。	剧烈反应，产生气泡，放出大量热。	$Mg+2HCl=MgCl_2+H_2\uparrow$ $Mg+H_2SO_4=MgSO_4+H_2\uparrow$
5	等量铝粉，同上。	开始时反应慢，通过与Mg反应后来快于铁的速度，产生气泡，放热。	$2Al+6HCl=2AlCl_3+3H_2\uparrow$ $2Al+3H_2SO_4=Al_2(SO_4)_3+3H_2\uparrow$

：铜粉不与酸反应，铁粉与酸反应速度慢，铝粉在开始时反应慢，在日常生活中，这三种材料适合做硬币。

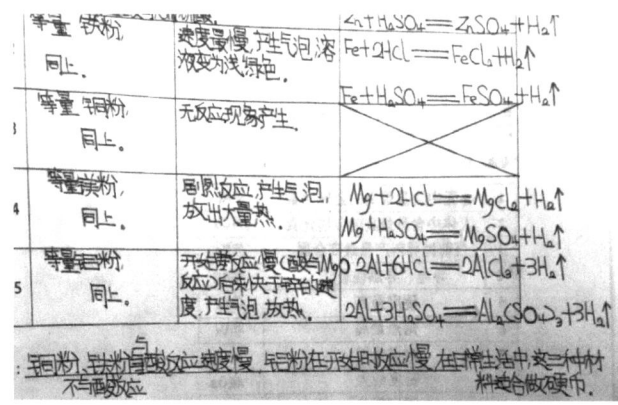

图 3–2–16　实验材料、反应现象及相关化学方程式

2. 阶段性后测（学习第 3 课时后）

（1）明确研究金属的思路，知道从一类物质的性质的角度出发（图 3–2–17）。

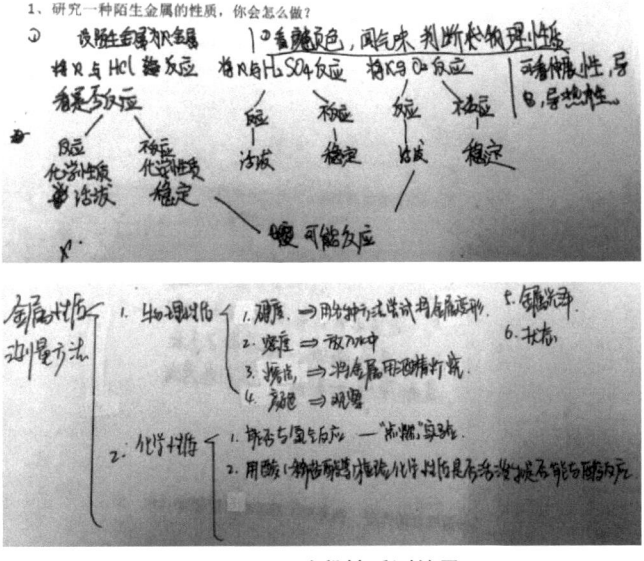

图 3-2-17　阶段性后测结果 1

（2）采用控制变量法研究化学反应的意识大幅提升（图 3-2-18）。

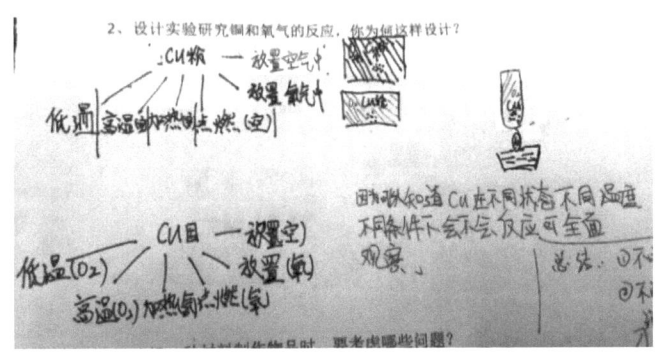

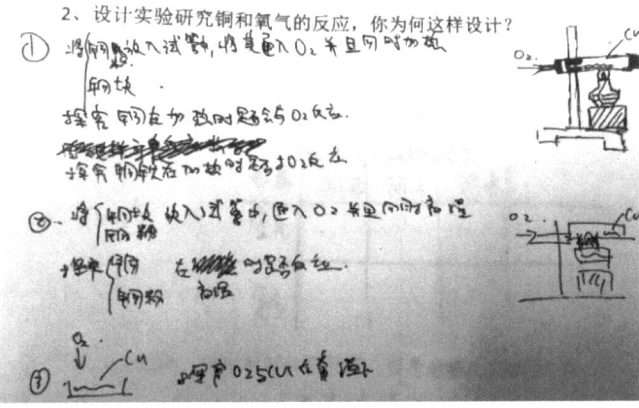

图 3-2-18　阶段性后测结果 2

（3）阶段性探查材料选择的思路方法，此次测试结果比前测有序、明确（图3-2-19）。

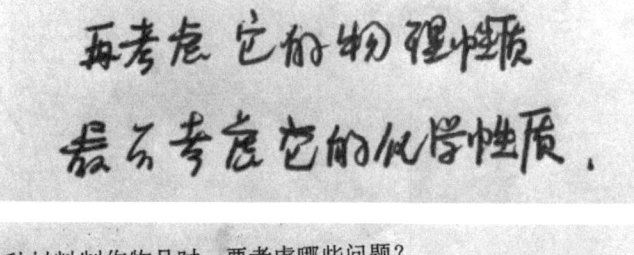

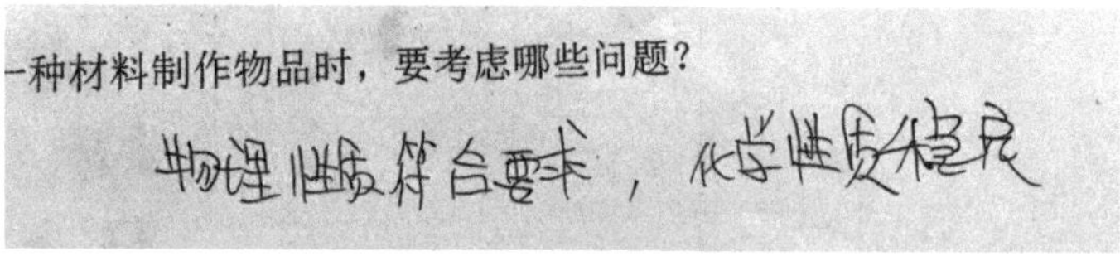

图3-2-19　阶段性后测结果3

3.课后师生访谈，探查学生认识状况

让学生从金属的化学性质、材料的选择与金属化学性质的关系、实验研究方法及学习感受、对待科学及对社会的责任等角度谈收获（图3-2-20）。

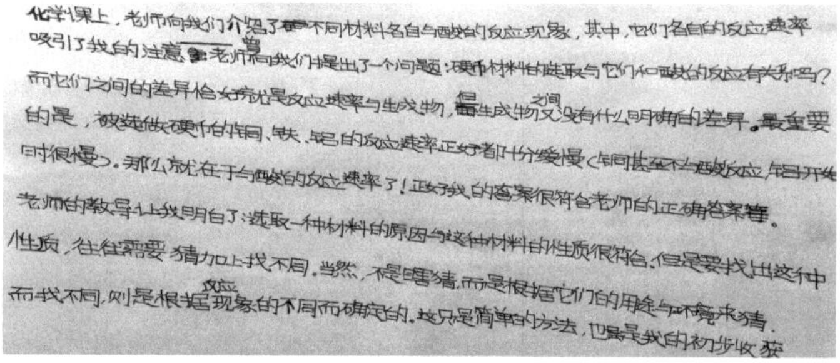

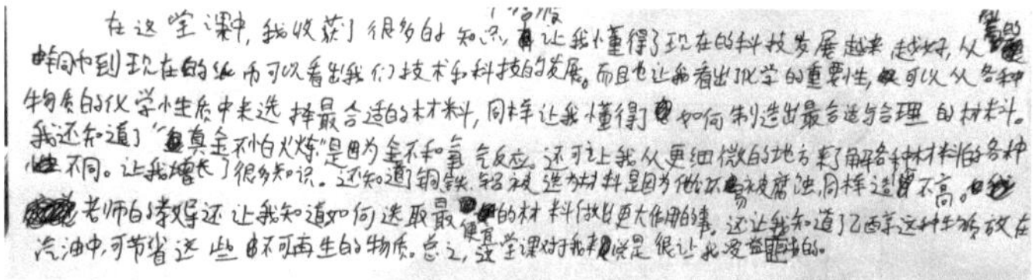

图3-2-20　学生课后收获

4.终结性评价——项目式学习作品

学生从化学视角分析材料问题——将材料问题转化成化学问题、聚焦物质的性质及转化，从性能、成本、使用3个方面进行研究（图3-2-21）。

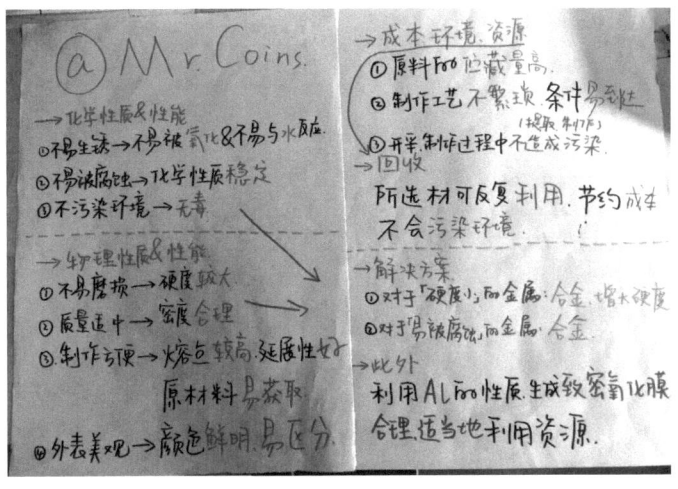
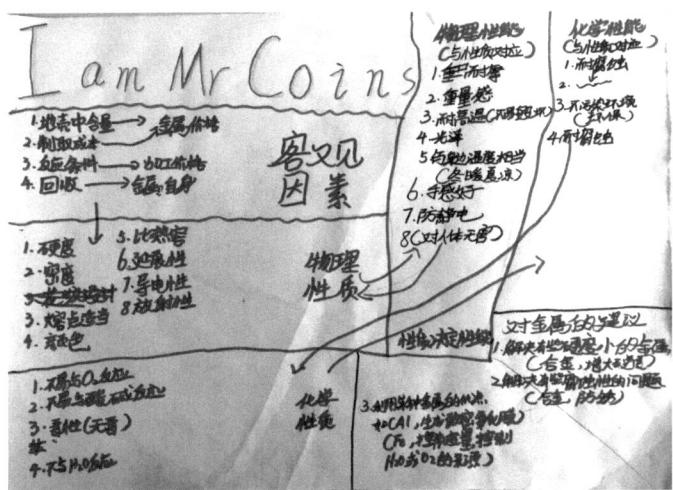
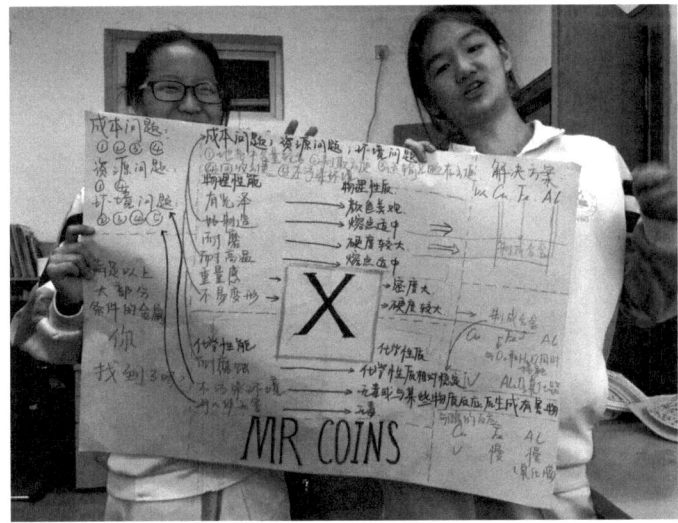

图 3-2-21　学生项目成果展示

刮摩淬励 研精覃思
一位初中化学教师的教学实践

【教学反思】

将本单元的学习主题定位在金属材料的选择和使用，是材料领域的核心问题，选择该问题开展项目式教学，能够较好地承载内容的 STS 教学功能和价值，也能够让学生在解决真实问题的过程中发展化学学科能力，提升化学学科素养。

在具体教学设计时，依据内容对学生学科素养培养的功能和价值确定单元教学目标；依据单元学习主题和目标初步选择情境素材、确定学生学习素材；基于学生的能力发展脉络和问题解决的思维发展路径组织教学内容、确立内容呈现方式。综合考虑上述因素，确立单元整体教学过程中的情境素材线索、问题线索、活动线索、内容线索和学生能力发展线索。

具体可体现在以下 5 点。

（1）注重基于化学学科角度的推理过程。基于现象、产物、产物生成速度等推理金属的化学性质等，有效促进了学生思维的发展，通过师生的互动、质疑、观点碰撞，达到了自主建构的目的，学生真正认识到了金属的活动性，认识到了金属的化学性质的共性和特性，不再是割裂地、机械地认识金属。

（2）注重方法的引领，学生在研究金属与氧气、与稀酸的反应过程中，真切感受到控制变量法的重要意义，对自变量和因变量的关系认识深刻，使学生在今后的研究中受益匪浅。

（3）关注物质的化学变化，在教学中促进学生对化学变化的认识角度。利用研究金属与氧气和盐酸、稀硫酸的反应促进学生建立化学反应条件的认识角度，形成调控化学反应的意识。

（4）建立起从化学视角分析材料问题的框架和思路——能够将材料问题转化成化学问题、聚焦物质性质及转化，从性能、成本、使用等方面进行研究。认识到实际问题的解决需要综合考虑社会、科学、环境、技术的共同作用和影响，并且有利用自身化学知识为社会服务的良好价值取向。

（5）评价方面，关注学生的认识发展，评价与活动紧密结合，不断在课堂活动中评价学生认识，有效地让学生思维外显，用评价促活动，环环相扣地促进学生的认识发展。授课教师通过学生的活动表现做即时的判断，向学生提出有针对性的改进和指导建议，即在活动中进行教学评价和反馈。

本案例教学带给课程设计者的经验和思考有以下 3 个方面。

（1）在项目式学习中，应关注驱动性问题的设置，可以进行学生访谈，了解学生更加关注哪些社会议题。确定核心问题后，对问题进行精心设计，对项目的推进产生有力的驱动。本案例中的驱动性问题有"硬币金属材料应具有哪些性能""金属材料的成本有哪些决定性因素""硬币在使用时应注意哪些方面"等，将这些问题对应的内容列出，可以让教师做到心中有数。

（2）在项目研究过程中，教师身份的转变要随之进行，如以往讲授金属的化学性质时往往是以教师为中心的，教师提出问题，学生解决问题。而随着课堂教学主体的转变，教师要担任参与者与合作者的身份，可由学生提出本课时研究的内容，师生共同确定研究方法，当研究金属化学性质进行到一定阶段时，学生以小组为单位将研究结果与他人分享，而教师更像一个主持人，主要负责组织研讨。

（3）鉴于项目参与者是一些十四五岁的学生，并且缺乏项目式学习的经验，在项目实施时容易不知所措或参与度不高，在项目之初应制定一系列较完备的评价方案，用评价促活动，学生了解自身应做标准，在相互鼓励和督促下，更易完成项目。

第三节 酸、碱和盐：自制牙膏（洁牙粉）配方的研究

酸、碱和盐是初中化学学习即将结束时研究的核心物质，学生经历了一系列核心物质的学习，应该能够联系地看待物质性质与用途之间的关系，从类别的角度认识物质的共性和特性。但是由于酸、碱、盐知识的复杂性，学生容易对它们的物理性质和化学性质认识不清，不能熟练掌握物质间的相互转化，无法很好地运用性质及性质之间的关系解决问题。

《酸和碱》《盐　化肥》的学习是初中化学新课学习的最后阶段，在这一阶段，学生已具备一定的化学基础知识和基本实验技能，能够基于观察和描述认识相关实验，具有方案设计层面的能力，具有顺利完成探究活动的可能。刚结束的"粗盐提纯"实验让学生掌握了物质分离的思路方法，学习了溶解、过滤、加热和蒸发技能；"推断碳酸钠与碳酸氢钠能否与稀盐酸反应"实验提高了学生对一类物质的认识水平和物质检验方面的探究能力。但学生对与溶解、过滤、蒸发等实验基本技能掌握不牢，对操作背后隐含的原理体会不够，对碳酸盐的检验方法认识不深，探究过程中的排干扰能力仍有待提升。

案例11　自制牙膏（洁牙粉）配方的研究

【案例信息】

人教版九年级（下册）第十单元《酸和碱》、第十一单元《盐　化肥》

刮摩淬励 研精覃思
一位初中化学教师的教学实践

【项目简介】

本案例的教学为3课时，属于教材中"酸、碱、盐"的学习内容，设计为"牙膏摩擦剂的制作和含量测定"项目式教学。牙膏是生活中最常见的必需品之一，牙膏中最主要的成分——摩擦剂（碳酸钙）的制造过程和含量测定涉及内容符合《课程标准》相关要求——常见酸、碱和盐的物理性质和化学性质，更能在制作和测定过程中提升学生的一系列基本实验技能，培养和提升学生化学观念、科学探究方面的素养。项目同时涵盖物质制备的基本问题，有利于形成物质制备方面的科学思维素养。

本案例将《课程标准》中"物质的性质与应用"主题的学习与"科学探究与化学实验""物质的化学变化""化学与社会·跨学科实践"等主题相结合，涉及核心知识技能、复分解反应类型及具体实验等。用解决真实问题的思路，利用酸碱盐知识完成物质的制备、检验和鉴别，进行牙膏工业流程的分析、研究测定碳酸钙含量的流程，有利于学生形成中考中实际生产分析题的解题思路。本案例可帮助学生在学习知识技能的同时提升物质的分离、提纯和检验实验技能，建立物质制备的元素守恒思想，应用物质性质、反应类型和元素守恒等角度形成物质制备的基本思路。

"自制牙膏（洁牙粉）配方的研究"项目需要学生以小组合作、课内外学习相结合的方式，通过查阅资料、实验探究等多种活动，最终形成小组项目学习成果，成果包括演讲、海报等形式，这一项目有助于培养学生的合作探究意识及创新、质疑等综合能力。该项目成果的完成贯穿学习始终，因此，将其作为本主题持续性评价的主要任务。选择该问题开展项目式教学，能够较好地进行酸、碱、盐知识的复习，也能够让学生在真实问题解决的体验过程中发展化学学科能力，提升"化学观念""科学思维""科学探究与实践"等方面的核心素养。

【学习目标】

（1）通过摩擦剂的制备和测定过程，掌握酸、碱、盐的化学性质和物理性质，能运用知识间的联系解决一系列复杂问题，在应用中加深对复分解反应的认识，提升化学观念素养。

（2）通过结合实际情况进行复杂推理及对工业流程的评价，基于元素守恒思想确定制备摩擦剂碳酸钙的方案，形成物质制备的基本模型，提升科学思维方面的核心素养。

（3）通过研究碳酸钙含量的测定方法，学习分离与提纯、检验与鉴别的方法，在不断的分析论证、实践操作中提升科学探究与实践素养。

【项目学习计划】

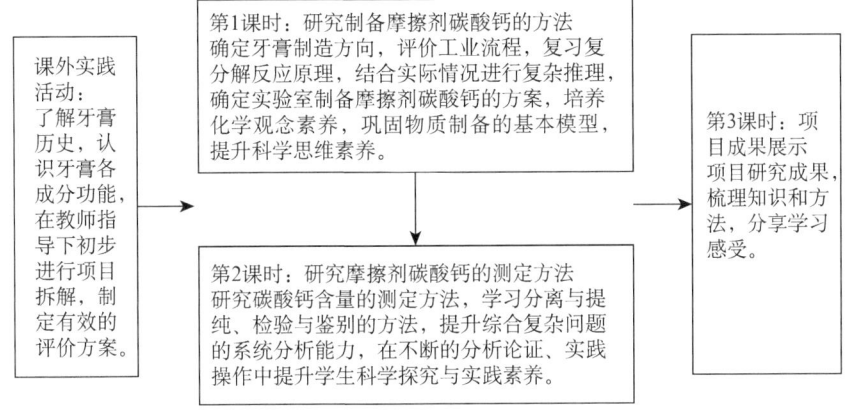

【项目学习活动规划】

课外实践活动：项目拆解

驱动性问题：牙膏有哪些成分？这些成分有什么功能？

活动1：了解牙膏各成分的功能、牙膏价格，通过学习牙膏发展史及讨论，认识到牙膏的主要成分是摩擦剂、清洁剂和膏状剂等，分享牙膏调查结果，明确项目首要任务为制作牙膏摩擦剂。牙膏调查结果如图3-3-1和图3-3-2所示。

图3-3-1 牙膏价格调查

刮摩淬励　研精覃思
一位初中化学教师的教学实践

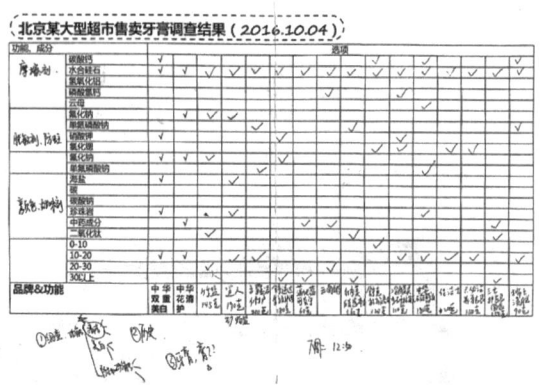

图 3-3-2　牙膏成分及功能调查

活动 2：自由组合成研究小组，制定评价标准，通过评价促进课堂及小组活动；确立以海报形式展示项目研究成果——制作牙膏或洁牙粉的配方，并对牙膏制作项目进行评价。

第 1 课时：制作摩擦剂
驱动性问题：如何制作摩擦剂？

【环节 1】评价牙膏摩擦剂的工业流程，分析实验室制作摩擦剂需要考虑问题，确立实验室制备的摩擦剂种类——碳酸钙。

【环节 2】运用复分解反应原理，结合反应物的价格、物理性质和副产物的污染等实际情况进行复杂推理，确定实验室制备摩擦剂碳酸钙的方案，在制备碳酸钙过程中培养学生变化观念与平衡思想方面的核心素养。

【环节 3】利用复分解反应原理，用碳酸钠溶液、氯化钙溶液反应，通过过滤、洗涤和蒸发等过程制得纯净碳酸钙（图 3-3-3）。

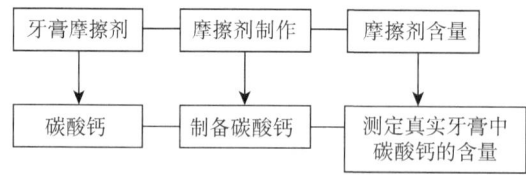

图 3-3-3　牙膏摩擦剂中碳酸钙含量的测定流程

第 2 课时：测定摩擦剂的含量
驱动性问题：如何测定摩擦剂含量？

【环节1】鉴于市售牙膏及文献对牙膏摩擦剂含量都没有明确标注，项目组决定研究碳酸钙含量的测定方法，测定过程中排除清洁剂泡沫包裹气体、非摩擦剂成分生成二氧化碳气体等一系列问题，巩固过滤操作，利用了固液分离的原理。

【环节2】模拟刷牙过程去除清洁剂干扰，利用过滤操作除去碳酸钠的干扰，利用干燥装置防止水蒸气挥发，通过体系生成二氧化碳、总质量减轻的方法计算碳酸钙含量，培养学生在复杂体系中排除干扰的实验探究能力。

方案1：利用消耗盐酸量测定碳酸钙方案（图3-3-4）

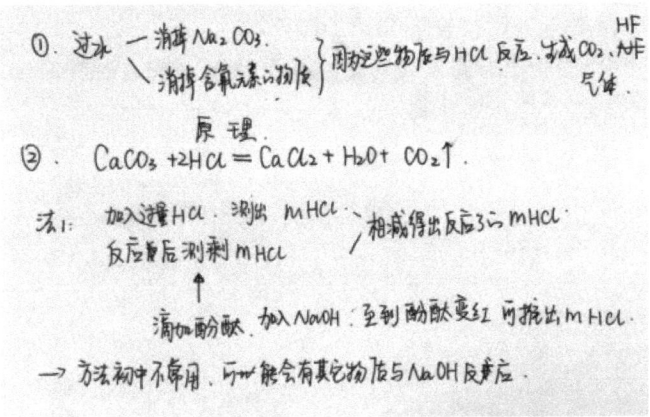

图3-3-4　测定碳酸钙含量方案1

方案2：利用二氧化碳逸出量计算碳酸钙含量（图3-3-5）。

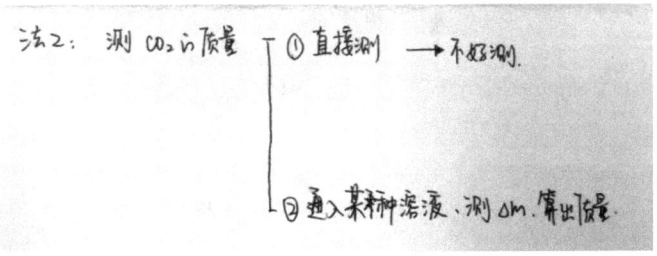

图3-3-5　测定碳酸钙含量方案2

方案3：考虑各干扰项，通过吸收二氧化碳增重计算碳酸钙含量（图3-3-6）。

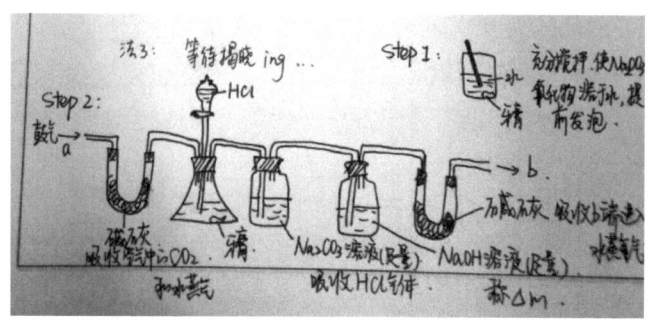

图 3-3-6　测定碳酸钙含量方案 3

第 3 课时：项目成果展示，梳理知识、方法

以研究组为单位，展示牙膏（洁牙粉）配方，解释配方选择理由——自制牙膏的功能、成本等角度；分享收获及体会（图 3-3-7）。

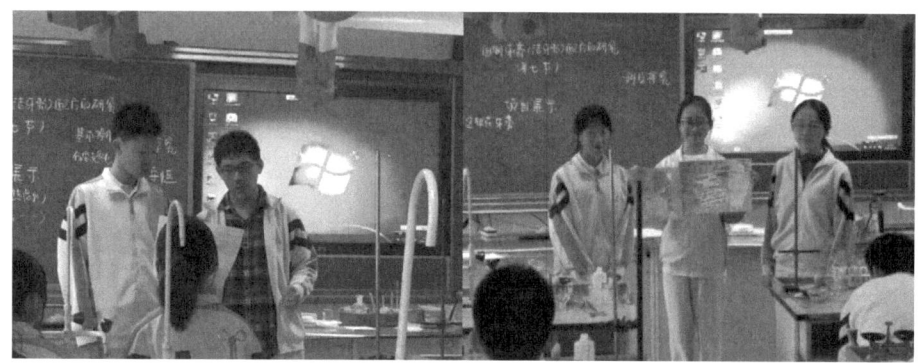

图 3-3-7　项目成果展示

【教学过程】（以第 1 课时为例）

【环节 1】评价牙膏摩擦剂的工业流程，确立实验室制备摩擦剂种类

问题 1：如何制备摩擦剂？哪种摩擦剂更适合我们在实验室制备？

学生课下通过网络调查牙膏摩擦剂制备流程，评价牙膏摩擦剂的工业流程，分析实验室制备摩擦剂需要考虑问题，确立实验室制备摩擦剂种类——碳酸钙。课上分享工业制水合硅石和碳酸钙的调查结果（图 3-3-8）。

第三章
指向综合素养培养的项目式教学实践

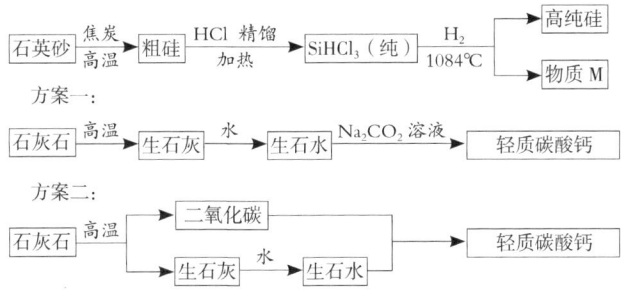

图 3-3-8 小组介绍工业制牙膏摩擦剂的流程

学生分组讨论并评价，分析实验室制作摩擦剂需要考虑问题并总结 3 个要点：①反应条件易于达到；②原料易得，成本较低；③安全、环保。

由于水合硅石的原料二氧化硅的反应条件实验室难以达到，碳酸钙化学实验室较为常见，且反应条件易于达到（二氧化碳或碳酸钠与澄清石灰水反应），确立制备摩擦剂的种类为碳酸钙。

教师评价学生碳酸钙制备思路，予以肯定。

活动意图：

从已有的工业流程中感知物质制备需要考虑的基本问题，初步形成物质制备的基本方法和思路。

【环节2】确定实验室制备摩擦剂碳酸钙的方案

教师组织学生分析碳酸钙的制备方案。

小组内部及小组之间分析、讨论，氢氧化钙溶解度小，澄清石灰水浓度过低，生成的碳酸钙有限，而且生成的氢氧化钠有腐蚀性，清除不当容易发生危险，不适宜刷牙。小组讨论过程如图 3-3-9 所示。

刮摩淬励　研精覃思
一位初中化学教师的教学实践

图 3-3-9　线上开展头脑风暴，研究洁牙粉制备思路方法

教师评价学生制备思路和方法，提醒学生可能要考虑的角度。

课前以小组为单位进行广泛调查研究，向教师和家长咨询，在线上开展头脑风暴等，结合反应物的价格、物理性质和副产物的污染等实际情况进行复杂推理，确定实验室制备摩擦剂碳酸钙的方案。课上讨论可能的反应原理。

（1）从元素角度分析，反应物应该含有钙元素。

（2）从反应类型的角度进行思考。学生讨论过程如图 3-3-10 所示。

图 3-3-10　学生介绍复分解反应原理

①从物质类别角度，对于碳酸钙这种化合物，尚不能利用分解反应，因为反应物至少包含钙、碳、氧 3 种元素，实验室较为少见。

②从物质性质角度，钙单质十分活泼，能与水反应，且实验室不常见，钙单质与碳酸盐溶液发生置换反应较难。

③可以利用化合反应，氧化钙和二氧化碳可能可生成碳酸钙，但条件难以达到。

④可以利用含有钙元素的可溶性盐与含有碳酸根的可溶性盐发生复分解反应制备碳酸钙（确立）。

评价方案2：课下实践活动，线上线下相结合（第1课时）。

师生总结提炼物质制备的方法和思路，梳理、落实复分解反应条件。

设计意图：

在制备碳酸钙的过程中，帮助学生从元素、反应类型和产物性质等角度提升变化观念与平衡思想方面的核心素养。

【环节3】制备碳酸钙

教师提供学生需要的药品，指导学生正确地进行实验操作。

学生尝试用氯化钙、碳酸钠溶液制备碳酸钙，用过滤的方法得到碳酸钙，反思制备过程中的不足，改进实验，增加洗涤等操作。实验过程及成果如图3-3-11所示。

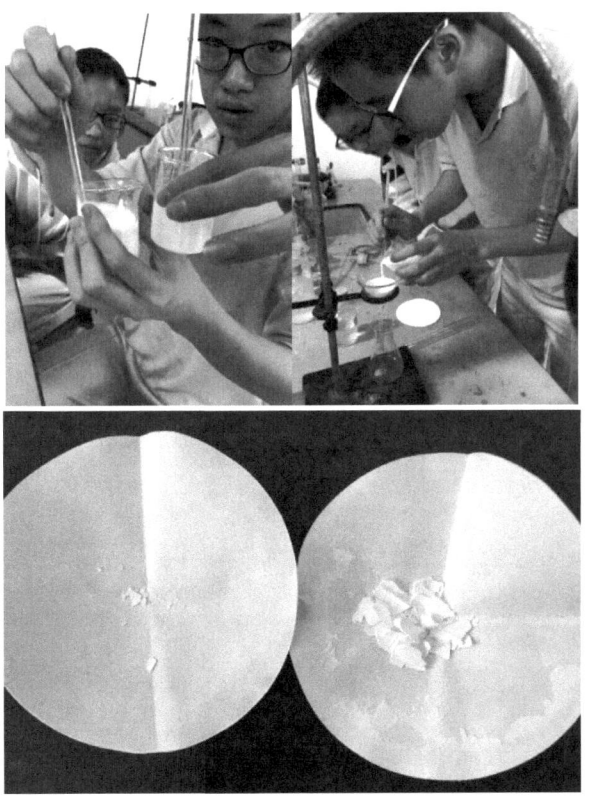

图3-3-11 对比氢氧化钙与氯化钙和碳酸钠反应生成的碳酸钙

刮摩淬励　研精覃思
一位初中化学教师的教学实践

教师组织学生评价反思实验过程中存在的问题，改进实验方案。

设计意图：

在制备碳酸钙的过程中，让学生掌握过滤、蒸发等基本实验技能，理解操作背后的原理，提升物质分离、提纯等方面的科学探究素养。

【总结】评价、小结学生活动内容

师生总结物质制备过程中需要考虑的问题，反思实验操作中的不足和问题。

设计意图：

落实物质制备的思路和方法。

【持续性评价结果】

评价方案1：利用前后测，确定教学起点及学生认识发展状况（以第1课时为例）。
前测结果如图3-3-12所示。

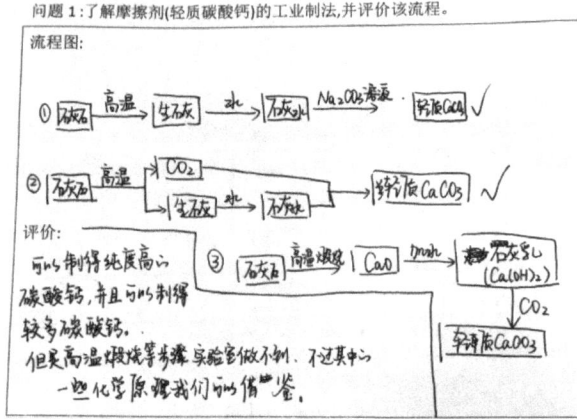

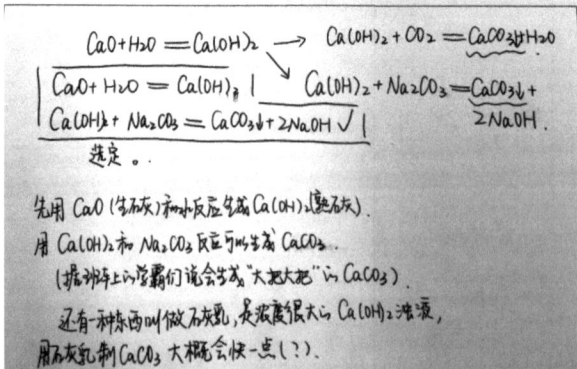

图3-3-12　前测结果

后测结果如图 3-3-13 所示。

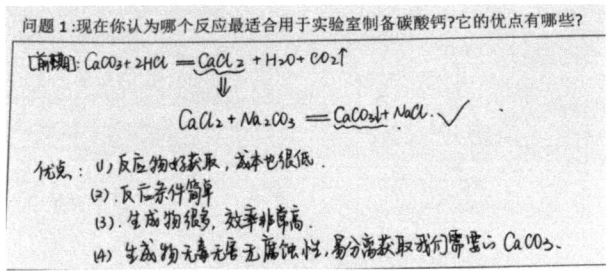

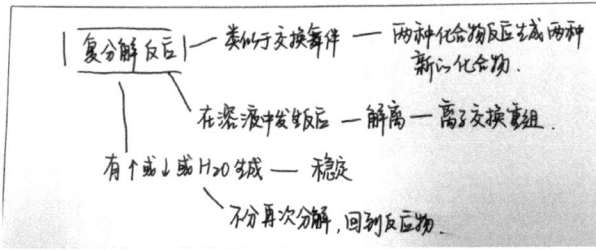

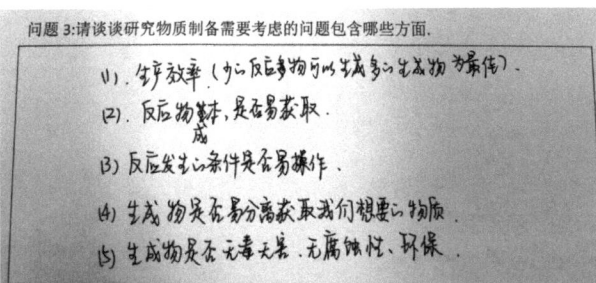

图 3-3-13　后测结果

评价方案 2：过程性评价，综合课堂表现、学案填写、交流反思情况及单元学习任务单，反馈学习效果（以第 2 课时为例）如图 3-3-14 和图 3-3-15 所示。

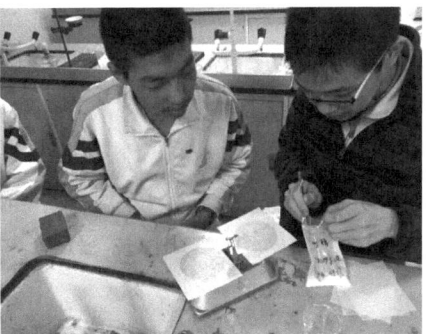

图 3-3-14　学生第 2 课时课堂表现

刮摩淬励　研精覃思
一位初中化学教师的教学实践

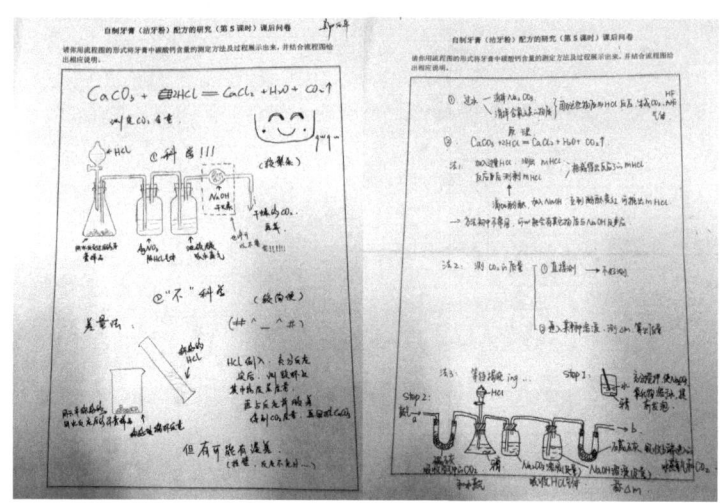

图 3-3-15　学生第 2 课时学案

评价方案 3：终结性评价，项目式学习作品（第 3 课时）如图 3-3-16 所示。

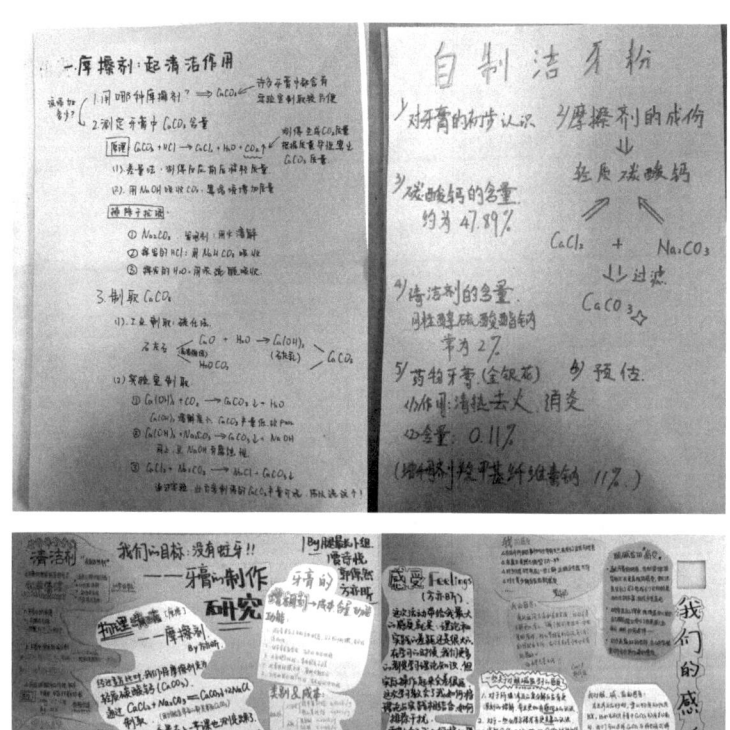

图 3-3-16　自制牙膏（洁牙粉）配方及学习感受

【教学反思】

在课外实践活动中,学生进行社会调查和研讨,初步认识了牙膏的成分,认为摩擦剂是最重要的成分之一,确立了项目主要任务为制备摩擦剂。

在第1课时,在评价工业流程的过程中,学生首先认识到物质制备需要考虑反应易达到、原料易得、成本较低、产物安全等角度,选择碳酸钙为摩擦剂,而不选择二氧化硅。在实际操作中,学生又发现由于氢氧化钙的溶解度过低,用二氧化碳或碳酸钠与氢氧化钙生产碳酸钙太少,且生成物氢氧化钠有腐蚀性,混合在摩擦剂中容易发生危险,因此他们展开了讨论。学生基于元素守恒的角度,选择了含有钙元素的物质,基于反应类别,进行了如下推理:

(1)从物质类别角度,对于碳酸钙这种化合物,尚不能利用分解反应,因为反应物至少包含钙、碳、氧3种元素,实验室较为少见;

(2)从物质性质角度,钙单质十分活泼,能与水反应,且实验室不常见,钙单质与碳酸盐溶液发生置换反应较难;

(3)可以利用化合反应,氧化钙和二氧化碳可能可以生成碳酸钙,但条件难以达到;

(4)可以利用含有钙元素的可溶性盐与含有碳酸根的可溶性盐发生复分解反应制备碳酸钙。

最终选用易溶于水的氯化钙和碳酸钠反应制备碳酸钙,得到的副产物氯化钠无毒、无腐蚀性,且对口腔健康有一定帮助。在之后的实际制备中,采用了过滤的方法,反思后学生进一步认为,酒精灯火焰温度不会达到碳酸钙分解温度,还可以利用蒸发的方法迅速分离碳酸钙和水。

在这节课中,学生不但初步形成了物质制备的基本方法和思路,而且制备碳酸钙的过程有助于从元素、反应类型和产物性质等角度培养学生变化观念与平衡思想方面的核心素养,让学生掌握过滤、蒸发等基本实验技能,理解操作背后的原理,提升他们在物质分离、提纯等方面的科学探究素养。

学生们在课程最后分享了自己设计的牙膏配方,对项目中采取的方法、原理进行了梳理和反思,表达了自己想运用化学知识为社会做出贡献的想法。

在这个项目式教学中,学生作为课堂的主人,参与度极高,常常利用课内外时间不断分析思考,展开激烈讨论,进行头脑风暴,有效地学习了常见酸、碱和盐的物理性质和化学性质,更能在制备和测定过程中提升一系列基本实验技能。这些技能涵盖物质制备的基本方面,有利于形成解决综合复杂问题的能力,培养一系列核心素养。

案例设计并实施完成的要点总结如下。

1. 精心设计项目方案,积极落实知识技能

制备摩擦剂碳酸钙的过程,需要学生学习并运用复分解反应原理,运用物质制备

思路方法进行决策；测定摩擦剂碳酸钙含量的过程，需要利用过滤操作原理，运用一系列酸碱盐知识排除干扰，有效落实基本知识和技能。

2. 线上线下混合式学习，提升课堂效率

"自制牙膏（洁牙粉）配方的研究"项目需要学生以小组合作、课内外学习相结合的方式学习，学生需要不断查阅资料，借助身边和网络资源，开展头脑风暴，组内密切协作，这一项目可有效提升学生获取信息的能力和小组合作的能力。

3. 开展多类型活动，有效培养能力

项目完成需要学生走进商场进行实地调研，设计并完成一系列的探究性实验，不断制作演示文档展示、汇报小组阶段性研究成果，最终项目学习，成果展示形式包括演讲、海报等。多类型活动的开展有助于学生形成较综合的能力。

4. 趣味性与挑战性并存，培养必备品格

项目的趣味性使得学生在初中化学学习即将结束时，对化学学习和科学探究仍然抱有浓厚的兴趣。学生在完成过程中不断接受新的挑战，在团队努力下克服重重困难取得了成功，形成了善于合作、勇于克服困难的品质以及严谨求实的科学态度，感受到了科学、技术和社会间的关系。

第四节 燃烧及其利用：
我们一起去野餐——便携式燃料的选择与使用

教材《燃烧及其利用》单元包含燃烧条件和燃料的燃烧、合理利用与开发等内容，化学学科知识与社会知识紧密联系，内容涉及能源、环境等社会问题，突出化学在科技、社会、生活中的作用；体现化学的应用价值。这一单元的内容对于学生认识化学的重要性、体会化学与人类的关系、增强化学观念具有重要作用。

《课程标准》中"物质的化学变化"主题指出，要通过探究性实验认识燃烧条件，理解燃烧和灭火的原理及其在生活中的应用，并初步体会调控化学反应的重要意义。建议采用调查家用燃料的变迁与合理使用等学科实践活动。教学单元中的燃料燃烧及其利用还承载了"化学与社会·跨学科实践"主题的部分内容，通过学习，学生可逐渐理解科学、技术、社会、环境的相互关系；了解酒精、天然气等在社会生活中的应用，知道能源利用可能对环境产生影响，树立环保意识。

思路方法上，要能从能量变化、反应条件和元素守恒等视角认识化学反应。通过实践活动，初步形成用元素观、变化观等观念解决问题的思路，解决实际问题时要综合不同学科的知识，体会有效使用科学技术解决问题的重要性等。

本单元的学习还涉及重要的学科态度，要通过学习知道人类生存与发展会面临来自环境、能源、资源、健康等方面的危机,需要以积极的态度和创新思维应对挑战。

学生经历了前面6个单元一系列核心物质的学习,有了一定的知识基础和实验能力,有一定的查阅资料、语言表达的能力,团队合作经验较丰富。学生对燃料并不陌生,但对到底何种物质才适合作燃料,燃料的种类、发展,对生活的影响等一系列具体问题的认识仍不足,对环境污染等问题还停留在口号式的表层认识阶段,不能从化学角度,基于元素、转化的角度认识其存在、用途和危害等。

案例12 我们一起去野餐——便携式燃料的选择与使用

【案例信息】

人教版九年级(上册)第七单元《燃料及其利用》

【项目简介】

案例设计为主题是"我们一起去野餐——便携式燃料的选择与使用"的项目式教学,共3课时。便携式燃料是生活中常见的物品,"便携式燃料的选择"符合教材编排的意图,化学知识与社会知识紧密结合,涉及能源、环境等社会问题,突出化学在科技、社会、生活中的作用,有利于学生体会化学的应用价值。

选择该项目开展教学,能够较好地落实燃烧条件和灭火原理及方法、燃料的用途及对环境的影响、合理利用和开发能源的重要性,让学生在真实问题的解决过程中发现化学学科的价值,将化学与生活、化学与科技、能源、环境等社会问题有机融合,形成通过自己的智慧和努力为人类社会做出更大贡献的社会责任感,树立人与自然和谐发展共生的科学自然观和绿色发展观等。

学生以小组合作的形式,采用课内外学习相结合的方式,需参与查阅资料、实验探究等多种活动,通过实验、探究、讨论、调查研究等形式,最终形成小组项目式学习成果。这一过程有助于培养学生的合作探究意识及创新质疑等综合能力,提升学生的核心素养。

【项目学习计划】

| 第1课时 便携式燃料的选择 项目拆解:查阅资料并交流:什么是燃料?燃料有哪些种类?哪些燃料可作便携式燃料 | → | 第2课时 选定燃料的测试与优化 从燃烧条件、灭火原理、充分燃烧条件等方面分析所选燃料,对方案进行优化 | → | 第3课时 项目展示 权衡利弊,做出科学决策,展示便携式燃料的选择和使用方案,同时复习学科知识、梳理方法 |

刮摩淬励　研精覃思
一位初中化学教师的教学实践

【学习目标】（以第1课时为例，下同）

（1）通过对燃料发展史的研究，认识燃料的种类，从元素组成的角度了解化石燃料燃烧产物对环境造成的污染和使用清洁能源的意义。

（2）通过小组分工合作，查阅、整合资料及交流汇报，提升学生获取信息的能力和小组合作能力。

（3）通过便携式燃料选择方案的确定，发展分析、判断、权衡与决策的高阶思维能力。

（4）通过便携式燃料选择的全过程，认识环境保护和资源合理开发的重要性，具有可持续发展的意识；理解化学、技术和环境之间的关系。

【持续性评价方案】

评价内容	评价任务	评价标准	评价方式
从元素组成的角度了解化石燃料燃烧产物对环境的污染	认识燃料的发展史，了解化石燃料资源的现状及问题	水平1：无元素守恒思想，仅能说出燃料所含元素或污染产物 水平2：能够从元素角度谈论污染，但是关联有误 水平3：具有元素守恒意识，关联正确	（1）小组活动过程 （2）课堂汇报 （3）学案填写
通过获取信息，认识使用清洁能源的价值和意义	了解新能源，选择燃料制作便携式燃料	水平1：不能从信息中获取使用新能源的价值和意义 水平2：能从信息中提取新能源具有清洁环保的优点 水平3：综合分析材料，能从可再生、成本、设备等角度说出使用新能源的意义	（1）学案填写 （2）小组讨论过程 （3）课堂汇报 （4）课后作业
小组合作能力	（1）项目拆解 （2）讨论化石燃料的污染及改进活动 （3）分析清洁能源的特点和优势	水平1：参与意识薄弱，无贡献 水平2：积极参与活动，但合作交流意识薄弱 水平3：参与热情高，能够为同伴提供有力支持	（1）小组活动过程 （2）量表调查
发展分析、判断、权衡与决策的高阶思维能力	（1）讨论化石燃料的污染及改进活动 （2）分析清洁能源的特点和优势	水平1：无标准或标准不明确，凭感觉、经验做出决策 水平2：制定标准，依据标准做出决策 水平3：结合多个限定条件，经过权衡决策，确定最优化解决方案，得出有限条件下的最优解	（1）课堂汇报 （2）小组活动 （3）项目式学习成果展示

续

评价内容	评价任务	评价标准	评价方式
认识环境保护和资源合理开发的重要性，具有可持续发展的意识；理解化学、技术和环境之间的关系	了解新能源，选择适合制作便携式燃料的燃料	水平1：环境保护意识薄弱 水平2：具有一定的环境保护意识 水平3：认识到环境保护和资源合理开发的重要性，具有可持续发展的意识，具有积极参与有关化学问题的社会决策的意识	（1）课堂汇报 （2）小组活动表现； （3）课后访谈 （4）项目式学习成果展示

【教学过程】

【环节1】项目拆解

问题1：如果我们周末要外出进行一次露天烧烤或者自制火锅，需要制作一款便携式燃料，应该考虑哪些问题？可能分为哪几步？

活动1：小组讨论，得出应该研究什么是便携，可以从燃料的种类、特点、储存、使用等问题的注意事项方面进行思考。

学生A：我认为应该从便携角度考虑。所谓便携就是质量、体积小但燃烧值高，等质量的情况下放热越多就越便携。还要考虑燃料的价格问题，如果过于昂贵也不现实，"物以稀为贵"，从资源上说应该选择储量比较丰富的燃料。

学生B：我认为应该先搞清楚什么是燃料，是不是可以燃烧的就是燃料，燃料应具有什么特点。不仅仅要关注高燃烧值，现代社会关注环保，还应该注意燃烧后会不会产生污染。

学生C：我认为还要考虑安全问题。例如，露营往往是要开车外出，如果在车上发生燃烧或爆炸就非常危险，而且这种燃料如果平时存放在家里，容易燃烧也不行。

学生D：使用的时候应该非常方便，记得有一次外出烧烤，很多同学都不能成功点燃燃料，另外也不能太容易燃烧，就像上一位同学说的，太容易燃烧可能会存在火灾隐患，而且还要考虑如何熄灭燃料，若不便于熄灭就易引起火灾。

师生小结：制作便携式燃料需要考虑的问题有燃烧值、资源价格、使用和储存方法等。最终师生共同将项目拆解为3个部分：①选择燃料；②测试与优化；③项目展示。

设计意图：

项目拆解，明确方向：从不同的角度研究燃料。

刮摩淬励 研精覃思
一位初中化学教师的教学实践

【环节2】认识燃料的发展史，了解化石燃料资源的现状及问题

问题2：什么是燃料？你知道的燃料有哪些？这些燃料是否适合制成便携式燃料？

活动2：展示小组调查结果，从不同角度介绍化石燃料和新能源。

学生展示"你认为什么是燃料，请写出你对燃料的全部认识"的调查结果，从定义、类型、资源状况、污染等角度进行评价（图3-4-1）。

图3-4-1 小组课前调查结果

学生A：燃料不仅仅是"可燃物"，还要燃烧值高。燃料的类型很多，可以按状态分为固体、液体和气体燃料，也可以按照传统能源和新能源划分。

学生B：煤、石油、天然气是人类最早使用的，也是目前广泛使用的燃料，因为是化石燃料，所以不可再生。

学生C：目前广泛使用的能源还有固体酒精、太阳能、风能和核能等，固体酒精常用于餐饮，如小火锅。

追问：我们首先聚焦传统能源——化石燃料，它们是否适合作便携式燃料？你的理由是什么？

学生A：化石燃烧值都比较高，适合作燃料，但是除了煤的储量比较丰富，石油和天然气只能用几十年，而且3种燃料都是不可再生的。

学生B：煤和石油中都含有硫、氮等元素，从元素守恒的角度，可能会生成二氧化硫、氮氧化物等大气污染物，形成酸雨；3种物质都含有碳元素，都会生成二氧化碳，造成温室效应，而且石油和煤是液体或固体，不易充分燃烧，可能会生成有毒的

一氧化碳。

学生C：煤和石油还是重要的化工原料，除了做燃料还可以制成很多产品。因为石油和煤都是不可再生资源，如果将有限的资源都作为燃料烧掉就有点可惜了。

学生D：天然气是气体可能不易携带，煤会造成污染，石油经过冶炼后才能制成一系列燃料，因此3种化石燃料都不适合直接制成便携式燃料。

设计意图：

从燃烧值、资源状况、基于元素分析产物可能造成的污染等角度，分析化石燃料的使用及问题。学生从资源、形态、污染等角度分析，煤和石油可能产生二氧化硫、氮氧化物和可吸入颗粒物，天然气易燃烧但不易携带且资源有限等，得出的结论为需要开发可再生、无污染的新型燃料。

【环节3】了解新能源，选择燃料制作便携式燃料

问题3：新能源有很多种，大家认为哪种燃料适合作便携式燃料？你选择的依据是什么？

活动3：小组通过给定资料分析、讨论，分享选择依据（表3-4-1）。

表3-4-1 常见燃料及其优缺点

燃料	优缺点
氢气	最清洁的燃料，只生成水，但是密度小不利于携带，制取困难
酒精	燃烧产物无污染，可再生，可提高农民收入
太阳能	直接获取能量，无污染，但技术不成熟，电池板制造过程中会产生大量污染
风能、地热能、潮汐能、核能	清洁无污染，但无法设计为便携式燃料

学生A：氢气只含有氢元素，因此燃烧后应该只生成水，但是目前没有广泛推广是因为没有好的方法进行大规模制备。我们学过的水通电生成氢气、氧气的方法需要消耗电能，目前的电力来源如果是火力发电，相当于同样会造成环境污染；如果用核能发电的话，不如直接使用核能。而且氢气密度小，应该不利于携带和储存。

学生B：太阳能源源不断，取之不尽，但是制造电池板的过程会产生大量的污染，核能和太阳能原理相同，是利用核反应产生大量能量，但是技术仍不成熟；潮汐能、地热能等能源也都是非化学反应能量，不会造成任何污染，但是无法制成便携式燃料。

学生C：酒精可以由植物发酵产生，因此是可再生能源，而且酒精中只含有碳、

刮摩淬励 研精覃思
一位初中化学教师的教学实践

氢、氧元素，不会生成二氧化硫、氮氧化物等气体；酒精易燃烧，生成的一氧化碳会比较少，如果用粮食发酵制成酒精还可以提高农民收入，可以制成餐饮业经常用的固体酒精，便于携带。

教师对小组分享进行点评，师生共同得出制作便携式燃料的最佳选择——酒精。

教师：下节课我们将进一步对便携式燃料的使用进行研究。

设计意图：

从技术、成本、储存、产物对环境的影响、携带是否便捷等角度分析新能源成为便携式燃料的可能，确定便携式燃料的种类。

【板书设计】

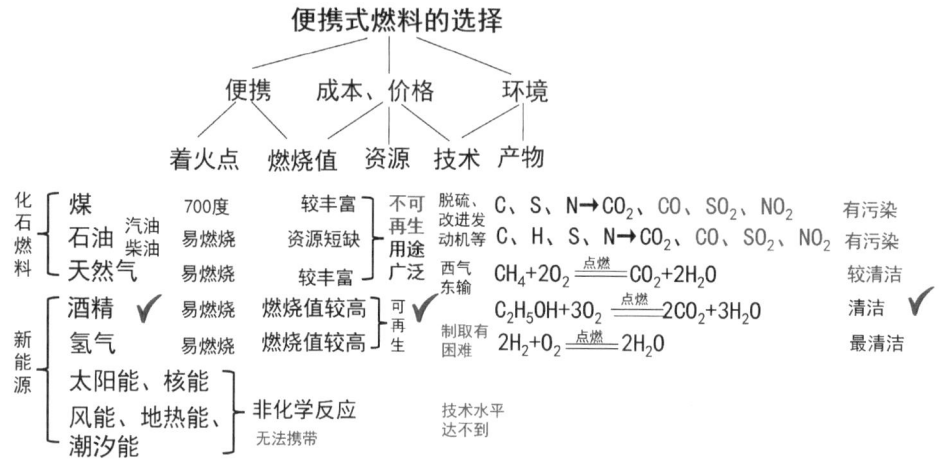

【教学反思】

单元教学内容源于教材又不局限于教材编排顺序，内容呈现的顺序根据的是完成大项目背景下的每一步需要具体解决的小项目。从燃料开始，用真实问题解决的思路完成单元学习内容。首先搞清什么是燃料、燃料的种类、燃料的发展史、燃料的使用对生活的影响、生活中有哪些可燃物、哪些可燃物适合作燃料等，最终达成哪些可燃物可作便携式燃料的共识。

本节课作为项目的起始课，结合生活经验、事先查阅的资料等成功将学生卷入项目，并将项目进行拆解，学生在学习化石燃料、清洁燃料的相关知识的同时，从元素角度分析，推测化石燃料对环境产生的具体影响，从能量、反应难易程度等角度选择燃料，感知化学反应中的能量变化、反应条件和元素守恒等视角，引发学生对运用科学技术解决实际问题的思考，让学生初步认识环境、能源、资源、健康等的关系，形成环保意识。项目有利于核心知识的落实，以及"物质的化学变化""化学与社会·跨学科实践"主题要求的思路方法和态度价值观的形成，提升学生的证据推理能力、质疑能力、批判能力和自主、合作探究的能力，提高科学思维素养、科学探究与实践素养、科学态度与责任素养等。

本案例强调教学评一体化设计，进行有益尝试，在本节课的授课过程中，教师设计出切合实际、细致到每一个活动的评价方案，授课时心中有数、有意识、有目的地提升不同水平学生的认识水平。

附录3-4-1

学 案

任务1：写出你认为制作便携式燃料需要解决的问题，分析思考需要几步完成。

任务2：从不同角度分析、讨论，化石燃料是否适合制成便携式燃料，完成学案。

燃料种类	从不同角度分析的结果
煤	
石油	
天然气	

任务3：讨论、分析选择某种新能源作为便携式燃料的依据，完成学案。

所选燃料	选择理由

刮摩淬励 研精覃思
一位初中化学教师的教学实践

附录 3-4-2

资料1：常用燃料的燃烧值

附表1给出了常见燃料的燃烧值。

附表1 常见燃料的燃烧值（$\times 10^7$ J/kg）

燃料名称	燃烧值	燃料名称	燃烧值
木柴	1.26	汽油	4.61
木炭（完全燃烧）	3.35	焦炭	2.97
木炭（不完全燃烧）	1.05	氢气	14.25
天然气	5.56	酒精	3.02

资料2：常用燃料相关信息

【木炭】

木柴在隔绝空气的条件下得到深褐色或黑色多孔固体燃料。传统木炭以树木为原料烧制而成，是一种毁坏资源的产业，已被国家所禁止。机制炭是以木屑为原料制成的，工艺上主要是把木屑经机器高温、高压压制成型后，再送入炭化炉内炭化而成。

【煤】

煤是复杂的混合物，主要含有碳元素。此外，还含有氢元素和少量的氮、硫、氧等元素。将煤隔绝空气加热，可分解为焦炭、煤焦油、煤气等。以煤焦油为原料，可以进一步生产一系列产品（附图1）。

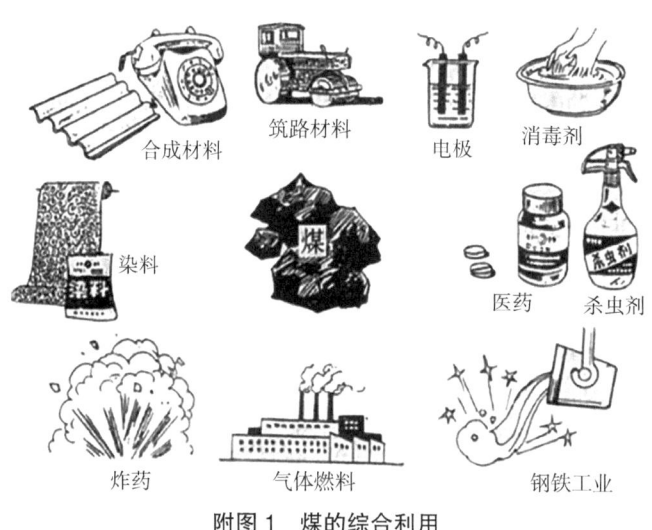

附图1 煤的综合利用

【汽油】

利用石油中各成分沸点不同，可将它们分离得到不同的产品（附图2），汽油是产品之一，也是家用轿车的主要燃料。汽油的基本成分如下：碳的质量分数为85%，氢的质量分数为15%。着火点为415～530 ℃。汽油在发动机气缸内必须迅速气化并与空气形成均匀的可燃混合气，这主要是由汽油本身的挥发性所决定的。

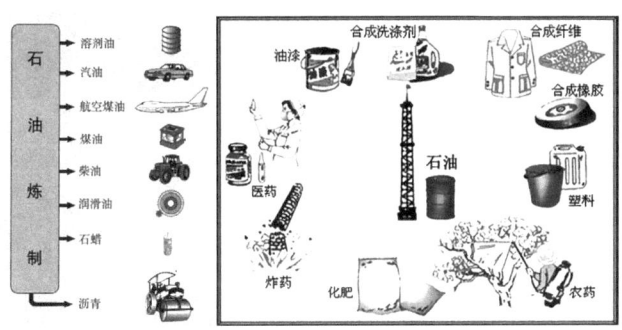

附图2　石油的分馏和石油的综合利用

【天然气】

主要成分为甲烷（CH_4），极难溶于水，密度比空气小，家庭烹饪主要燃料。有石油的地方，一般都有天然气存在。

1934年，人来首次在零下10 ℃和100个大气压的环境中发现可燃冰（天然气水合物），1 m³ 可燃冰可转化为164 m³ 的天然气。海洋中蕴藏着大量的可燃冰，是已知煤和石油中碳总量的两倍。目前，可燃冰开采技术还不成熟，因甲烷会引起严重的温室效应，增温效应是二氧化碳的10倍，开采不当会引发灾害。

煤、石油和天然气都属于不可再生资源。已探明化石燃料储量可供人类开采使用的时间如附图3所示。

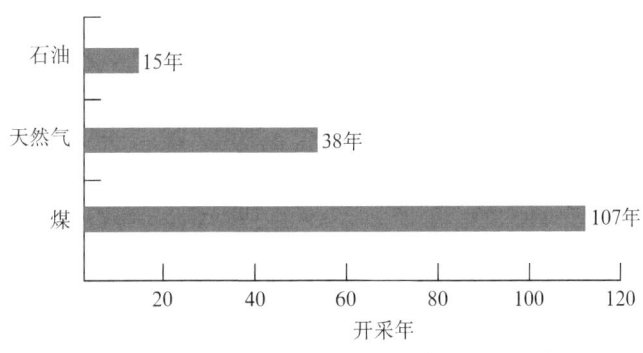

附图3　已探明化石燃料储量可供人类开采使用的时间

【乙醇】

酒精学名乙醇（C_2H_5OH），是易燃、易挥发的无色透明液体，低毒性，具有特殊香味，并略带刺激，可通过植物发酵生成。

酒精是餐饮业（固体酒精）、实验室（酒精灯）等常用燃料。固体酒精也被称为"酒精块"或"固体燃料块"。固体酒精并不是固体状态的酒精，而是在酒精中加入凝固剂使之成为固体状态。它使用、运输和携带方便，燃烧时对环境的污染较少，与液体酒精相比比较安全。固体酒精作为一种固体燃料，广泛应用于餐饮业、旅游业和野外作业等。

【氢气】

氢气（H_2）极易燃烧，产物是水，是最清洁的燃料。但它的制取成本高、贮存困难。氢能源循环体系构想如附图4所示。

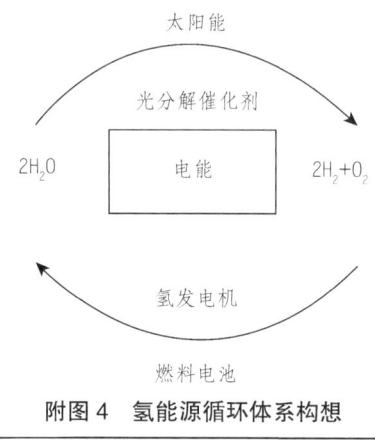

附图4　氢能源循环体系构想

附录3-4-3

第2课时教学设计

（该案例由北京市八一学校初中化学教师于洋设计并实施）

【学习目标】

（1）通过对便携式燃料使用的注意事项进行分析，初步感知可燃物燃烧所需的条件有哪些。

（2）通过对燃烧条件的实验探究，培养学生控制变量的思维，培养学生从现象出发，经过严密推理得出结论的能力，进而提升学生的科学探究能力。

（3）通过对灭火原理的分析及对充分燃烧条件的分析，感受化学学习的价值，培养学生严谨的科学态度和社会责任感。

第三章 指向综合素养培养的项目式教学实践

【教学过程】

【环节1】交流汇报便携式燃料的使用方法

问题1：选择的便携式燃料在使用时需注意哪些问题？课前大家查阅了现在市面上比较常见的便携式燃料的使用方法，现在我们就交流分享一下大家的调查结果（附图1）。

附图1　木炭等燃料的点燃方法介绍

学生分享调查结果，播放木炭、酒精炉使用的视频教程，教师结合学生的生活体验重点介绍木炭的使用方法。

设计意图：

结合调查结果，初步感知燃烧发生需要的一些条件。

【环节2】分享点燃木炭成功或失败原因

问题2：初二野炊时，班里很多同学带了木炭，但是有些同学难以点燃木炭，有些同学却十分顺利，其原因是什么？请亲身经历过的同学给大家说明一下当时的情况（附图2）。

附图2　回顾野炊时点燃木炭的经历

学生积极分享失败或成功的经历,共同分析、讨论原因。教师引导学生结合木炭使用方法的视频教程,推测燃烧条件。

学生A:木炭最好架空,吹气或者用扇子扇可以使木炭燃烧更加剧烈,说明燃烧需要不断补充氧气。

学生B:可以用报纸去引燃木炭,可能是纸张更容易点燃,利用纸张放出的热量再将木炭点燃,两种物质燃烧时所需要的温度不同。

师生共同推测,可燃物燃烧可能与温度和氧气有关。

设计意图:

结合生活实际,引发思考,推测物质燃烧的条件。

【环节3】学生观看实验并讨论推测结果及能否解决前测问题

问题3:通过实验验证对燃烧条件的推测,判断推测结果能否解决前测的疑问。

演示实验:燃烧条件探究(附图3)。

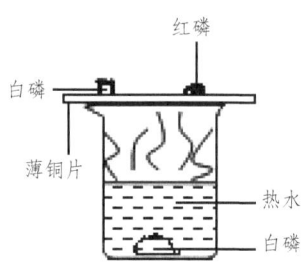

附图3 燃烧条件实验

学生观看视频后讨论分析,分享从现象到结论的推理过程及推测结果。

追问1:现在同学们对前测问题有什么新的认识吗?

学生活动:重新对前测问题进行分析,得出生活中水经常用来灭火的原因:水可以吸热,使可燃物降温至着火点以下;水覆盖可燃物,可以隔绝氧气。

追问2:现在饭店流行做一种烧不坏的纸火锅,大家能结合材料分析一下,为什么纸火锅烧不坏呢?

学生运用燃烧条件分析纸火锅烧不坏的原因:由于水蒸发吸热,使纸张的温度维持在100℃,该温度达不到纸张的着火点,所以不能燃烧。

设计意图:

明确燃烧条件。通过分析讨论,使学生内隐的思维外显,突出对控制变量的理解,提升学生依据现象经过严密推理得出结论的能力。

【环节4】小组分析讨论生活中灭火的案例并汇报

问题4:如果便携式燃料在使用时发生火灾,或者生活中发生火灾,应如何处理?

学生 A：油锅着火应该马上盖上锅盖，用隔绝氧气的方法灭火，不能向油锅中浇水，因为油的密度比水小，油浮在水面不能隔绝氧气或者降低油的温度使其降至着火点以下，而且水沸腾后会将油溅出，发生危险。

学生 B：发生森林大火时，无法隔绝氧气或者降低温度到着火点以下，所以可以移除可燃物，砍伐出一条防火带，阻止火势蔓延。

设计意图：

学以致用，应用燃烧条件分析灭火原理，提升分析预测能力，感受化学学习的实际价值。

课后任务：

结合前面两节课对燃料的选择和使用情况的分析，以小组为单位，确定便携式燃料的种类，设计便携式燃料的使用说明，制成海报，下节课交流分享。

【教学反思】

学生课堂现场提出的问题很多，其中大部分可以转化为进一步讨论的资源，课堂真正实施的过程中，需要根据学生现场生成的东西对教学进行一些调整，在坚持主线的基础上，根据学生需要灵活调整的课堂才能真正满足学生的需求。例如，在本节课实施过程中，在播放完木炭使用方法的视频后，有学生针对鼓风的操作提出为什么蜡烛一吹就灭，而木炭燃烧却越吹越旺的问题。学生现场提出的问题可作为下一步讨论的资源，层层推进。

第五节　化学物质与健康：完美身材计划

本单元的内容包含教材中《人类重要的营养物质》《化学元素与人体健康》两个课题的内容，与《课程标准》中"化学与社会·跨学科实践"主题紧密关联，学习内容与人体健康息息相关，对于处于青少年生长发育关键阶段的初三学生具有特殊且重要的意义。但该部分内容也是日常教学中教师容易忽视的内容，原因之一是该部分内容与生物学科的高度重合；原因之二是本部分内容的考查层级偏重辨识记忆水平，学生只需要机械记忆"知识点"即可。

日常教学的现状往往造成学生对于食品中的营养素的认识停留在简单记忆阶段，不能形成稳固的认识。前测调查结果显示，在生物学业水平考试结束一段时间后，学生对于不同营养素的种类和功能的记忆已经模糊不清，不能将营养素与食物相对应，不能从化学视角基于元素、能量守恒分析摄入不同营养素对于人体健康的意义，从营养角度解决人体健康问题的意识薄弱，没有形成健康饮食的模型。学生对于食品、服装等商品标签的阅读存在困难，没有主动获取信息、加工信息的意识。

案例13　完美身材计划

【案例信息】

人教版九年级（下册）第十二单元课题1《人类重要的营养物质》、课题2《化学元素与人体健康》

【项目简介】

随着现代信息技术的发展及电脑、手机的普及，学生的学习、娱乐、生活方式都发生了改变，眼界的开阔和社会价值观的引导，使处于青春期的中学生有了更强烈的追求好身材的意识，男生想变得更加高大强壮，女生想变得更加高挑美丽。对于完美身材的认识，学生中普遍存在着偏差和错误。例如，什么是才完美的身材，美与健康的关系，一些学生单纯地认为通过运动、健身或者节食可以长得更高更壮，割裂地看待体育课学习内容与身材的关系等。

基于项目式学习，学生通过分析讨论、查阅资料、亲身实践，逐渐熟悉不同营养素和化学元素对于人体健康的功能，形成运用元素观、变化观等化学观念解决问题的思路，运用化学和体育等学科的知识设计完美身材计划，形成良好的健康饮食模型，树立健康的生活观念。在方案制定过程中认识化学在解决与人体健康相关的问题中所起到的作用，培养一系列学科素养。

【学习目标】

（1）通过分析食品中的营养素，认识营养素、运动与人体健康的关系，建立健康饮食、运动模型。能依据健康模型，解决日常健康问题。

（2）通过分析食物营养素能量和物质的关系及转化，能从物质和能量的角度关注营养素与人体健康的关系；能用联系发展和动态平衡的观点从饮食、运动的角度解决健康问题。

（3）通过从一系列资料中提取有效信息的过程，能高效地获取信息：确认信息需求，认识到准确和完整信息是做出合理决定的基础；在批判性思维和解决问题的过程中使用信息；用恰当的方式生成并交流信息。

（4）通过饮食、运动与健康关系的分析过程，关注与化学有关的健康问题，赞赏化学学科对人体健康的贡献，积极参与有关健康问题的生活决策。

【项目流程】

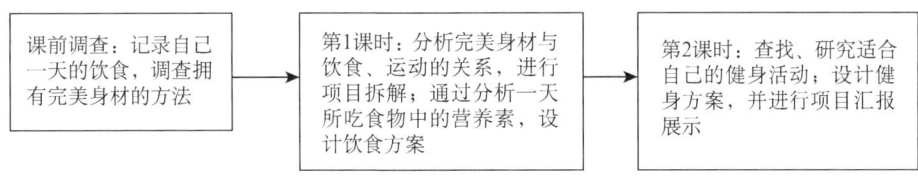

【教学过程】

【环节1】展示调查结果，分析完美身材与饮食和运动的关系，进行项目拆解

问题1：你认为谁的身材最完美？他用什么方法保持身材？请展示你的课前调查结果。

活动1：师生共同归纳，得出完美身材的要点及其与饮食和运动的关系。

学生展示自己心中的完美身材拥有者，介绍其保持完美身材的原因。

男生A：我心中的完美身材是篮球明星勒布朗·詹姆斯和足球明星克里斯蒂亚诺·罗纳尔多（以下简称"C罗"），因为他们身体强壮，身材高大，每年要花很多钱在保持身材上，主要是在健身和饮食方面。

男生B：我心中的完美身材是大卫雕像，该雕像的原型生活在海边，每天要做很多体力劳动，饮食是以鱼虾为主。

女生A：我认为模特刘雯的身材是最好的，她身材高挑，平时比较注意饮食。

女生B：我认为班里一些男生的身材是非常完美的，因为他们又高又瘦。他们平时总把吃饭的钱省下来买模型，中午还会抓紧时间去学校健身房健身（图3-5-1）。

图3-5-1 女生心中的完美身材——身材高挑、纤细

刮摩淬励　研精覃思
一位初中化学教师的教学实践

小结：大家心中的完美身材需要关注身高、体重、体型等。

影响因素：先天因素和后天因素。

先天因素：基因。

后天因素：饮食、运动等。

教师：既然先天因素我们没办法改变，但是通过后天努力可以改变，那么我们应该从饮食和运动两个方面思考如何拥有完美身材。

设计意图：

项目卷入，明确项目目标，拆解项目。

【环节2】评价一日饮食中的营养搭配，设计饮食方案

问题2：设计饮食方案前，请结合一些同学一天的饮食情况调查结果，谈谈这样的饮食是否有利于形成完美身材？

女生A：身高171 cm，体重96斤，想进一步长高，但是还想保持身材苗条，所以早晨只吃了一片面包；午餐不吃；下午喝一瓶酸奶；晚餐吃焖面和红豆薏米粥，红豆薏米有利于排除身体湿气（图3-5-2）。

女生B：身高156 cm，体重145斤，目前最想减肥，所以早餐只喝了一瓶矿泉水；午餐没去学校食堂吃饭，只是简单地吃了一块香肠面包；晚餐在家吃的烤鸭、干锅白菜、红烧肉和排骨汤（图3-5-3）。

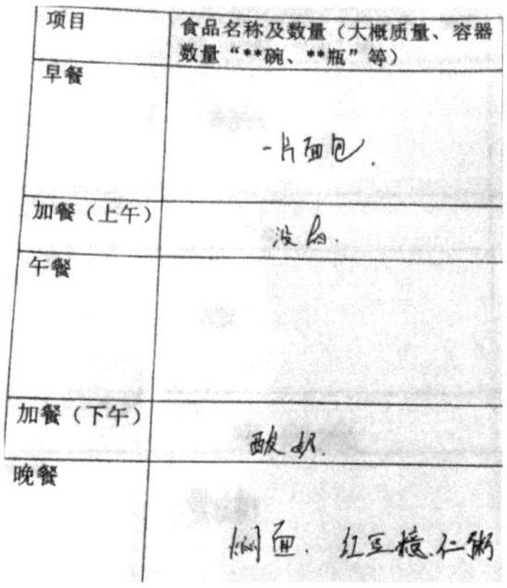

图3-5-2　女生A一日饮食　　图3-5-3　女生B一日饮食

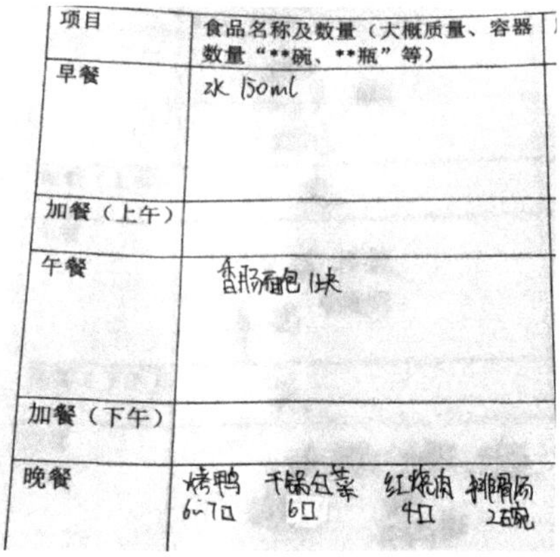

男生A：身高180 cm，体重91斤，希望进一步长高变强壮，因为牛奶中含有丰富蛋白质，有利于长个，所以早晨特意喝了3盒；中午去学校健身房锻炼身体，晚上和同学打篮球，所以没时间吃午饭，晚饭也没胃口吃太多，为了补充维生素，就吃了一些绿色蔬菜（图3-5-4）。

男生B：身高189 cm，体重160斤，每天的饮食由妈妈制定，不挑食，希望进一步变强壮，每天中午去学校健身房锻炼身体，放学后和同学打篮球（图 3-5-5）。

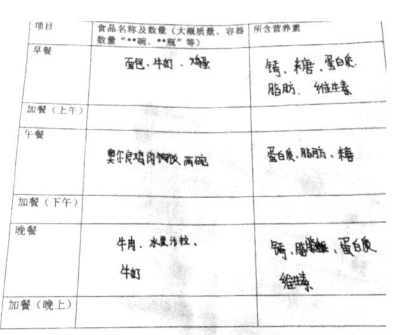

图 3-5-4　男生 A 一日饮食　　　图 3-5-5　男生 B 一日饮食

活动 2：小组讨论、分析不同同学一天的饮食是否健康，其中的营养素是否全面，分享讨论结果和建议。

小组 1：女生 A 吃的面包、焖面和红豆薏米粥的主要成分为淀粉，属于糖类，可以为人类提供能量；酸奶为奶制品，含有蛋白质。她的饮食结构过于单一，建议多吃一些富含维生素的蔬菜、水果，另外感觉蛋白质摄入不足，还需要多吃一些。

小组 2：女生 B 吃的香肠中的肥肉富含油脂，瘦肉含有蛋白质，面包含有淀粉，烤鸭、排骨中含有较多蛋白质，红烧肉中的油脂含量较高，综合考虑，饮食中的蔬菜、水果含量较少，缺乏维生素的摄入。另外，女生 B 饮食不规律，白天吃得少，晚上可能会吃得比较多，晚餐油脂含量较高，不利于减肥。

小组 3：男生 A 摄入的营养素中的蛋白质是形成人体细胞的基本物质，肌肉也是由细胞组成的，所以补充蛋白质可以生长肌肉，但是每日需要的热量不足，中午和晚上吃得过少，所以会很瘦，应该多吃一些主食，补充热量。男生 B 饮食丰富且能保证一日三餐，还注意锻炼身体，所以身材高大、体型标准。

教师点评：糖类、油脂和蛋白质都可以为人体提供能量，但是比例不同，糖类是主要的功能物质，人体 70% 的能量都来自它，20%～30% 的能量靠油脂补充。蛋白质提供一部分能量，但其最主要的作用是形成人体细胞，如果人体摄入糖类和油脂不足，蛋白质都用来提供能量，还是不能保证人体细胞的形成，也是就无法长大个和长肌肉的。经计算，女生 A 每天摄入的能量为 1966 kJ，女生 B 为 5532 kJ，男生 A 为 2905 kJ，男生 B 为 6160 kJ。女生 B 虽然不吃早饭，但是热量摄入偏高，不利于减肥；男生 A 摄入的能量不足，运动量又很大，所以蛋白质不能保证其身高和肌肉增长。女生 A 摄入的蛋白质不足，也会影响其身高增长和身体健康。有些女生由于摄入蛋白质不足，不能形成人体细胞，减肥过程中会脱发或者皮肤暗淡甚至面容衰老。男生 B 饮食均衡，虽然摄入热量最高，但运动量较大，所以摄入热量和营养是最合理的。

刮摩淬励　研精覃思
一位初中化学教师的教学实践

教师：让我们再来看一下拥有完美身材的明星的食谱，分析一下其营养素是否均衡（图 3-5-6 至图 3-5-7）。

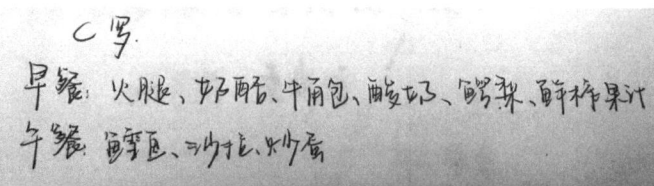

图 3-5-6　球星 C 罗的食谱[①]

刘雯
早餐：香蕉、蓝莓、桃子、红豆粥、豆奶
午餐：腊肠、南瓜、凉拌秋葵、小烧麦、奶黄包、一小块油饼与榨菜
加餐：一些饼干、橙汁
晚餐：黑咖啡、鸡蛋、奶酪、豆制品

图 3-5-7　模特刘雯的食谱

学生 A：C 罗的饮食中蛋白质摄入比刘雯多，油脂含量和蛋白质含量比较高，因为他想练出肌肉，而且运动量比较大，可以把油脂中多余的能量消耗掉。刘雯的食物种类非常丰富，糖类、油脂、蛋白质、维生素、无机盐和水等营养素都包括，相对于 C 罗来说，蔬菜、水果更多一些。

教师点评：肥肉和坚果中虽然含有较多油脂，但是很多维生素是脂溶性的。维生素有利于人体健康。例如，维生素 D 可以促进无机盐钙的吸收，而钙又是形成人体骨骼和牙齿的主要成分，是人体的常量元素，所以我们的饮食要均衡，根据每日膳食宝塔（图 3-5-8），结合自身实际情况进行适当调整。

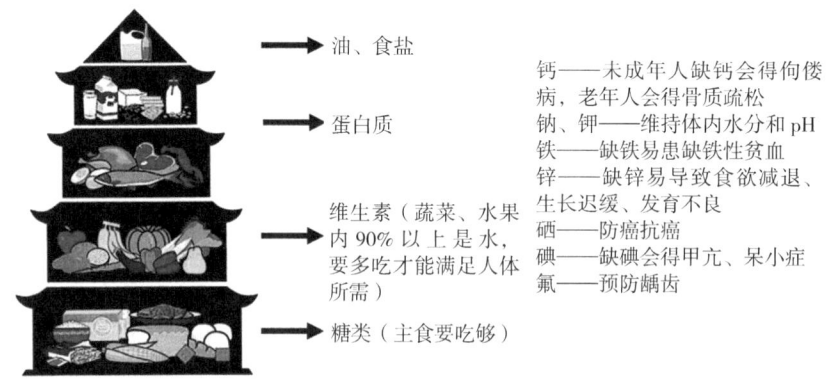

图 3-5-8　每日膳食宝塔及多种无机盐的功能

---
① 补充资源：C 罗晚餐一般分两顿，第一顿旗鱼、沙拉，第二顿牛排、鱿鱼等。

设计意图：

认识营养素与人体健康的关系，加深对营养素功能的认识及对食物与营养素联系的认识；从物质和能量的角度体会营养素与人体健康的关系；结合膳食宝塔等资料，初步形成合理的饮食思路。

【环节3】设计完美身材计划之健康饮食计划

问题3：你能根据研讨结果，结合学校、家庭和自身的实际情况，设计一天的健康食谱吗？

活动3：根据食物营养成分表，设计适合自己的菜肴，展示自己的食谱，教师及学生进行评价（图3-5-9）。

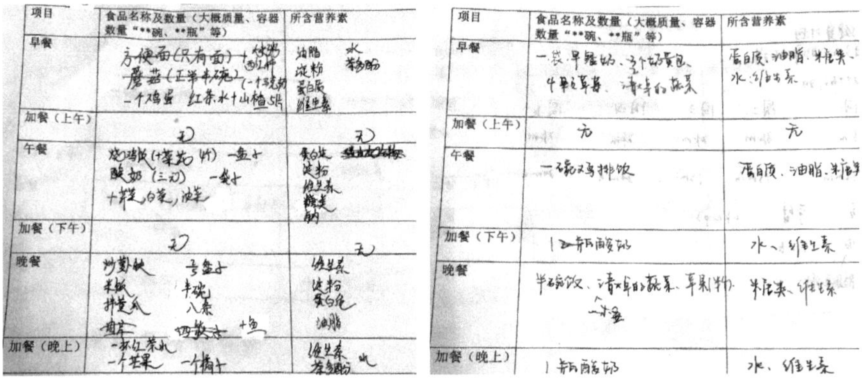

图3-5-9 学生结合自身情况改进后的一日食谱

学生A：我想长得高一些，可以多摄入一些蛋白质和钙，也需要摄入一些坚果，因为其中含有维生素D，可以帮助钙质吸收。但是坚果摄入过多热量可能会超标，因此我要多运动，比如跑步时多跑几圈。

学生B：我属于天生易胖体质，但是身体需要摄入的营养，我也不能少吃，所以要多运动，而且要练出一些肌肉，提高自己的能量代谢能力，可以去健身房进行锻炼。

教师：因此，我们还需要找到适合自己的体育活动，所以给大家布置一项作业，在家中查找资料，选择适合自己的体育运动，设计一套和食谱相互配合的运动计划，下节课进行展示。

设计意图：

应用所学，建立动态的营养素与人体健康的关联，在设计和改进一日食谱的过程中形成合理膳食的意识和健康饮食模型。

> 刮摩淬励　研精覃思
> 一位初中化学教师的教学实践

【板书设计】

完美身材计划

（一）健康饮食方案　　　　　　　　（二）健身方案

$\begin{cases} 营养素全面 \\ 食物比例合理 \\ 根据自身需求调整 \end{cases}$

【教学反思】

课程首先为完美身材下定义，学生基于自身认识，结合心中偶像和调查资料的初步结果，展开讨论，将自身对完美身材的理解外显，在分析过程中逐渐对完美身材形成较为正确、统一的认识，同时将项目拆解为制订饮食计划和制订健身计划两部分。

在设计饮食方案的过程中，对每种营养素的功能价值、不同食物富含的营养素进行分析，意识到每种营养素都是人类不可或缺的，要根据需要，从能量和元素的角度摄入不同比例的食物，逐渐形成健康饮食的观念和模型；在健身方案的设计中，认识到体育课中的体能、技能运动都对形成完美身材有重要作用，课堂学习不仅仅为了学业考试，更重要的是对身体健康有着重要意义。

"完美身材计划"项目有效调动学生学习的积极性，形成了健康生活模式，对处于青春期的学生起到了正确价值观的引导，积极落实全国教育大会提出的"五育并举"全面发展的要求，聚焦德育、美育、体育等教育，有效解决学生节食、挑食、不规律饮食等问题，让学生不再割裂地看待体育课学习与实际健身运动等。

项目的实施和完成过程，引导学生从化学学科角度，基于能量、物质转化认识人体内的化学变化，在分析讨论的过程中对不同信息、观点和结论进行质疑与批判，提升学生参与社会调查实践、提出解决实际问题初步方案的能力，提升学生与他人沟通、交流、合作问题解决的能力，培养学生勇于放弃错误观点、反对伪科学的科学精神，引导学生产生运用化学知识对生活问题做出判断和决策的意识，引领学生形成健康饮食和合理运动的受益终身的价值观。

附录 3-5-1

前测：一日饮食情况调查

项目	食品名称及数量（大概质量、容器数量"××碗、××瓶"等）	所含营养素
早餐		

续表

项目	食品名称及数量（大概质量、容器数量"××碗、××瓶"等）	所含营养素
加餐（上午）		
午餐		
加餐（下午）		
晚餐		
加餐（晚上）		

附录 3-5-2

资料1：营养素参考值（NRV）日推荐摄入量标准			
能量和营养素	NRV/天	营养素	NRV/天
能量	8400 kJ		
蛋白质	60 g	钙	800 mg
油脂	＜60 g	磷	700 mg
糖类	300 g	钾	2000 mg
维生素 C	100 mg	钠	2000 mg
维生素 A	800 μg	镁	300 mg
维生素 D	5 μg	铁	15 mg
维生素 E	14 mg	锌	15 mg
维生素 B_1	1.4 mg	碘	150 μg
维生素 B_2	1.4 mg	硒	50 μg
维生素 B_6	1.4 mg		
维生素 B_{12}	2.4 μg		
注：蛋白质、油脂、糖类供能分别占总能量的13%、27%与60%。			

刮摩淬励 研精覃思
一位初中化学教师的教学实践

资料2：中国营养学会发布《中国居民膳食指南》，以"膳食宝塔"的形式（附图1）提出了中国人每天在饮食营养方面较为理想的膳食模式。如一周内，总的膳食量保持平衡，饮食结构达到标准，即可保证身体健康。

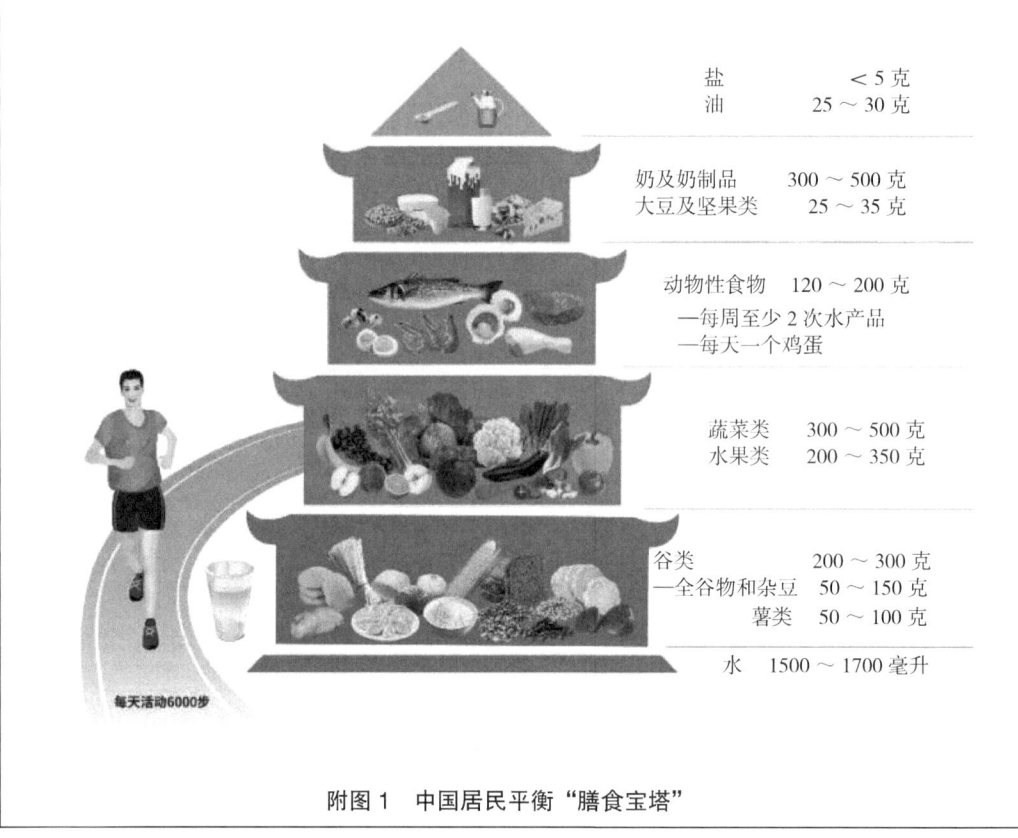

附图1 中国居民平衡"膳食宝塔"

资料3：常见食物成分如附表1所示。

第三章 指向综合素养培养的项目式教学实践

附表 1 常见食物成分

食物名称	食部/%	能量/kJ	水分/g	蛋白质/g	脂肪/g	糖类/g	胡萝卜素/μg	维生素 A/μg	维生素 B_1/mg	维生素 B_2/mg	维生素 C/mg	维生素 E/mg	钙/mg	铁/mg	锌/mg	磷/mg	硒/μg
谷类																	
稻米（粳）	100	1435	14	7.7	0.6	76.8	—		0.16	0.08		1.01	11	1.1	1.45	121	2.50
小麦粉（标准粉）	100	1439	13	11.2	1.5	71.5	—		0.28	0.08		1.80	31	3.5	1.64	188	5.36
玉米面（黄）	100	1423	12	8.1	3.3	69.6	40		0.26	0.09		3.80	22	3.2	1.42	196	2.49
豆类																	
豆腐	100	339	83	8.1	3.7	3.8	—		0.04	0.03		2.71	164	1.9	1.11	119	2.30
黄豆	100	1502	10	35.1	16.0	18.6	220		0.41	0.20		18.90	191	8.2	3.34	465	6.16
绿豆	100	1322	12	21.6	0.8	55.6	130		0.25	0.11		10.95	81	6.5	2.18	337	4.28
蔬菜类																	
胡萝卜（黄）	97	180	87	1.4	0.2	8.9	4010		0.04	0.04	16	—	32	0.5	0.14	16	2.80
马铃薯（土豆）	94	318	80	2.0	0.2	16.5	30		0.08	0.04	27	0.34	8	0.8	0.37	40	0.78
菠菜（赤根菜）	89	100	91	2.6	0.3	2.8	2920		0.04	0.11	32	1.74	66	2.9	0.85	47	0.97

> 刮摩淬励　研精覃思
>> 一位初中化学教师的教学实践

续表

食物名称	食部/%	能量/kJ	水分/g	蛋白质/g	脂肪/g	糖类/g	胡萝卜素/μg	维生素A/μg	维生素B_1/mg	维生素B_2/mg	维生素C/mg	维生素E/mg	钙/mg	铁/mg	锌/mg	磷/mg	硒/μg
大白菜(青白口)	83	63	95	1.4	0.1	2.1	80		0.03	0.04	28	0.36	35	0.6	0.61	28	0.39
韭菜	90	109	92	2.4	0.4	3.2	1410		0.02	0.09	24	0.96	42	1.6	0.43	38	1.38
芹菜(叶柄)	67	84	93	1.2	0.2	3.3	340		0.02	0.06	8	1.32	80	1.2	0.24	38	0.57
冬瓜	80	46	97	0.4	0.2	1.9	80		0.01	0.01	18	0.08	19	0.2	0.07	12	0.22
黄瓜	92	63	96	0.8	0.2	2.4	90		0.02	0.03	9	0.46	24	0.5	0.18	24	0.38
番茄	97	79	94	0.9	0.2	3.5	550		0.03	0.03	19	0.57	10	0.4	0.13	2	0.15
辣椒(尖,青)	84	96	92	1.4	0.3	3.7	340		0.03	0.04	62	0.88	15	0.7	0.22	3	0.62
茄子	93	88	93	1.1	0.2	3.6	50		0.02	0.04	5	1.13	24	0.5	0.23	2	0.48
水果类																	
梨	75	134	90.0	0.4	0.1	7.3	—		0.01	0.04	1	—	11	—	…	12	0.70
苹果	76	218	86	0.2	0.2	12.3	20		0.06	0.02	4	2.12	4	0.6	0.19	12	0.12
葡萄	86	180	88.7	0.5	0.2	9.9	50		0.04	0.02	25	0.70	5	0.4	0.18	13	0.20
桃	86	201	86.4	0.9	0.1	10.9	20		0.01	0.03	7	1.54	6	0.8	0.34	20	0.24
香蕉	59	381	75.8	1.4	0.2	20.8	60		0.02	0.04	8	0.24	7	0.4	0.18	28	0.87

续表

食物名称	食部/%	能量/KJ	水分/g	蛋白质/g	脂肪/g	糖类/g	胡萝卜素/μg	维生素A/μg	维生素B_1/mg	维生素B_2/mg	维生素C/mg	维生素E/mg	钙/mg	铁/mg	锌/mg	磷/mg	硒/μg
干果类																	
花生（生）	53	1247	48.3	12.1	25.4	5.2	10		…	0.04	14	2.93	8	3.4	1.79	250	4.50
核桃（鲜）	43	1368	49.8	12.8	29.9	1.8	—		0.07	0.14	10	41.17	—	—	—	—	—
肉类																	
牛肉（肥，瘦）	100	795	68.1	18.1	13.4	0		9	0.03	0.11		0.22	8	3.2	3.67	143	19.81
羊肉（肥，瘦）	90	828	66.9	19.0	14.1	0		22	0.05	0.14		0.26	6	2.3	3.22	146	32.20
猪肝	99	540	70.7	19.3	3.5	5.0		4972	0.21	2.08	20	0.86	6	22.6	5.78	310	19.21
猪肉（肥，瘦）	100	1654	46.8	13.2	37.0	2.4		114	0.22	0.16		0.49	6	1.6	2.06	162	11.97
鸡	66	699	69.0	19.3	9.4	1.3		48	0.05	0.09		0.67	9	1.4	1.09	156	11.75
鸭	68	1004	63.9	15.5	19.7	0.2		52	0.08	0.22		0.27	6	2.2	1.33	122	12.25
带鱼	76	531	73.3	17.7	4.9	3.1		29	0.02	0.06		0.82	28	1.2	0.70	191	36.57
鲫鱼	54	452	75.4	17.1	2.7	3.8		17	0.04	0.09		0.68	79	1.3	1.94	193	14.31
鲤鱼	54	456	76.7	17.6	4.1	0.5		25	0.03	0.09		1.27	50	1.0	2.08	204	15.38

> 刮摩淬励 研精覃思
> 一位初中化学教师的教学实践

续表

食物名称	食部/%	能量/KJ	水分/g	蛋白质/g	脂肪/g	糖类/g	胡萝卜素/μg	维生素A/μg	维生素B_1/mg	维生素B_2/mg	维生素C/mg	维生素E/mg	钙/mg	铁/mg	锌/mg	磷/mg	硒/μg
乳类																	
牛乳	100	226	89.8	3.0	3.2	3.4		24	0.03	0.14	1	0.21	104	0.3	0.42	73	1.94
牛乳粉（全脂）	100	2000	2.3	20.1	21.2	51.7		141	0.11	0.73	4	0.48	676	1.2	3.14	469	11.80
蛋类																	
鸡蛋（红皮）	88	653	73.8	12.8	11.1	1.3		194	0.13	0.32		2.29	44	2.3	1.01	182	14.98
鸡蛋（白皮）	87	577	75.8	12.7	9.0	1.5		310	0.09	0.31		1.23	48	2.0	1.00	176	16.55
鸭蛋	87	753	70.3	12.6	13.0	3.1		261	0.17	0.35		4.98	62	2.9	1.67	226	15.68
油脂类																	
豆油	100	3761	0.1		99.9	0		…		微		93.08	13	2.0	1.09	7	3.32
花生油	100	3761	0.1		99.9	0		…		微		42.06	12	2.9	8.48	15	2.29

202

第三章
指向综合素养培养的项目式教学实践

附录 3-5-3 学生改进后的一日饮食及健身计划

附图 1、附图 2 分别给出了学生改进后的一日饮食及其制订的健身计划。

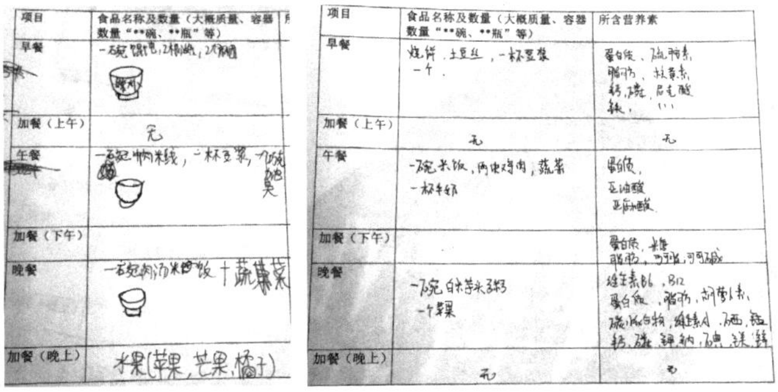

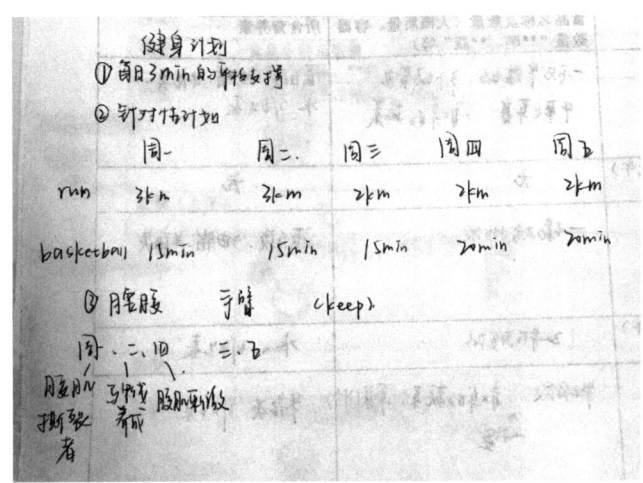

附图 1 改进后的一日饮食

附图 2 学生制订的健身计划

第六节 跨学科实践：基于碳中和理念设计低碳行动

《课程标准》强调实践，学生在跨学科的实践活动中经历实验探究，可有效帮助他们形成学习能力，提升他们完成综合实践活动、综合运用化学等学科知识和方法的能力，帮助他们形成科学探究与实践素养。"化学与社会·跨学科实践"主题提出一系列跨学科实践活动，如"基于碳中和理念设计低碳行动方案""探究土壤酸碱性对植物生长的影响"等 10 项，并指出所用课时不得少于本学科总课时的 10%。在《课程标准》的引领下，笔者在初三新授课、复习课和跨学段教学中尝试设计并实施了基于项目的

> 刮摩淬励　研精覃思
> 　　一位初中化学教师的教学实践

跨学科实践活动，取得了一系列教学经验和研究成果，教师的教学理念有效更新，为日常教学的改进提供了新的思路和灵感。

案例 14　基于碳中和理念设计低碳行动方案

【案例信息】

人教版九年级（上册）第六单元《碳和碳的氧化物》、第七单元课题 2《燃料的合理利用与开发》

【项目简介】

《课程标准》提出要对低碳行动等社会性议题开展讨论，积极参与相关的综合实践活动，其中"化学与社会·跨学科实践"一级主题中指出要开展基于碳中和理念设计低碳行动方案等跨学科实践活动。

随着工业的发展和人们各方面需求的提高，能源消耗量急剧增加，向大气中排放的二氧化碳等温室气体的量也增多，这些都使温室效应增强、全球气候变暖，引发了冰川融化、海平面上升、洪涝灾害等一系列灾害，对生态系统和自然资源造成了严重破坏。

1992 年，150 多个国家及欧洲经济共同体在联合国大会召开期间共同签署了《联合国气候变化框架公约》，目标是将大气温室气体浓度维持在一个稳定的水平。2016 年，由 170 余个缔约方共同签署了《巴黎协定》，提出全球碳排放全面减缓目标。2020 年 9 月 22 日，习近平主席在联合国大会上指出，应对气候变化《巴黎协定》代表了全球绿色低碳转型的大方向，是保护地球家园需要采取的最低限度行动，各国必须迈出决定性步伐。2021 年全国两会上，"碳达峰""碳中和"被写入政府工作报告，并定为 2021 年八大工作重点之一。

基于碳中和理念的低碳行动方案设计，首先要搞清低什么"碳"，为什么要"低碳"，需要学生了解自然界中碳循环的核心知识，需要学生从元素视角认识物质的转化，发展元素观和变化观。低碳行动的最终目的是恢复自然界碳循环中的二氧化碳的动态平衡，由此发展学生可持续发展的观念。

设计低碳行动方案的核心思路是"碳中和"，即二氧化碳的排放量等于吸收量。一方面要控制二氧化碳的产生，需要搞清楚二氧化碳从哪里来，哪些化学反应能生成二氧化碳；另一方面要增加二氧化碳的吸收和转化，就要懂得二氧化碳能和什么物质反应或者被何种物质吸收。

认识二氧化碳的产生，需要学生从二氧化碳含有碳元素和氧元素这个组成的角度来认识反应物化石燃料的燃烧和水泥制备的过程，发展学生的元素观和变化观。学生在建立了元素观和变化观后再去认识实验室制备二氧化碳的反应原理，并通过对二氧化碳制备装置、收集和检验方法的分析，可以更好地归纳出气体制备的一般思路方法。学生应综合运用来源和转化的途径，以及相关法规和政策的推动，结合科学、技术、工程、社会的相关内容，设计低碳行动的具体措施，从个人行为、国家工程、国际合作等不同层面进行基于"碳中和"理念的低碳行动方案的系统设计。

学习吸收、转化二氧化碳，就要学习二氧化碳的性质，通过二氧化碳与水、氢氧化钙溶液、氢氧化钠溶液的反应探究过程，发展学生的科学探究能力，再利用二氧化碳这一反应物的性质，让它向其他含碳物质转化的过程中，发展学生的元素观和变化观。利用性质进行转化的过程涉及二氧化碳的应用问题，深刻理解物质的性质决定其用途，用途又体现了它的性质。

让学生在"低碳行动方案的系统设计"框架下，结合科学、技术、工程、社会的相关内容，设计低碳行动的具体措施，了解科学、技术、社会在低碳行动保护环境中的意义和价值，了解我国颁布的一些具体政策和法规在低碳行动中的推动作用，可以更好地培养公民的科学态度及社会责任感。

低碳行动项目有助于帮助学生了解人为过度排放二氧化碳造成的全球气候问题的严重性，认识到全球实现碳中和的必要性和紧迫性；有助于帮助学生了解碳中和对于地球环境、国家发展、个人生活的重要意义，了解我国在实现碳中和目标的过程中遇到的巨大挑战及我国碳中和的国家战略和方案措施；有助于帮助学生认识到遵守国际公约、构建人类命运共同体、保护地球家园是每个人的责任；有助于培养学生在平常生活中的衣、食、住、行、用等方面自觉自愿践行低碳行动的意识，增强学生的社会责任感和使命感。

该项目承载的相关知识的学习，有助于发展学生的元素观和变化观，形成学习物质性质和物质制备的一般思路和方法，提升综合复杂实际问题的解决能力；有助于学生了解"碳中和"中的跨学科知识、技术与工程方面的研究成果及国家法规政策的相关内容，体会科学进步对提高人类生活质量所做出的巨大贡献。

【学习目标】

（1）通过对人类活动、温室效应、生态环境变化、自然界碳循环之间关系的分析，了解采取低碳行动、保护环境的必要性和紧迫性，建立可持续发展的观念。

（2）通过对我国实现碳中和目标遇到的挑战，以及碳中和的国家政策、方案措施、相关政策和法规的了解，增强学生的社会责任感和使命感。

刮摩淬励　研精覃思
一位初中化学教师的教学实践

（3）通过探讨碳循环及以二氧化碳为核心的物质转化过程，培养学生从元素的视角认识二氧化碳的产生与转化的能力，让学生掌握二氧化碳的制备原理和主要性质，发展学生的元素观和变化观。

（4）通过对二氧化碳来源与转化的科学探究活动，形成研究物质制备、性质与转化的一般思路和方法，发展从提出假设，到设计、进行实验验证、归纳得出结论的科学探究能力，并强化控制变量的实验思想。

（5）通过应用二氧化碳的性质及转化关系分析、解释、设计、评价低碳措施，了解科学、技术、社会、法规政策在环境可持续发展中的重要作用，培养学生形成理性、综合、创新的思维分析方式，培养学生多角度分析实际复杂问题的能力。

【项目学习活动规划】

课时	学生活动	核心知识与技能	素养	时长
导引课 什么是低碳？ 为什么要低碳？解决思路是什么？	（1）课前，了解碳中和的概念，尝试设计低碳行动方案 （2）课上，讨论碳中和的原因及方法 （3）课后，设计低碳行动方案1.0，调查二氧化碳的主要来源	（1）明确低碳行动中的"碳"是二氧化碳，了解其他含碳元素的物质，知道大气中的二氧化碳会造成温室效应 （2）感知自然和社会存在含碳物质的转化 （3）知道碳中和即二氧化碳的排放和吸收达到平衡	（1）认识到温室效应会对环境产生影响，且该影响具有急迫性，产生环境保护的责任感，认识到人类可以改善温室效应 （2）形成降低大气中二氧化碳含量的初步思路框架	1课时
探究课1 二氧化碳从哪里来？	（1）课上，汇报大气中二氧化碳的主要来源，进一步挖掘背后的反应及转化；开展分组实验，研究如何在实验室中制备二氧化碳；寻找和论证低碳的途径 （2）课后，完善低碳行动方案，查阅吸收二氧化碳的方法	（1）知道煤、石油、天然气等含碳物质的燃烧和水泥工业等产生的二氧化碳是大气中二氧化碳的主要来源，知道甲烷燃烧的化学方程式 （2）知道化石燃料不可再生，它燃烧会造成环境污染 （3）掌握实验室制备二氧化碳的原理及具体方法	（1）从元素守恒的角度系统认识大气中二氧化碳的来源 （2）形成气体制备的一般思路和方法，关注制备过程中的成本问题及定量问题 （3）从元素守恒的角度认识到含碳元素的物质与二氧化碳之间的转化，形成通过减排降低大气中二氧化碳含量的思路方法	2课时

续表

课时	学生活动	核心知识与技能	素养	时长
探究课2 二氧化碳能去哪?	(1)课上,分享课前调查结果,展示吸收、转化二氧化碳的方法,设计实验,探究二氧化碳与水、常见碱的反应,评价可能吸收二氧化碳的方法,分析性质与用途的关系等 (2)课后,完善低碳行动方案,从政策法规等角度研究低碳行动	(1)能设计实验,用变量控制法研究二氧化碳与水的反应,理解二氧化碳可溶于水 (2)理解二氧化碳的物理性质和化学性质,建立二氧化碳性质与用途的关系	(1)提升通过控制变量法研究物质性质的科学探究能力 (2)从元素守恒的角度认识二氧化碳可以被吸收、转化为其他含碳物质,从成本、技术等角度分析单纯地将二氧化碳吸收与转化为对人类有用的物质的优劣 (3)形成通过吸收、转化降低大气中二氧化碳的思路方法	2课时
探究课3 低碳行动方案的设计	(1)课上,从新能源的使用和推广、甲醇工业等有用物质转化的角度,综合科学、技术、社会和环境等方面的因素,探讨改进低碳行动的可行性 (2)课后,设计低碳行动方案2.0	(1)应用二氧化碳主要的物理性质和化学性质,充分理解性质与用途的关系 (2)从元素守恒、成本和定量的角度了解新能源 (3)深刻理解自然界含碳物质的转化,认识自然界的碳循环过程	综合考虑社会生活实际,结合定量分析,权衡利弊,改进行动方案,形成低碳行动方案2.0,提升国家认同感、社会责任感	1.5课时
展示课 低碳行动方案展示	(1)课上,小组展示、评价低碳行动方案2.0,改进方案 (2)课后,改进低碳行动方案,设计、宣传、推广低碳行动方案3.0	巩固二氧化碳的物理性质的化学性质,深度理解自然界中碳循环过程	综合各种因素,分析和探讨二氧化碳排放可能为人类社会可持续发展带来的双重影响,从个人、国家和国际层面全方位改进行动方案,形成方案3.0	2课时

【项目作品规划】

项目作品	形式	完成时间
低碳行动方案1.0(初步框架)	简易手抄报(课前)、海报(课后)	导引课
修改低碳行动方案1.0——从节能减排和吸收转化两个角度降低大气中二氧化碳的含量	电子文档	探究课1
	电子文档	探究课2

刮摩淬励 研精覃思
一位初中化学教师的教学实践

续表

项目作品	形式	完成时间
低碳行动方案2.0——综合改进	海报	探究课3
低碳行动方案3.0	宣传手册、视频	展示课

【持续性评价方案】

（一）导引课

编号	评价内容	评价任务	评价标准	评价方式
1	自然界中碳的存在和转化	（1）前测及课前设计的低碳行动方案 （2）讨论碳中和的原因及方法	（1）不了解碳的存在及转化 （2）知道碳的存在，但是对碳元素和含碳物质概念区分不清，不了解碳的转化 （3）能区分碳元素、碳单质、二氧化碳等概念，感知自然和社会中存在含碳物质的转化	前测、课堂表现、学案
2	温室效应的危害及原因	（1）前测及课前设计的低碳行动方案 （2）讨论碳中和的原因及方法 （3）设计低碳行动方案1.0，调查二氧化碳的主要来源	（1）对温室效应的危害和原因认识不清 （2）知道大气中的二氧化碳会造成温室效应，温室效应会对环境产生影响 （3）知道温室效应对环境的具体影响，且明晰该影响具有急迫性，有保护环境的责任感和改善温室效应的想法	前测、课堂表现、学案、行动方案
3	低碳行动方案	（1）课前设计的低碳行动方案 （2）设计低碳行动方案1.0	（1）无思路框架 （2）从二氧化碳的排放和吸收两个角度设计低碳行动方案 （3）从二氧化碳的排放和吸收两个角度设计低碳行动方案，同时关注成本、政策等问题	前测、行动方案的改进

（二）探究课

编号	评价内容	评价任务	评价标准	评价方式
探究课1-1	二氧化碳的来源及转化关系	（1）课上，汇报二氧化碳的主要来源，并分析其转化 （2）课后，完善低碳行动方案1.0	（1）对二氧化碳的来源认识不清 （2）知道化石燃料燃烧和水泥工业等是二氧化碳的主要来源，且不可再生，会造成环境污染，知道甲烷燃烧的化学方程式 （3）从元素守恒的角度认识到含碳元素的物质与二氧化碳之间的转化关系，系统认识大气中二氧化碳的来源	课前分享交流内容、课堂表现、学案、行动方案的改进

续表

编号	评价内容	评价任务	评价标准	评价方式
探究课 1-2	二氧化碳的制备	（1）课上，开展分组实验，研究如何在实验室中制备二氧化碳 （2）课后，完成课时作业	（1）不能或部分掌握二氧化碳的制备方法，没有气体的制备思路 （2）掌握二氧化碳的制备方法，但对气体制备思路不清 （3）熟练掌握二氧化碳的制备方法，形成气体制备的一般思路和方法，关注制备过程中的成本及定量等问题	课堂表现、学案、课时作业
探究课 2-1	二氧化碳的吸收及转化关系	（1）课上，分享吸收、转化二氧化碳的方法，评价可能的吸收方法，分析性质与用途的关系等 （2）课后，完善低碳行动方案	（1）知道二氧化碳能被水吸收，但对于二氧化碳溶于水时既发生了物理变化又发生了化学变化认识不清 （2）理解二氧化碳的物理性质和化学性质，初步建立二氧化碳性质与用途的关系 （3）能从元素守恒的角度认识二氧化碳的吸收、转化，从成本、技术等角度分析吸收、转化不同物质的意义	课前分享交流内容、课堂表现、学案、课时作业
探究课 2-2	二氧化碳的性质实验	（1）课上，设计实验，探究二氧化碳与水、常见碱的反应 （2）课后，完成课时作业	（1）不理解实验原理 （2）理解实验原理，学习了二氧化碳的主要性质 （3）能设计实验，通过变量控制法研究二氧化碳与水反应的实验，通过演示实验理解二氧化碳的主要物理性质和化学性质	课前分享交流内容、课堂表现、学案、课时作业
探究课 3	从不同角度设计完善低碳行动方案	（1）课上，综合考虑科学、技术、社会和环境等方面的因素，探讨改进低碳行动方案的可行性 （2）课后，设计低碳行动方案2.0	（1）仅能从吸收和转化的角度设计低碳行动方案 （2）从元素守恒、成本和定量等不同角度思考减排和吸收、转化二氧化碳的方案，认识到设计低碳行动方案的需要考虑不同角度 （3）较深刻地理解自然界含碳物质的转化，认识自然界的碳循环过程，认识到科学、技术、社会、法规政策在环境可持续发展中的重要作用，具有多角度分析解决实际复杂问题的能力，国家认同感、社会责任感有较大提升	课前分享交流内容、课堂表现、学案、行动方案的改进

（三）项目展示课

编号	评价内容	评价任务	评价标准	评价方式
1	低碳行动方案内容	（1）课上，小组展示、评价低碳行动方案2.0，改进方案 （2）课后，改进低碳行动方案，设计、宣传、推广低碳行动方案3.0	（1）设计可通过节能减排和吸收、转化两种方法降低大气中二氧化碳的方案 （2）考虑社会生产、生活实际，结合定量分析权衡利弊，设计较综合的低碳行动方案 （3）深度理解二氧化碳的性质及自然界中碳循环过程，综合各种因素，分析和探讨二氧化碳排放可能给人类社会可持续发展带来的双重影响，从个人、国家和国际层面全方位改进行动方案，形成3.0版本	前测、课堂表现、学案
2	低碳行动方案展示过程	（1）课上，小组展示、评价低碳行动方案2.0，改进方案 （2）课后，改进低碳行动方案，设计、宣传、推广低碳行动方案3.0	（1）任务始终由组长或一人承担，方案内容粗糙或有较多错误，内容重复或不清晰，情感淡漠 （2）组内分工较明确，方案展示内容准确，语言流畅、科学，有适当反思，态度积极 （3）组内分工明确合理，组员积极配合，方案展示形式美观，内容结构化，重点突出，表达生动、精练，反思后有较大提升改进，知识科学，情感充沛	前测、课堂表现、学案

【教学过程】（以导引课为例）

【学习目标】

（1）通过课下查阅资料、课堂观看相关视频、分析图表和研究讨论，从物质转化的角度理解碳中和的概念，理解温室效应的形成原因，初步感知碳循环。

（2）通过对政策的解读和实际案例分析，形成低碳行动价值认同，意识到其必要性，感知低碳生活、低碳经济的含义，认识到实现碳中和是一种机遇也是一种挑战。

（3）通过小组交流、分享、合作，完成方案设计任务，形成低碳行动方案的基本框架，提升小组合作能力和解决问题的能力。

【课前活动】

填写项目前测问卷，观看丁仲礼院士《中国"碳中和"框架线路图研究》视频，初步制定低碳行动方案框架。

活动意图：

调查对二氧化碳性质、用途、影响的认识；引发思考，关注温室效应、碳中和等关键词；初步形成低碳行动价值认同。

教师准备：

（1）设计并组织学生填写调查问卷。

（2）组织学生观看相关视频。

【课堂活动】

【引入】项目卷入，明确项目任务

播放视频、观看图片、新闻及文件等：①电影《后天》片段；②2019年南极冰层出现大型裂痕，2021年2月裂痕以肉眼可见的速度扩展；③2021年中国气象局发布的冬天拉尼娜现象、极寒天气相关信息（图3-6-1至图3-6-3）；④相关会议、文件。

图3-6-1 电影《后天》片段

图3-6-2 2019年南极大型裂痕

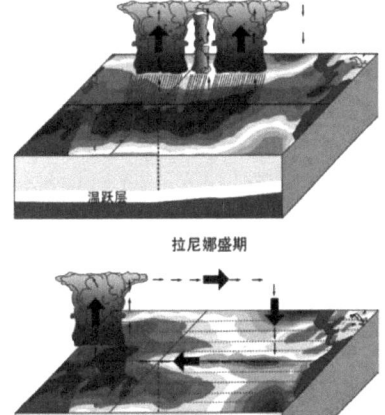

图3-6-3 2021年中国气象局发布的冬天拉尼娜现象、极寒天气相关信息

刮摩淬励 研精覃思
一位初中化学教师的教学实践

教师：低碳行动人人有责，接下来同学们要以小组为单位设计低碳行动方案，在1～2周，经历几轮次的组间评比和改进，最终形成低碳行动方案，进行宣传和推广。

活动意图：

通过课下查阅资料、课堂观看相关视频、分析图表和研究讨论，初步了解生成二氧化碳和消耗二氧化碳的常见反应，从物质转化的角度理解碳中和的概念，理解温室效应的形成原因，初步感知碳循环。

教师准备：

前测问卷调查结果分析

支持资料1：视频——《后天》影片片段；

支持资料2：文字、图片——南极冰盖变化；

支持资料3：文字、图片——拉尼娜现象新闻。

【环节1】分析进行低碳行动方案设计的意义

问题1：什么是"低碳"？我们为什么要采取低碳行动？

活动1：依据材料，分析低碳行动中的"碳"是什么？相关材料如图3-6-4至图3-6-7所示。

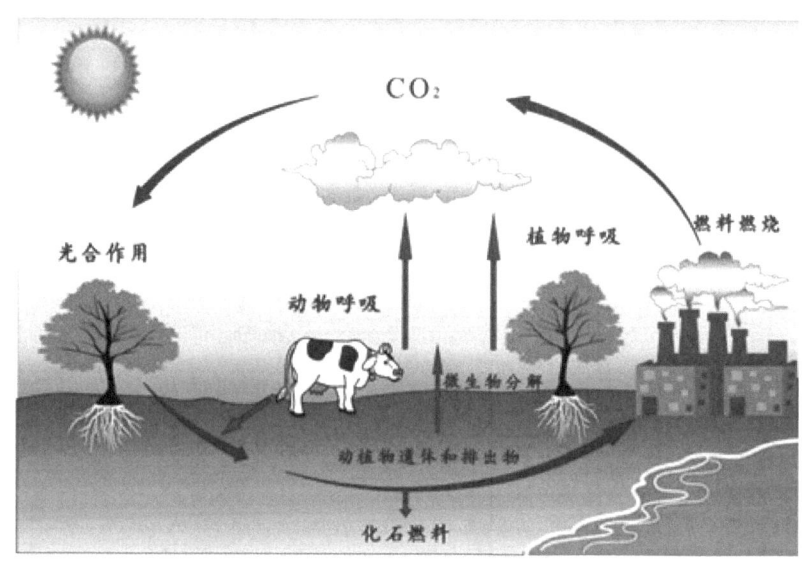

图3-6-4 碳循环示意

第三章 指向综合素养培养的项目式教学实践

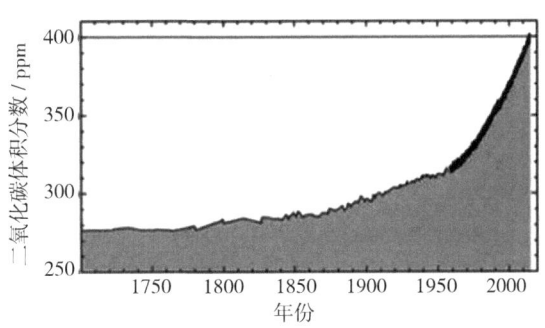

图 3-6-5　18 世纪以来大气中二氧化碳含量的变化

低碳经济	指在可持续发展理念的指导下，通过技术创新、制度创新、产业转型新能源开发
低碳经济	企业为实现低碳经济需要通过理念创新、技术创新、纪营创新、开发新能源来提高能源利于使用效率，减少对石油等高碳能源的依

图 3-6-6　关于"低碳经济"的前测调查

3.你是否有属于自己的低碳行动方案，方案的初步框架或思路是什么？

> 制作低碳手册、宣传画，进行宣传。
> 在社区广场向社区居民发放《低碳知识手册》。手册标明：可再生资源请勿随意丢弃。同时在社区人流集中的场所张贴低碳知识宣传标语及宣传画，且主动给居民介绍低碳方面的相关知识并回答居民存在的一些疑惑。

图 3-6-7　无思路、无角度的设计方案

学生结合对碳循环示意、18 世纪以来大气中二氧化碳含量的变化、前测中关于低碳经济的调查结果及丁仲礼院士采访视频等的分析，得出的结论如下。

（1）"碳"指大气中的二氧化碳，可能来自化石燃料的燃烧，大气中的二氧化碳会带来温室效应。

（2）低碳行动的意义：①转变发展方式，减轻资源和环境代价；②有效降低化石能源燃烧的碳排放，克服我国对能源进口的依赖；③低碳行动是科技创新和产业转型的巨大推动力；④低碳行动是我国开展国际合作、参与国际环境保护相关规则制定的途径。

刮摩淬励　研精覃思
一位初中化学教师的教学实践

活动意图：

通过对政策的解读和对实际案例的分析，形成低碳行动价值认同，意识到其必要性，感知低碳生活、低碳经济的含义，认识到实现碳中和是一种机遇，同时也是一种挑战。

教师准备：

前测问卷调查结果分析

支持资料1：图片——自然界中的碳循环

支持资料2：图片——18世纪以来大气中二氧化碳含量变化

支持资料3：视频——丁仲礼院士关于"碳中和"理论的视频

支持资料4：文字、视频——习近平总书记的讲话

【环节2】形成进行低碳行动方案设计的思路框架

问题2：我们怎么设计低碳行动方案？思路及要解决的问题是什么？

活动2：评价前测结果，设计低碳行动方案，学生设计的低碳行动方案如图3-6-8至图3-6-9所示。

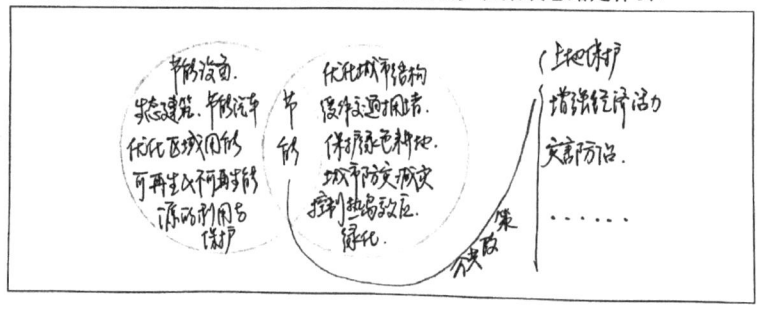

图3-6-8　无思路、有角度的设计方案

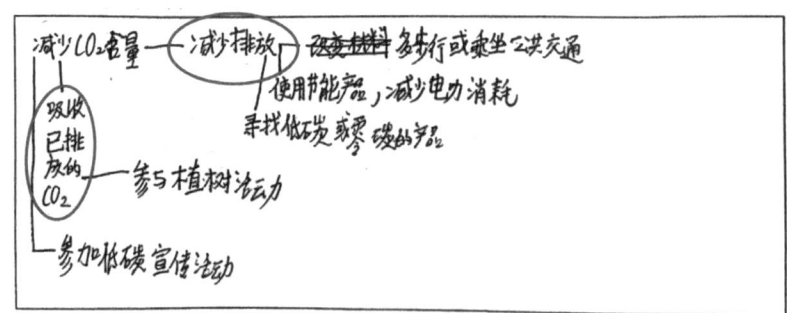

图3-6-9　有思路、有角度的设计方案

学生结合教师展示的前测中部分学生低碳行动的思路框架，习近平总书记发言，国际、中央有关碳达峰、碳中和的会议、文件等材料分析讨论，得出结论：

（1）碳中和指向大气中排放的二氧化碳等于吸收、转化的二氧化碳的量。

（2）人们应该向着减少向大气中排放二氧化碳和增加二氧化碳的吸收、转化的方向努力。

（3）将低碳行动方案拆解为研究"减少二氧化碳的排放"和"如何更多地吸收、转化二氧化碳"，大家应该基于碳中和理念设计低碳行动方案，下一阶段应该以小组为单位研究清楚哪些化学反应会产生二氧化碳，有哪些方法可以吸收、转化二氧化碳。

活动意图：

通过学习碳中和理论，基于已有知识，分析讨论已有的低碳行动方案，拆解项目，从减少排放和加强吸收、转化两个角度开展研究。

教师准备：

项目方案设计表，初步设计评价量规。

【课下任务】

课下任务：教师发布评价量规，学生基于兴趣形成研究小组，结合本小组研究内容调查大气中二氧化碳的来源并说明获取信息途径（已有知识、网站、书籍、同伴、老师……）。分析从各途径实现二氧化碳减排的可行性（从原理、成本、技术等角度解释），下节课汇报研究成果。

项目成果任务：低碳行动方案1.0（图3-6-10至图3-6-14）。

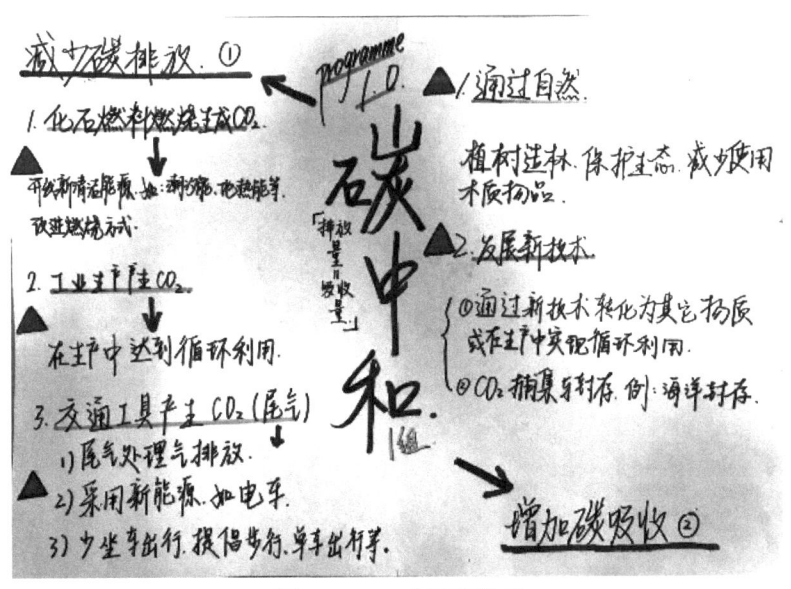

图3-6-10　化石燃料组

刮摩淬励　研精覃思
一位初中化学教师的教学实践

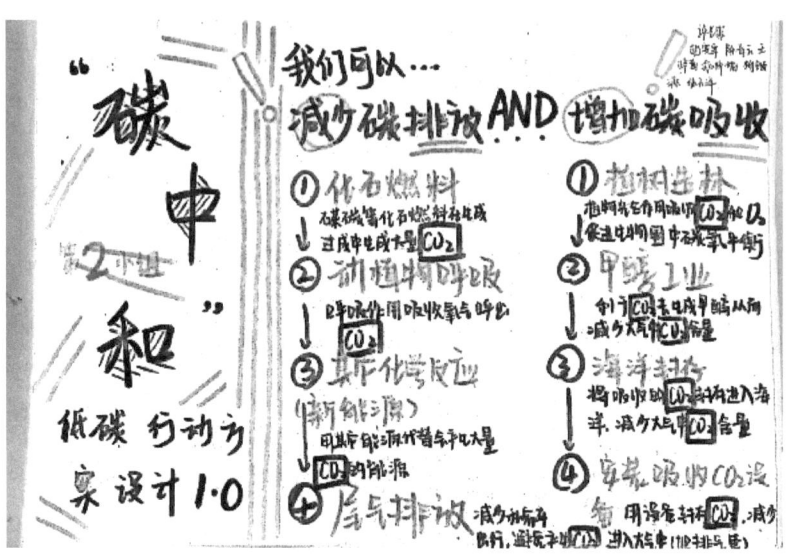

图 3-6-11　新能源组

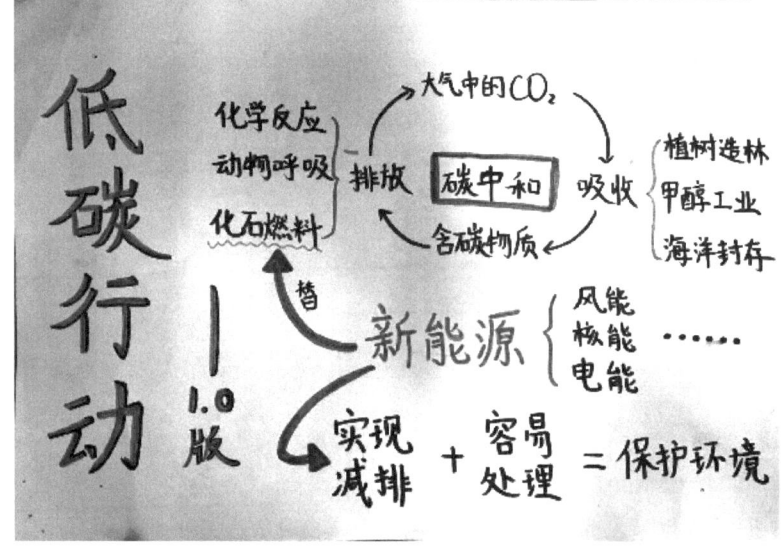

图 3-6-12　植物固碳组

第三章
指向综合素养培养的项目式教学实践

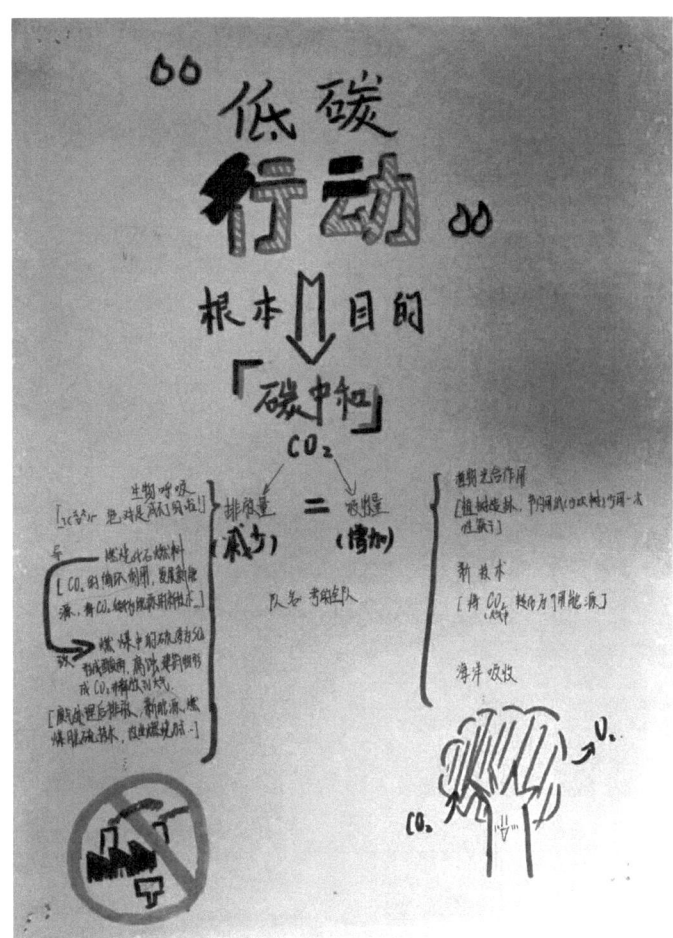

图 3-6-13　土壤、岩石吸收组

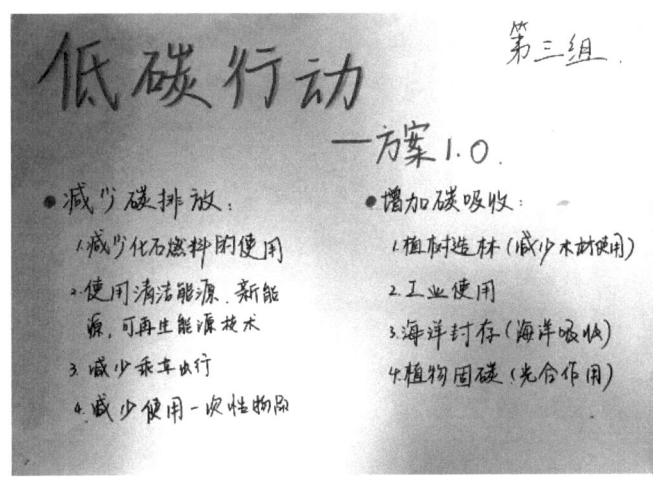

图 3-6-14　海洋吸收组

刮摩淬励　研精覃思
一位初中化学教师的教学实践

活动意图：
根据个人经验和查阅的相关资料，初步了解生产、生活中二氧化碳的来源；通过研究、讨论和汇报等活动，逐渐形成研究小组，培养学生的表达能力和小组合作能力；通过小组交流、分享、合作，形成低碳行动方案的基本框架，提升学生的小组合作能力和解决问题的能力。

教师准备：
初步设计项目手册，设计小组活动评价方案。

【板书设计】

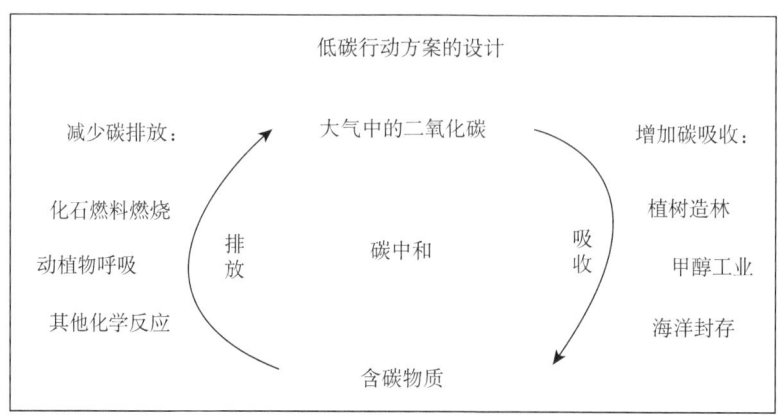

附录3-6-1

前测

（1）查阅资料后，你认为二氧化碳对于人类生产、生活是利大于弊还是弊大于利？请说出你的理由。

你认为：利大于弊 [　　]　　弊大于利 [　　]

理由1	
理由2	
理由3	
……	

（2）对于低碳行动你有哪些了解？自己或小组合作查阅资料，了解以下概念的含义。

低碳生活	
低碳经济	
碳中和	
碳达峰	
碳汇	

（3）请尝试设计低碳行动方案，写出方案的初步框架或思路。

附录 3-6-2

小组合作评价表

（1）组内评分表

成员姓名_____ 其他成员匿名打分_____

> 0分：在组内无存在感。
> 1分：有获取信息和参与解决问题的意识，参与并服从组内分工，有一定实验操作基础。
> 2分：能主动获取信息，能协助组员提出解决问题的方案，能够参与协作、协助解决问题。
> 3分：能主动获取多种有效信息，是提出解决问题方案的主要成员，能带领组员分工协作、沟通交流、合作解决问题。

（2）组间评分表

汇报小组名称_____ 其他小组匿名打分_____

评价要点	非常符合（2分）	比较符合（1分）	不符合（0分）
汇报员情绪饱满热情，语言准确生动，时间控制准确			
能够使用PPT、视频等适当的展示方式			

评价要点	非常符合（2分）	比较符合（1分）	不符合（0分）
对小组研究的成果进行清晰准确的表达和展示，有说服力			
能认真倾听、积极参与研讨或提问、质疑，能客观地评价其他组的过程和成果			

附录 3-6-3

低碳行动方案 2.0 小组汇报评价表（学生设计）

评价标准	学科角度	政策角度	技术角度	层次	表达	合作	其他	总体印象
非常棒	元素守恒、能量守恒、物质转化路线清晰	提出有创意的建议，且有价值，便于推广	科学且富于创造力	个人、国家、国际	科学严谨、逻辑性强、生动且富于感染力	合作完成且分工合理	小组收获、成长路径、项目价值	
很不错	两种以上角度或知识有错误	正确引用已有政策法规	科学严谨	个人及国家	流畅简洁	多人合作但分工不合理	一种以上角度	
仍需努力	角度单一或知识有错误	无该角度或引用错误	无该角度或薄弱	个人	语言平淡，严重超时	一人完成	无该角度	
级别								

附录 3-6-4

其他课时教学设计

探究课 1（该案例由北京市八一学校初中化学教师于洋设计并实施）

【学习目标】

（1）通过课前查阅资料、同学之间的交流及与老师的交流，对二氧化碳的来源进行全面调查，对本组感兴趣的低碳行动相关内容进行研究，增进对大气中二氧化碳排放情况、排放原理的认识。

第三章
指向综合素养培养的项目式教学实践

（2）通过倾听小组汇报，学习和借鉴其他小组的研究成果，调整和完善本组的研究方案，进一步提升小组合作能力和解决问题的能力。

（3）通过对大气中二氧化碳各来源是否具有减排可行性进行分析，培养学生综合考虑问题的思维方式和多角度分析解决实际问题的能力。

（4）通过实验室制备二氧化碳的实验活动，帮助学生形成气体制备的一般思路和方法。

实施过程	活动内容、形式及其组织	活动意图	教师的准备
课前活动	调查大气中二氧化碳从哪里来，或聚焦本组选定的具体研究方向，研究该过程向大气排放二氧化碳的情况和二氧化碳的吸收情况，分析各途径实现"低碳"的可行性。	对二氧化碳的来源进行调查并分析其减排可行性，明确哪些可以通过减排解决。	布置课前学习任务；指导资料查阅。
课堂活动	【小组汇报】各小组汇报关于二氧化碳来源、产生原理的调查，进行减排可行性分析。其他同学认真倾听，记录各组交流的要点和启示。 1. 动植物呼吸组 **二氧化碳从哪里来** 呼吸作用是如何产生二氧化碳的？ 动植物通过呼吸作用会消耗氧气产生二氧化碳，为细胞正常工作运转提供基本需求。 线粒体 $C_6H_{12}O_6 + 6O_2 \longrightarrow 6CO_2 + 6H_2O + 能量$ 从生物知识知道动植物会通过呼吸作用消耗氧气，产生二氧化碳，为细胞正常工作运转提供基本需求。前面做过的"呼出气体与吸入的空气有何不同"的探究实验也证明了呼吸作用会消耗氧气，产生二氧化碳。 分析控制这一途径减排二氧化碳的可行性：动植物不能不呼吸，而且因为全球人口基数大的事实在短期内是无法改变的。植物砍伐虽可减少呼吸排放，但光合作用消耗二氧化碳的作用也会随之消失。	了解二氧化碳的来源及原理，对减排可行性进行分析。明确低碳行动方案中减排可以解决的问题有哪些？ 培养综合多角度分析问题的思维方式。	查阅资料，引导学生认识到查阅资料逐步聚焦的方法。 在黑板上梳理要点，重点提炼产生途径和原理。

221

续附录

实施过程	活动内容、形式及其组织	活动意图	教师的准备
课堂活动	【小组互评】你从刚才小组的汇报中获取到了哪些你认为有价值的信息？ 学生：呼吸作用确实会产生二氧化碳但没有减排的可行性。 2. 化石燃料组 目录 contents 第一章 化石燃料的CO_2排放问题 第二章 化石燃料排放CO_2的原理 第三章 工业生产的CO_2排放问题 第四章 水泥工业产生CO_2的原理 第五章 减少CO_2排放的可行途径 由图表得出，化石燃料的燃烧是大气中二氧化碳的主要排放来源。 • 煤：煤主要由碳、氢、氧、氮、硫和磷等元素组成，而碳、氢、氧三者总和占有机质的95%以上。碳元素是煤中最重要的组成部分。 • 石油：石油由不同的碳氢化合物混合组成，组成石油的化学元素主要是碳（83%～87%）。 • 天然气：天然气的主要成分是甲烷（CH_4），另外还有少量的乙烷（CH_3CH_3）等其他物质。 播放天然气燃烧产物检验的视频并书写化学方程式。 另据两个图表综合得出，水泥制造工业在大气二氧化碳排放总量中的占比较大。 减排可行性分析： 可从化石燃料的燃烧与使用角度看，可开发新的清洁能源。 从水泥工业等工业生产排放二氧化碳的角度看，可进行集中收集处理。 【小组互评】你从刚才小组的汇报中获取到了哪些你认为有价值的信息？	不同小组之间相互启发，相互借鉴。基于其他小组的汇报，思考、讨论他们能为本组的低碳行动方案设计提供哪些新的解决思路，你能为他们提出的困惑提供什么样的解决思路。 明确化石燃料的使用是目前大气中二氧化碳的主要来源并明确化石燃料燃烧产生二氧化碳的原理。 会利用所学知识分析问题，而且能够具体问题具体分析，从多角度考虑方案的可行性，从排放的源头分析低碳的可行性。	协助学生一起查阅资料并分析、解读资料，及时给予知识讲解。 在黑板上梳理要点，重点提炼产生途径和原理。

第三章
指向综合素养培养的项目式教学实践

续附录

实施过程	活动内容、形式及其组织	活动意图	教师的准备
课堂活动	化石燃料燃烧是大气中二氧化碳的主要来源，可以通过用新能源替代化石燃料来实现二氧化碳减排，但从我国的能源结构来看，全部替代也是不可能的，还要想其他办法。工业产生二氧化碳的特点是集中排放，方便处理，可以研究通过吸收来解决。 【小组汇报】 　　3. 新能源利用组 从化石燃料组的研究获知汽油的燃烧是二氧化碳的一大来源，本组便由绿色出行想到了新能源的利用。利用新能源是如何减少排放的？为什么有些新能源可以推广使用，而有些却不能？新能源发电可利用核能、风能等，用它们来发电可实现少排或不排出二氧化碳，从而实现减排，非常理想，但是会受技术、地域等一些条件的限制。那如果还是需要使用火力发电，推广的新能源汽车还能实现减排吗？如果是汽油车，它所产生的二氧化碳会直接排放到大气中，而火力发电在工厂中产生的二氧化碳是集中的，方便收集和处理，所以电车对燃油车的代替还是可以起到明显的减排作用的。 **新能源—氢能** 先说氢能。氢能是一种清洁低碳的二次能源，在课本上，我们也学过氢气燃烧的化学方程式：2H2+O2==2H2（条件点燃）由此可以看出，氢气燃烧是不会放出二氧化碳的，使用氢能汽车替代燃油车，势必减少对石油的使用，这完全符合了我们减排需求。应用现状如何？一起来看下面的一篇报道来了解。 腾讯网 首批进口140辆氢燃料车助力北京冬奥会，透露出什么新风向？ 【小组互评】从多角度分析化石燃料的低碳解决方案——新能源替代减排和将零散排放转化为集中排放便于处理。	促进组间合作，相互启发学习。 明确本小组提出的问题，引导同学思考。 小组提出问题，激发其他同学思考，了解新能源的优点及推广问题。 促进组间合作，相互启发学习，提高学习效率。	引导全班同学思考并分析，促进小组之间的相互启发借鉴。 指导学生查阅资料，建议引用最近新闻中的氢能汽车、核能供暖等生活中的实例，激发学生的切身感受。 查阅新能源利用的最新发展，引导学生从更多角度思考如何保障低碳方案的实施。 在黑板上梳理要点，重点提炼二氧化碳产生途径和原理。

刮摩淬励　研精覃思
一位初中化学教师的教学实践

续附录

实施过程	活动内容、形式及其组织	活动意图	教师的准备
课堂活动	4.海洋吸收组 分享对海洋吸收的调查，介绍海洋吸收的原理和推广方面存在的主要问题。 【小组互评】认识到海洋封存是碳捕捉与封存的一种，利用了二氧化碳能溶于水且与水反应的性质，适用于处理集中排放、浓度高的二氧化碳。 5.酸雨对大理石的腐蚀组 低碳行动方案，首先想到的是煤燃烧。调查煤的燃烧造成的影响时发现，煤燃烧直接排放大量二氧化碳（化石燃料），且煤的燃烧还会导致酸雨。很突出的环境问题是它和碳排放是否有关系？ ・酸雨腐蚀大理石如何生成二氧化碳？ ・大理石主要成分：$CaCO_3$ 酸雨的成分之一：H_2SO_4 ・$CaCO_3+H_2SO_4=\!=\!=CaSO_4+H_2O+CO_2\uparrow$	了解原理及适用于吸收哪些来源的二氧化碳，思考方案推行过程中可能存在的困难，培养学生全面思考问题的能力。 不同小组之间相互启发，相互借鉴。基于其他小组的汇报，思考、讨论他们能为本组的低碳行动方案设计提供哪些新的解决思路，帮助学生打开思路。燃烧化石燃料除了直接产生二氧化碳之外，还有燃煤产生二氧化硫导致酸雨，继而腐蚀大理石建筑，再次产生二氧化碳的情况存在。 学习小组间的亮点，启发思维，同时固化有价值的信息。	协助学生一起查阅资料并分析、解读资料，及时给予知识讲解。 二氧化碳的溶解性为后面选择收集装置提供素材。 协助学生一起查阅资料并分析、解读资料，及时给予知识讲解。 在黑板上梳理要点，重点提炼产生途径和原理。

第三章　指向综合素养培养的项目式教学实践

续附录

实施过程	活动内容、形式及其组织	活动意图	教师的准备
课堂活动	【小组互评】酸雨腐蚀建筑材料也是大气中二氧化碳的一种来源，不主要但确实存在，该组对于煤的燃烧研究得很细致。 【小组活动】各小组整理汇报要点，分析讨论各类反应中反应物的特点。 发现产生二氧化碳的各种途径的共同特点为反应物中都含有碳元素和氧元素。 小结与提升：教师带领学生从元素守恒和转化的角度分析各反应原理，并引导学生运用元素守恒定律分析酸雨的形成过程。 【活动2 实验室制备并收集二氧化碳】 分析评价上述产生二氧化碳的原理，讨论确定实验室制备二氧化碳的反应原理；选择合适的仪器，制备并收集一瓶二氧化碳。 学生发言：选择制备二氧化碳的反应物首先考虑该反应物应该含有碳元素和氧元素。上述原理中，呼吸和化石燃料燃烧产生的二氧化碳不纯；煅烧石灰石条件不易达到；碳酸钙和硫酸的反应不需特殊条件且获得的气体纯净，可以考虑选择这一原理用于实验室制备。 教师总结：选择反应物能从元素守恒和反应类型去思考非常好，对反应是否适合实验室制备的多角度评价也体现了对问题的全面认识。实验室确实是用碳酸盐和酸这一类反应来制取二氧化碳的，今天给大家提供了石灰石和两种酸，请在实验过程中比较石灰石和盐酸、硫酸的反应情况，然后选择你认为合适的药品和仪器尝试制备并收集一瓶二氧化碳。注意实验规划和小组分工合作。 实验活动：确定实验室制备二氧化碳的反应原理；选择合适的仪器，制备并收集一瓶二氧化碳。	提炼并巩固元素守恒思想。在分析问题的过程中，形成最基本的元素观和转化观。 让学生认识到选择制备的反应原理需要从多角度考虑。首先考虑元素守恒和反应类型，同时考虑产物是否纯净、条件是否容易达到等因素。 培养学生形成理性、综合的思维分析方式，多角度分析解决实际问题的能力。 在实验过程中，探查学生对于实验室制备气体的装置选择、验满等操作的掌握情况。搭建小组合作解决问题的平台，促进生生合作，自主解决问题。	引导学生进行元素守恒思想的提炼与运用。 参与小组活动，了解学生的想法，发现需要解决的问题。 了解学生在制备二氧化碳的过程中存在的障碍和需要突破的问题。 观察并记录学生实验中出现的问题并给予指导。

225

刮摩淬励　研精覃思
一位初中化学教师的教学实践

续附录

实施过程	活动内容、形式及其组织	活动意图	教师的准备
课堂活动	学生交流：实验中遇到了哪些问题？你们是怎样解决的？ 教师总结：气体制备的一般思路和方法 （实验室制备气体的一般思路示意图：原理—装置—操作）	关于气密性检验、液封、验满的方法都可以通过小组讨论解决。 在制备氧气和二氧化碳的经验之上，帮助学生总结气体制备的一般思路和方法。	总结提升至思路方法，帮助学生形成解决气体制备的思路。
课下任务	作业： 梳理二氧化碳制备的思路方法，完成项目手册相关内容。 课下任务： 继续完善低碳行动方案设计。	落实基础知识； 结合本节课所建立的角度完善低碳行动方案。	指导学生完善低碳行动方案。

探究课2（该案例由北京市八一学校初中化学教师左旭晶设计并实施）

【学习目标】

（1）通过课前查阅资料、同学之间的交流及与老师的交流，进一步对本组的研究内容进行深入思考，完善方案。

（2）通过倾听小组汇报，学习和借鉴其他小组的研究角度，调整和完善自己的研究方案，进一步提升小组合作能力和解决问题的能力。

（3）通过观察二氧化碳与水、澄清石灰水、氢氧化钠溶液的反应，感受三者吸收二氧化碳的程度，进一步体会并评价各组汇报中设计的吸收方法。

（4）通过设计二氧化碳与水反应的实验，探究海洋吸收二氧化碳后酸化的原因。

实施过程	活动内容、形式及其组织	活动意图	教师的准备
课前活动	查阅资料，寻找吸收和转化二氧化碳的方法。	应用上节探究课所学知识，查找吸收、转化二氧化碳的方法，并分析其可行性，明确解决问题的思路。	（1）布置课前学习任务； （2）指导资料查阅。

第三章
指向综合素养培养的项目式教学实践

续附录

实施过程	活动内容、形式及其组织	活动意图	教师的准备
课堂活动	【引入】控制二氧化碳的产生途径可以减少二氧化碳排放量，而对于不得不排放的二氧化碳就需要进行转化来增加其吸收量，依据二氧化碳性质降低空气中二氧化碳含量的方法有哪些？说明你们想法产生的依据及其吸收原理。 【小组汇报】小组合作探讨低碳方案的可行性，其他同学认真倾听，记录每一种方案的要点和启示。 1. 动植物呼吸→光合作用组 该组此前研究的方向为"动植物呼吸"，即从生物生存必需的活动中排放出二氧化碳，由此他们在查找降低二氧化碳含量的方法时，首先想到的是能否将二氧化碳转化回生物体中去，结合生物学科学习过的植物光合作用，由此想到通过光合作用吸收二氧化碳，化学方程式为 $$6CO_2 + 6H_2O \xrightarrow[\text{叶绿体}]{\text{光照}} C_6H_{12}O_6 + 6O_2\uparrow。$$ 经过查阅发现，植物光合作用比呼吸作用强，除了陆地上的植物外，海洋中的水生植物（包括藻类）也可以进行光合作用吸收二氧化碳，而且这种方法是大自然就可以进行的，可以在很大程度上节约人力物力。 【学生交流】 • 光合作用在降低二氧化碳的同时还可以生成供给呼吸的氧气，一举两得。 • 光合作用的开展是有限的，因为地球上陆地的面积是有限的，而且不能所有的陆地都用于植树。	引入课题 了解降低二氧化碳含量的另一个角度——吸收、转化。 从光合作用的角度转化二氧化碳，抛砖引玉，打开吸收和转化的思路。 同学间交流提问，分析方法的优劣。	查阅资料，引导学生认识到吸收和转化二氧化碳的可能方法。 课前指导学生查阅资料并分析，适时提出问题引发学生思考。 当学生对学科知识的理解存在困难时，及时给予帮助。 引导学生分析和思考方案的可行性。 协助学生一起查阅资料并分析、解读资料，及时给予知识讲解。

刮摩淬励 研精覃思
一位初中化学教师的教学实践

续附录

实施过程	活动内容、形式及其组织	活动意图	教师的准备
课堂活动	【教师点评】 历史上的很多次诺贝尔奖获奖者的经历都直接或间接与光合作用有关，如果将这个方向继续延伸下去，还能有很多可以挖掘的闪光点。 【小组汇报】 2.化石燃料→甲醇/淀粉工业组 ■第一章 工业对二氧化碳的转化 一、制备原理 甲醇工业中，制备甲醇的方程式为 $CO_2 + 3H_2 \xrightarrow[\text{催化剂}]{\text{高温}} CH_3OH + H_2O$ 应用阶段 1.甲醇具有可燃性，可以作为一种能源 $2CH_3OH + 3O_2 \xrightarrow{\text{点燃}} 2CO_2 + 4H_2O$（循环利用二氧化碳） 2.制备甲醇的所需二氧化碳是工业中所排放的二氧化碳，能够解决一部分水泥工业产生的二氧化碳排放。 该组以前研究的方向是化石燃料，受到光合作用的启发，他们认为二氧化碳可以转化为一些化学物质。因为化石燃料燃烧会产生二氧化碳，所以他们也想寻找化学反应，把二氧化碳再转化为可以燃烧的燃料。经过查阅资料，他们了解到二氧化碳可以在高温和催化剂的作用下与氢气反应生成甲醇和水，化学方程式为： $$CO_2 + 3H_2 \xrightarrow[\text{催化剂}]{\text{高温}} CH_3OH + H_2O$$ 这个反应不仅减少了二氧化碳的含量，而且将其转化为能为人们利用的化学物质，简直是一举两得。此外，最近有一则新闻也吸引了我们的眼球，我国科学家经过不懈的努力，通过多步反应，成功将二氧化碳转化为淀粉，这不仅可以减少二氧化碳的含量，还可以在一定程度上解决粮食短缺问题，堪称壮举。 【学生交流】 • 从哪里来到哪里去的思想在这组中得到了很好的体现。 • 如果可以直接实现二氧化碳变淀粉的过程，光合作用就可以得到"模拟"，也就不用怕没地方种足够多的树了。	结合光合作用的思路方法，进行转化的延续；介绍我国最新的科研成果，增强民族自豪感。 同学间交流提问，分析方法的优劣。	在黑板上梳理要点，重点提炼优点和问题。 课前指导学生查阅资料并分析，适时提出问题引发学生思考。 当学生对学科知识的理解存在困难时，及时给予帮助。 引导学生分析和思考方案的可行性。 协助学生一起查阅资料并分析、解读资料，及时给予知识讲解。

228

续附录

实施过程	活动内容、形式及其组织	活动意图	教师的准备
课堂活动	【教师点评】 光合作用很伟大，这组同学站在了巨人的肩膀上，借助光合作用的思路，查找到了将二氧化碳转化的思路，通过我国科学家将二氧化碳转化为淀粉的事迹，也可以看出，我国的科技事业发展正在蒸蒸日上，综合国力也得到了很大的提升，在科技界的影响越来越大。 【小组汇报】 3. 海洋吸收组 *海洋吸收原理示意图* 在上节课学习二氧化碳的制备方法时，因为二氧化碳可以溶于水，不能用排水法收集，加之地球表面大部分是水，故这组同学查阅了海洋吸收的相关资料。海洋中吸收二氧化碳的除了水之外，还有许多水生植物，它们通过光合作用也可以降低二氧化碳的含量。这两个方面是海洋可以自发进行的吸收。如果遇到很高浓度的二氧化碳，上述两个方法无法应对时，还可以将收集到的高浓度二氧化碳，统一打到海洋深处进行海洋封存，进行人为降低二氧化碳含量的处理。海洋吸收的缺点是会导致海洋酸化问题，化学方程式为：$CO_2 + H_2O == H_2CO_3$，继而影响水生生物的生存环境。 【学生交流】 • 利用地球表面含量最多的水对二氧化碳进行吸收，比纯靠陆地植物进行光合作用吸收的量更大。 • 我认为海洋吸收的成本会比刚才制备甲醇的方法低很多，因为海洋资源丰富，而且这个过程是自发的，不需要额外投入成本。	根据制备二氧化碳时所学的知识，从二氧化碳性质的角度，分析吸收二氧化碳的可行方法，并阐述该方法的优劣。 同学间交流提问，从成本、适用面等方面分析方法的优劣。	在黑板上梳理要点，重点提炼优点和问题。 课前指导学生查阅资料并分析，适时提出问题引发学生思考。 当学生对学科知识的理解存在困难时，及时给予帮助。 引导学生分析和思考方案的可行性。 协助学生一起查阅资料并分析、解读资料，及时给予知识讲解。

229

刮摩淬励 研精覃思
一位初中化学教师的教学实践

续附录

实施过程	活动内容、形式及其组织	活动意图	教师的准备
课堂活动	【教师点评】 这组同学以"二氧化碳溶于水"为出发点进行查询，是对上节课知识的有效利用，也体现了"性质决定用途"的思想，这点很值得我们去学习和借鉴。 【小组汇报】 4.酸雨腐蚀→岩石&土壤吸收组 该组以前的方向是酸雨侵蚀产生二氧化碳，结合从哪里来、到哪里去的思想，他们想到的是能不能让二氧化碳再转化回岩石中。经过查阅资料，岩石受风吹雨打，天长日久会风化分解，在这个过程中，它要吸收二氧化碳，生成溶于水的碳酸盐。此外，碱性土壤也可以吸收二氧化碳，其方程式为 $Ca(OH)_2 + CO_2 = CaCO_3\downarrow + H_2O$。可以提高土壤盐度、碱度、土壤钙含量来提升其吸收二氧化碳的能力。但是，这些方法会导致严重的土壤污染，植物不能正常生长。 【学生交流】 • 我国西北部地区有很多土壤呈碱性，这些土壤都是吸收二氧化碳的好场所，可以将二氧化碳集中收集起来，在这些地方进行排放。 • 不同意上述同学的观点，上述地方的土壤虽然呈碱性，但是其生态环境目前是平衡的，而且这些地区，很大一部分还未被开发，在自然界中已经达到一种生态的平衡，如果我们人为将二氧化碳集中排放到这些地区，势必会付出很大的成本，并且破坏现有的生态平衡。	介绍土壤作为碳源的二氧化碳释放方式及自然界中土壤吸收二氧化碳的方式，以此为基础思考更多人为增加土壤吸收的可能方法。 思辨讨论，从吸收效果、环保和成本等多角度对该方法进行探讨。	在黑板上梳理要点，重点提炼优点和问题。 课前指导学生查阅资料并分析，适时提出问题引发学生思考。 当学生对学科知识的理解存在困难时，及时给予帮助。 引导学生分析和思考方案的可行性。 协助学生一起查阅资料并分析、解读资料，及时给予知识讲解。

第三章　指向综合素养培养的项目式教学实践

续附录

实施过程	活动内容、形式及其组织	活动意图	教师的准备
课堂活动	【教师点评】 这组同学也很好地运用了"从哪里来、到哪里去"的思想，紧紧地抓住了"元素守恒"的思想。如能有效地利用现有的碱性土壤，可以吸收二氧化碳，将二氧化碳收集起来；若要在非碱性土壤上进行加工，强行使其成为碱性来吸收二氧化碳，确实有些得不偿失。 【小组汇报】 5. 新能源→氢氧化钠溶液喷淋组 流程 该组原有的方向是新能源，在生产新能源时，有时也会产生很多高浓度二氧化碳，比如火力发电。我们认为上述方法虽能降低二氧化碳含量，但对于高浓度二氧化碳的吸收效果并不乐观，于是聚焦高浓度二氧化碳的吸收。资料显示，在工厂会采用氢氧化钠溶液喷淋的方法来处理高浓度二氧化碳，方程式为 $2NaOH + CO_2 == Na_2CO_3 + H_2O$。这项流程常与工业制碱和石灰石煅烧技术进行连用，在降低大气中二氧化碳含量的同时生产出多种化工产品。 【学生交流】 · 流程图右下角的工艺最终又排放出二氧化碳了，一进一出，好像并没有减少二氧化碳？ · 进入设备的二氧化碳是在空气中的，存在于混合物中，而从设备中最终出来的二氧化碳是纯净物，可以用于生产各种二氧化碳相关产品，如制成干冰、制备碳酸饮料等。虽然二氧化碳有进有出，但这实际上是一个提纯过程。	介绍工厂中利用碱液吸收二氧化碳的原理，并通过工业流程图的分析，锻炼学生的信息提取能力。	在黑板上梳理要点，重点提炼优点和问题。 课前指导学生查阅资料并分析，适时提出问题引发学生思考。 当学生对学科知识的理解存在困难时，及时给予帮助。 引导学生分析和思考方案的可行性。 协助学生一起查阅资料并分析、解读资料，及时给予知识讲解。

刮摩淬励 研精覃思
一位初中化学教师的教学实践

续附录

实施过程	活动内容、形式及其组织	活动意图	教师的准备
课堂活动	【教师补充】 教师：该组同学聚焦了一个新的角度——高浓度二氧化碳的吸收。我们知道化学反应的本质是分子的破裂和原子的重组，化学反应前后原子不变。现在请大家关注流程图，看看进入设备的原子有哪些？从设备中出来的原子又是哪些？ 学生：起点进入的碳和氧两种原子，最终出来的也只能是这两种原子。 教师：整个流程中，钠、氢等原子进入设备参与反应后，进入其他化合物继续在设备中循环使用，并没有排出和浪费。这种原子利用率达到100%的反应，恰好符合我们绪言课上介绍过的绿色化学工艺，是最理想的"原子经济"。 【小结】教师带领学生回顾黑板上出现的化学方程式，分析二氧化碳的角色，再次回顾元素守恒定律。 【活动】感受3种吸收二氧化碳的方法。 邀请学生猜想→设计实验→上台演示→感受水、澄清石灰水、氢氧化钠溶液吸收二氧化碳的效果，并给出资料，帮助学生分析孰优孰劣。 资料： ①氢氧化钠和氢氧化钙都是碱。 ②20 ℃时100 g水中最多溶解氢氧化钙的质量是0.16 g。 ③20 ℃时100 g水中最多溶解氢氧化钠的质量是51 g。 【活动】探究海洋吸收二氧化碳后酸化的原因 刚刚海洋吸收组提到过，利用海洋吸收二氧化碳会引起海洋酸化。二氧化碳与水反应是否真的生成酸？设计实验，将实验设计思路写在手册上。 资料： ①石蕊溶液是一种酸碱指示剂，常态下为紫色，遇到酸性物质会变为红色。	介绍"原子经济"和"绿色化学"的概念。 让学生感受到3种吸收二氧化碳方法的效果，并从化学原理上分析原因。 设计实验探究二氧化碳与水反应的原理，提升实验设计能力，渗透排除干扰的思想。	在黑板上梳理要点，重点提炼优点和问题。 引导全班同学思考并分析，挖掘不同方案背后的意义。 协助学生准备实验用具，进行演示实验。 提供资料，帮助学生理解原理。 提供资料，帮助学生理解原理。

续附录

实施过程	活动内容、形式及其组织	活动意图	教师的准备
课堂活动	②石蕊是从一种叫石蕊地衣的植物中提取出来的固体，经去除杂质、加水溶解、稀释后可配成石蕊溶液。 **交流**：设计思路——排除干扰 **演示**：课本四朵小花的实验 **讨论**：二氧化碳与水反应生成碳酸，海洋酸化的真正原因是碳酸的出现。 【小结与提升】 同学们在讨论交流的过程中已经认识到，吸收和转化二氧化碳，就是利用二氧化碳的化学性质，将其作为反应物，使其变为其他生成物。各组的汇报既拓展了其他组的知识层面的深度，也拓宽了思路层面的广度。相信今天这节课后，大家对自己所选的吸收、转化方向一定有了新的认识。大家可以根据今天的收获，继续深入挖掘所选方向，为低碳行动做准备。	不同小组之间相互启发、相互借鉴。基于其他小组的汇报，思考、讨论他们能为本组低碳行动方案的设计提供哪些新的解决思路，本组能为他们提出的困惑提供什么样的解决思路。	引导学生吸收不同小组之间的闪光点，进一步完善所选的方法。
课下任务	根据这几节课梳理碳中和的方法，说明方法的原理是什么？该方法是否具有可行性？如果方法不可行，查阅更多碳中和的方法，思考它们背后的原理。	结合本节课所建立的吸收、转化角度进一步认识低碳行动。	指导学生完成低碳行动方案。

探究课3（该案例由北京市八一学校初中化学教师丁灵巧设计并实施）

【学习目标】

（1）通过课前查阅资料、同学之间的交流以及与老师的交流，进一步对本组的研究内容进行深入思考，完善方案。

（2）通过倾听小组汇报，学习和借鉴其他小组的研究角度，调整和完善自己的研究方案，进一步提升小组合作能力和解决问题的能力。

（3）通过应用二氧化碳的性质及转化关系分析、解释、设计、评价低碳措施，了解科学、技术、社会、法规政策在环境可持续发展中的重要作用，培养学生形成理性、综合、创新的思维分析方式，培养学生多角度分析实际复杂问题的能力。

刮摩淬励　研精覃思
一位初中化学教师的教学实践

实施过程	活动内容、形式及其组织	活动意图	教师的准备
课前活动	查阅资料，设计各组的低碳行动方案	应用前两节探究课所学知识设计低碳行动方案，并分析其可行性，明确需要进一步解决的问题。	布置课前学习任务。指导资料查阅。
课堂活动	【引入】分析自然界的碳循环，明确实现低碳的解决思路——减少二氧化碳排放和人为增加其吸收。 【小组汇报】小组合作探讨低碳方案的可行性，其他同学认真倾听，记录每一种方案的要点和启示。 1.海洋吸收组 该组分别从溶解度泵、生物泵和微生物泵角度分析增加碳吸收的可能性。其中，二氧化碳溶解之后会有一部分发生化学反应导致海洋酸化，所以不能再增加吸收量，而且得想办法治理海洋酸化问题；生物泵主要利用的是浮游植物的光合作用，可以适当地多种植一些光合作用效率高的植物，但是过量种植会引起富营养化问题，所以还得合理控制；微生物泵是最有效的固碳方式之一，如果能够有效增加这一转化途径，一定是一种不错的固碳方法。 另外，该组同学分析了海洋封存的优缺点，因为有风险存在，它不能从根本上解决问题，而且封存的成本也比较高。	引入课题 了解国情，明确低碳行动方案的对象。 进一步明确海洋吸收二氧化碳的主要方式并会利用所学知识分析它们的利弊，而且从多角度考虑方案的可行性，如生态环境等。因为所学知识有限，可以对一些技术工程问题进行畅想，这样有助于建立认识角度。 小组提出问题，激发其他同学思考。	查阅资料，引导学生认识到碳中和的必要性和困难。 课前指导学生查阅资料并分析，适时提出问题引发学生思考。 当学生对学科知识的理解存在困难时，及时给予帮助。 引导学生分析和思考方案的可行性。

第三章 指向综合素养培养的项目式教学实践

续附录

实施过程	活动内容、形式及其组织	活动意图	教师的准备
课堂活动	2. 化石燃料组 **第一章 化石燃料如何能够低碳** （让燃料充分燃烧 / 化石燃料富氧燃烧系统 / 能量充分利用 / 碳捕捉） 首先明确中国发展现状及能源需求，然后从化石燃料低碳的角度进行阐述，主要有3种方式：让燃料充分燃烧、使能量充分利用、在排放端进行碳捕捉。通过将氮气和氧气分离，可以实现富氧燃烧，这样也可以使排放端的二氧化碳更纯，便于捕捉。另外，将煤变成煤粉后再燃烧，也可使燃烧更充分。因为各种尾气的排放及烟气冷凝都会有一部分能量的损耗，如果能够把这部分能量也利用起来，也是低碳的一种方法。 小组提出的问题是：目前氧气分离装置和碳捕捉的成本都比较高，需要通过一定方式鼓励甚至说促使这些工厂安装这样的设备。另外，煤炭燃烧产生的二氧化碳的量非常大，这么多二氧化碳捕捉起来后该如何处理。 接下来，要从开发新能源的角度分析可行性和困难。 【提问】刚才两个小组都提到了一些低碳的方法，但是也提出了一些问题。例如，成本上升后如何让企业按照我们所计划的去实施？新能源推广的问题如何解决？ 【学生交流】 • 国家可以制定相应政策，让企业按照要求完成。 • 提升的成本可以通过绿色溢价来调节。 • 技术问题可以让国家加强一定的政策引导，鼓励人们研究科学技术。	从排放的源头上分析低碳的可行性。 利用所学知识分析煤炭充分燃烧的方法，并学会从多角度分析化石燃料的减碳方式：物质充分利用和能量充分利用。 思考方案推行过程中可能存在的困难，培养学生全面思考问题的能力。 了解新能源的优点及推广问题。 通过解决小组提出的问题让学生寻找突破的方向。 帮助学生打开思路。燃烧化石燃料也是对能量的利用，能否将光合作用的能量更高水平的应用。模拟植物光合作用，人工光合作用更是一种突破。	协助学生一起查阅资料并分析、解读资料，及时给予知识讲解。 在黑板上梳理要点，重点提炼优点和问题。 明确本小组提出的问题，引导同学思考。 提问引发全体同学思考。 整理学生提到的解决问题的方法，形成基本的思路。 指导学生查阅资料，梳理思路。

235

刮摩淬励 研精覃思
一位初中化学教师的教学实践

续附录

实施过程	活动内容、形式及其组织	活动意图	教师的准备
课堂活动	【小组汇报】 3. 光合作用组 分别从以下几个方面研究如何增加光合作用的效率和应用：①什么样的植物光合作用效率高？②影响光合作用的因素有哪些？是否可调控？③光合作用产生的能量是否有更高水平的应用，如转化成电能？④如何实现人工光合作用？ 【学生交流】 • 用植物给手机充电太吸引人了，如果能够转换成更多的电能就更好了。 • 人工光合作用应该是一种特别好的思路，因为能靠种树解决的问题毕竟是有限的。人工光合作用不仅可以吸收更多的二氧化碳，还能产生更多的有机物和能量。但是其中的技术问题还待提升，所以还需要发展科学技术。 【小组汇报】 4. 甲醇工业组 **二氧化碳制甲醇的技术路线及特点** 化学原理方程式：$CO_2 + 3H_2 \xrightarrow{\text{催化剂}} CH_3OH + H_2O$ **高成本：** CO_2加氢制甲醇路线生产成本是天然气制甲醇路线的3-10倍，因此，CO_2加氢制甲醇路线理论上具有节能减排、净CO_2排放低等优势，但受可再生能源电价限制，目前该方法制甲醇经济成本上还不具有优势。 **催化剂问题：** 存在转化率和选择性较差的问题，国内外一些企业与研究机构均在攻关高效催化剂及相应技术。 分享对二氧化碳再利用的思考，介绍甲醇工业的原理和推广方面存在的主要问题。另外，介绍我国目前在二氧化碳合成淀粉方面的突破。 5. 土壤吸收组 首先明确土壤不仅是碳源还是碳汇，然后从几个角度分析增加土壤吸收量的方法：①农业保护性耕作；②发展转基因农业；③发明碳吸收土壤。在分析的同时，介绍最近的研究成果，如"水稻当韭菜种"。最后介绍岩石封存和玄武岩封存的技术，同时说明在这方面存在的主要问题——资金和技术问题。	学习小组间的亮点，启发思维，同时发现方案推行的突破点。 从转化和吸收的角度思考低碳的可能方案。 在分析问题的过程中，形成最基本的元素观和转化观。 了解土壤作为碳源的二氧化碳释放方式及自然界中土壤吸收二氧化碳的方式，以此为基础思考更多人为增加土壤吸收量的可能方法。 不同小组之间相互启发相互借鉴。基于其他小组的汇报，思考、讨论他们能为本组的低碳行动方案设计提供哪些新的解决思路，本组能为他们提出的困惑提供什么样的解决思路。	引导全班同学思考并分析，挖掘不同方案背后的意义。 指导学生查阅资料，分析其中的反应原理。 引导学生查阅更多关于二氧化碳转化方面的资料。 帮助学生理解原理，以便探究更多土壤吸收的方法。 引导学生从更多角度思考如何保障低碳方案的实施。 查阅国家在低碳方面制定的各种政策。

续附录

实施过程	活动内容、形式及其组织	活动意图	教师的准备
课堂活动	【学生交流】 • 不同小组呈现了很多通过技术改进增加二氧化碳吸收的方法,这些方法非常振奋人心。说明科学技术是解决问题的关键,国家必须加大力度促进科学技术的发展。 • 目前很多低碳方法的成本都还比较高,应该靠提升技术来降低成本。而针对目前高成本问题,国家可以通过一些政策导向来解决。 【教师补充】 在某种程度上说,市场调控的效果和速度在很多时候比政策更显著,而且成本更低。目前的碳交易市场就是在用碳价做"指挥棒"。 【活动】聚焦甲醇工业,分析实现低碳行动方案设计的突破方向。 教师带领学生从反应原理的角度分析甲醇工业的意义,并从反应物、条件的角度分析该工业发展存在的主要问题——氢能源和催化剂问题。 学生根据化学方程式计算,了解消耗氢气的成本和制得甲醇的收益之间的关系。从多角度分析利用该方式实现低碳应该突破的方向。 【小结与提升】 同学们在讨论交流的过程中已经认识到,要实现低碳,需要从社会、国家、国际等多个层面共同努力。个人的呼吸作用虽然在碳源上几乎可以忽略不计,但是个人的消费活动一定会影响碳排放。所以我们个人也做到低碳消费。	让学生认识到需要从多角度保障低碳方案的执行。 深层次了解甲醇工业在低碳方面的意义及需要突破的问题。 了解科学、技术、社会、法规政策在环境可持续发展中的重要作用,培养学生形成理性、综合、创新的思维分析方式,培养学生多角度分析实际复杂问题的能力。	查阅碳交易市场的调控方式和交易情况。 查阅我国甲醇的年产量、用途等信息,了解氢气和甲醇的价格。 查阅国际上在低碳方面制定的各种政策和计划。 了解各种平台的种树活动。
课下任务	拯救地球,结合发展中国家实情,用探究课获得的方案设计思路,利用本组查阅的资料,基于碳中和理念设计本组的低碳行动方案。	结合本节课所建立的角度完善低碳行动方案。	指导学生完成低碳行动方案。

项目展示课(该案例由北京市八一学校初中化学教师胡振环设计并实施)
【学习目标】
(1)小组汇报时能以"物质的性质与应用""物质的化学变化"等核心知识为依托,

汇报过程中注重将问题解决线、知识逻辑线、认知发展线紧密结合，提升解决真实问题的能力，促进核心素养的融合发展。

（2）通过小组交流分享，知道科学和技术有助于解决社会问题，使用科学和技术时要考虑其对社会和环境的影响，理解科学、技术、社会、环境之间的关系。结合实例了解化学在综合利用资源与开发新能源、科学使用材料与开发新材料、保护和改善生态环境等方面的重要作用，体会化学是推动人类社会可持续发展的重要力量，树立建设美丽中国、为全球生态安全做贡献的信念。

（3）通过小组交流分享，建立解决实际问题的科学模型，认识到在解决实际问题时，需要综合运用各学科知识，采用合适的方法和工具，进行系统规划并实施；同时了解使用科学技术，运用合作、协同创新等方式解决问题的重要性。形成设计低碳行动方案的科学思维，提升小组合作能力和解决问题的能力。

实施过程	活动内容、形式及其组织	活动意图	教师的准备
课前活动	查阅资料，设计低碳行动方案2.0版。	应用前三节探究课所学的化学学科知识，关注科学、技术、社会、法规政策在环境可持续发展中的重要作用，用综合、创新的思维分析方式，多角度解决实际问题。	（1）布置设计低碳行动方案2.0版的任务。（2）指导资料查阅。
课堂活动	【引入】概述前几次课学生的收获。【组织汇报】以小组为单位汇报各组低碳行动方案、改进思路、项目收获。汇报后，其他小组要给予点评。可以从该组行动方案的优点、缺点、你的收获、问题、建议等方面进行点评。【岩石土壤组汇报】学生A：①玄武岩能够储藏及永久矿化大量的二氧化碳气体。在玄武岩中，溶解的二氧化碳能够与钙和镁发生化学反应，并在数十年中形成石灰岩。②二氧化碳地质封存是指通过工程技术手段将捕集的二氧化碳封存于地质构造中，实现其与大气长期隔绝但不产生附带经济效益的过程。	（1）明确基于碳中和理念设计低碳行动方案，是在二氧化碳性质及转化利用的化学学科知识的推动下开展的。（2）小组汇报时以"物质的性质与应用""物质的化学变化"等核心知识为依托，汇报过程中注重将问题解决线、知识逻辑线、认知发展线紧密结合，提升解决真实问题的能力，促进核心素养的融合发展。	收集各组海报。收各组汇报发言稿，提出改进建议。预听一遍汇报，进行时间把控。

第三章 指向综合素养培养的项目式教学实践

续

实施过程	活动内容、形式及其组织	活动意图	教师的准备
课堂活动	③这里涉及碳捕集与封存技术，二氧化碳的捕集方式主要有3种：燃烧前捕集、富氧燃烧和燃烧后捕集。捕集到的二氧化碳必须运输到合适的地点进行封存，运输过程中又会产生碳排放。我们组认为土壤岩石封存和吸收二氧化碳需要政府在技术和工程方面给予政策支持。 【教师点评】优点：变化观、工程和技术、政策不足——定量的数据。 【补充】 我国2013年"十二五"规划中，支持胜利油田、延长油田等示范项目 胜利油田百万吨级项目预计今年底投产，预计未来15年，可累计注入二氧化碳1068万吨，可实现增油296.5万吨 【化石燃料组汇报】 学生A：我国每年碳排放量约400亿吨，化石燃料约占82%，其中煤约占化石燃料的57%，石油和天然气约占化石燃料的43%。 学生B：	（3）通过小组交流分享，知道科学和技术有助于解决社会问题，使用科学和技术时要考虑其对社会和环境的影响，理解科学、技术、社会、环境之间的关系。结合实例了解化学在综合利用资源与开发新能源、科学使用材料与开发新材料、保护和改善生态环境等方面的重要作用，体会化学是推动人类社会可持续发展的重要力量，树立建设美丽中国、为全球生态安全做贡献的信念。 （4）通过小组交流分享，建立解决实际问题的科学模型，认识到在解决实际问题时，需要综合运用各学科知识，采用合适的方法和工具，进行系统规划并实施；了解使用科学技术，运用合作、协同创新等方式解决问题的重要性。形成设计低碳行动方案的科学思维，提升小组合作能力和解决问题的能力。	规划汇报顺序。 制作上课课件。 查阅资料，课堂进行资料补充。

239

刮摩淬励 研精覃思
一位初中化学教师的教学实践

续

实施过程	活动内容、形式及其组织	活动意图	教师的准备
课堂活动	【学生交流】 • 个人、社会、国家视角。 • 提升化石燃料的燃烧效率、充分燃烧（节约）。 • 技术提升化石能源的综合利用，排出等量的二氧化碳时，可以把让放出的热能等都充分利用起来。 • 未来科技捕集汽车、飞机等尾气排放的二氧化碳。 • 利用 $2NaOH + CO_2 = Na_2CO_3 + H_2O$ 提炼无二氧化碳的空气。 • 降低高浓度二氧化碳提炼为纯二氧化碳的成本。 • 利用 $2NaOH + CO_2 = Na_2CO_3 + H_2O$，$Ca(OH)_2 + Na_2CO_3 = CaCO_3\downarrow + 2NaOH$，$CaCO_3 \xrightarrow{高温} CaO + CO_2\uparrow$。 等变化实现二氧化碳的零排放，其他物质（如氢氧化钠等）也可循环利用。 【教师点评】 政策支持市场经济推动节约化石燃料的使用和企业碳指标的交易，再推动化石能源综合利用技术不断提升。 【海洋吸收组汇报】 学生A： 探索前期，我们研究了海洋封存的定义及新闻中提到的油田排放的二氧化碳的捕集封存过程。 学生B： 探索中期，我们意识到海洋封存是一个复杂的系统工程。		

续

实施过程	活动内容、形式及其组织	活动意图	教师的准备
课堂活动	[图：CO₂性质影响封存效果示意图及海洋碳循环与碳汇示意图] 学生C： 探索后期，我们进行了海洋吸收的风险分析。大约有30%的大气二氧化碳被海洋吸收，造成海水pH降低，海水酸性增强，海洋逐渐酸化。如为了增加海洋吸收二氧化碳的量而增加浮游植物的量，有可能造成海水富营养化、赤潮等生态问题。同时，碳捕集与封存的技术是否可以推广，成本、性价比等问题也成了未来研究方向。 【学生交流】 收获：海洋吸收是个系统化的过程。 •海洋吸收对环境的影响意义深远。 •海洋占比70%，人类命运共同体，风险评估很重要，包括对海啸等自然灾害的风险评估。 •制定国际公约。 •海洋封存不可贸然实施，应综合考虑技术、风险、环境、成本等问题。 启发：考虑实际问题时不能只考虑单一的一个点，要从实际情况、环境、技术、政策等多角度形成系统思维。 【新能源组汇报】 学生A：向所有学生提问 （1）我国为什么发展新能源？我国发展新能源的意义是什么？		

续附录

实施过程	活动内容、形式及其组织	活动意图	教师的准备
课堂活动	• 2060年实现碳中和。 • 实现能源转型。 （2）我国适合发展风力发电吗？我国哪些地区适合风力发电？ • 海上风力发电要评估风险，如台风、海啸等的风险。 • 西北地区较适合风力发电但也要综合考虑地质地貌，如沙漠无人区更适合发展风力发电。 学生A： 风能、潮汐能、生物质能、海洋等可再生能源发电，而且清洁能源发电占比也从2016年的43.2%上升至今年的60%。5年间，累计新能源发电量达1.2万亿千瓦时，相当于减少煤消耗约3.8亿吨，减排二氧化碳约9.5亿吨，年均减排效应相当于再造1个大兴安岭。 其中就有刚才我们所讨论的风力发电，如广东海上风电项目，节煤29.6万吨，二氧化碳减少排放78万吨。还有许多其它项目，如甘肃、青海的"风电+光伏项目"、内蒙古西部的"光伏+治沙"项目，还有新疆鄂尔多斯地区所发展的地热能和福建沿海发展的潮汐能地区。 学生B： 没错，就如《十四五规划》中提出的"碳能化及"宣言和国际能源局《能源低碳优化管理办法》里的《光伏发电开发建设管理办法》。在这些法律政策的推动下，我国已实现了3个世界第一：太阳能每小时发电能力超世界水平3800万千瓦；核能、风能超7500万千瓦；潮汐能、生物质能、地热能……超1亿千瓦。 未来为什么选择氢 可与多能源耦合		

续附录

实施过程	活动内容、形式及其组织	活动意图	教师的准备
课堂活动	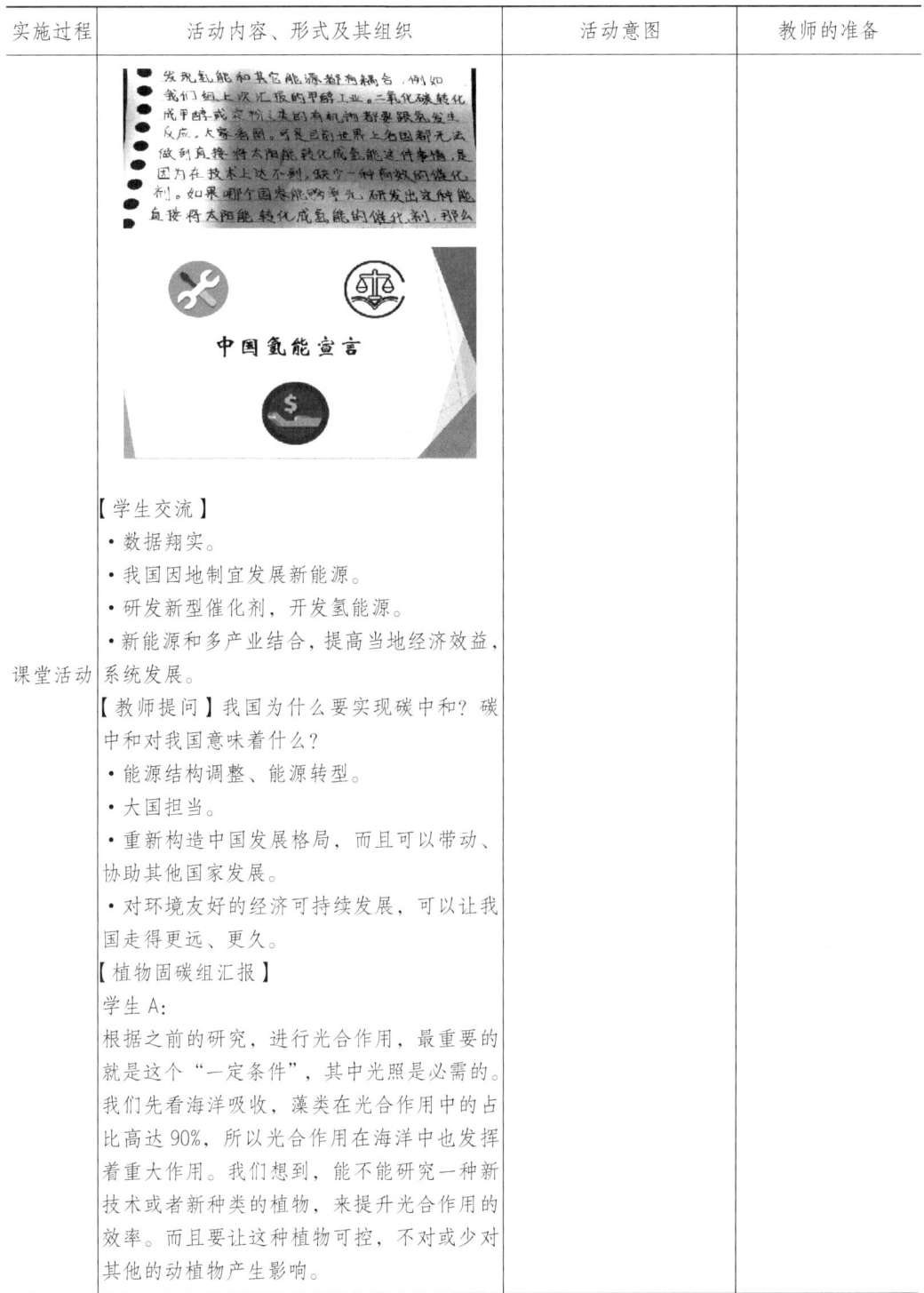 【学生交流】 • 数据翔实。 • 我国因地制宜发展新能源。 • 研发新型催化剂，开发氢能源。 • 新能源和多产业结合，提高当地经济效益、系统发展。 【教师提问】我国为什么要实现碳中和？碳中和对我国意味着什么？ • 能源结构调整、能源转型。 • 大国担当。 • 重新构造中国发展格局，而且可以带动、协助其他国家发展。 • 对环境友好的经济可持续发展，可以让我国走得更远、更久。 【植物固碳组汇报】 学生A： 根据之前的研究，进行光合作用，最重要的就是这个"一定条件"，其中光照是必需的。我们先看海洋吸收，藻类在光合作用中的占比高达90%，所以光合作用在海洋中也发挥着重大作用。我们想到，能不能研究一种新技术或者新种类的植物，来提升光合作用的效率。而且要让这种植物可控，不对或少对其他的动植物产生影响。		

刮摩淬励 研精覃思
一位初中化学教师的教学实践

续附录

实施过程	活动内容、形式及其组织	活动意图	教师的准备
课堂活动	学生B： 我们一起来看二氧化碳的化工利用。它都有"一定条件"中的催化剂的问题，也就是技术问题。我们的光合作用和甲醇、淀粉工业，都是把二氧化碳和一些物质转化成能量。有相同之处，可能光合作用，也会给甲醇、淀粉工业很大的启发，在我们所需的催化剂方面带来突破。 我们再看，化石燃料使用所释放的二氧化碳占大气中二氧化碳的86%，因此我们还是需要减排，要用新能源替代化石燃料。现在我们都知道电解水产生氢气，这就是把电能转化成化学能，电能我们就非常熟悉了，它主要不就是化石燃料燃烧产生的吗？我们都知道能量在传播的过程中会有损耗，而地球上动植物赖以生存的能量主要来自太阳能，也就是光合作用产生的能量，所以煤炭、石油和天然气中的能量其实是历史上储存下来的太阳能。我们研究的就是光合作用，所以我们想到在电解水生成氢气的这个过程中，能不能也用阳光来代替电提供能量呢？但是就是缺少了一个类似于叶绿体的作用的条件，如果能发明出来一个催化剂，把它撒进水里，就能呼呼地往外冒氢气、氧气，那可太好了。而且基于元素守恒，水通过阳光和这个催化剂变成了氢气、氧气，而在氢能源利用时，它又可以变回水，在这个过程中，水、氢气、氧气就都没有消耗。这就是把光能直接转化成内能，就是对可再生能源的充分利用。而且这一做法能从根本上彻底解决二氧化碳的排放问题。 学生C： 我们都知道研发是需要时间的，而国家计划的碳达峰时间是2030年，碳中和的时间是2060年。现在我们的社会、企业、国家、政策等这些都在支持绿色发展，增加碳吸收，现在也有平台让我们可以贡献自己的力量，如我们每天都用的支付宝，它里面有蚂蚁森		

续附录

实施过程	活动内容、形式及其组织	活动意图	教师的准备
课堂活动	林小程序，每天通过签到、浇水、骑共享单车等积攒能量，能量达到一定数量后，就可以种一棵树，这也就相当于我们种树了。这是已经有的。那我们是不是也可以进行一些发明，如我们可以记录所有人的碳足迹，然后进行碳补偿，碳排放多了就要交钱或者种树，也可以有更多的类似于支付宝的平台来计算每个人的碳排放量，如果排放超标就要用实际行动进行碳补偿。 【学生交流】 • 从个人做起，践行低碳生活。 【教师提问】参与设计低碳行动方案这一活动，对你个人的影响有哪些？体现在哪些方面？具体行为？职业理想？ • 坚持低碳的生活方式，严格控制个人碳排放量。 • 成为中国进行低碳经济转型的见证者、创造者。 • 未来要开发氢能能源。 • 完善碳交易市场。 • 努力成为政府政策的执行者和引领者。 【教师总结】 低碳行动 ▶宣传者 　▶执行者 　　▶创造者 　　　▶引领者 【教师梳理】设计低碳行动方案的科学模型。 元素观变化观　系统、规模　化学与环境　政策法规 CO_2性质及转化 → 基于碳中和理念设计低碳行动方案 ← 个人、国家、社会、国际 可持续发展　工程与技术　化学、生物地理、政治等多学科　定量、精准		

245

> 刮摩淬励　研精覃思
> 　　一位初中化学教师的教学实践

续附录

实施过程	活动内容、形式及其组织	活动意图	教师的准备
课下任务	课后任务：为了保护地球环境，维护人类的可持续发展，基于碳中和理念设计本组的低碳行动方案3.0版	运用设计"低碳行动"方案的科学思维，继续完善低碳行动方案	指导学生完成低碳行动方案3.0版

第七节　跨学科实践：京西稻的种植

案例15　京西稻的种植

【案例信息】

教育科学出版社《科学》（六年级 下册）、人教版《生物》（七年级 上册）、人教版《化学》（九年级 上册）

【项目简介】

京西稻是海淀区农业金名片，北京市八一学校近年开辟了京西稻种植实践基地，创设了京西稻品质文化实践课程。本案例采用项目式教学方式，尝试将国家课程与校本课程相融合，结合小学科学和初中化学、生物课程标准中素养培养的目标，借鉴STEM课程理论，融合学科知识、技能、技术和工程思想，形成以京西稻种植为项目的跨学科"小""初"衔接课。

将以上学习内容和不同课程标准建议的情景素材相结合，整合为京西稻种植项目，以京西稻种植为载体，引导学生熟悉校园植物分布，认识粮食可以为人类提供物质和能量，认识光合作用等化学反应背后的物质转化、能量转化、元素的守恒等，培养小组合作能力，感受工程、技术思想，关注科学与技术、社会的关系及人类通过科学技术为人类服务的情感态度价值观，形成科学思维、科学探究和责任态度等素养。

【学习内容】

不同学科"具有研究方法的差异，也共享一些通用的科学方法，呈现出相互渗透、交叉融合的趋势"。[①] 从课程标准角度看，科学与生物、化学课程间存在着知识上的紧

---

① 中华人民共和国教育部. 义务教育科学课程标准（2022年版）[M]. 北京：北京师范大学出版社，2022:1.

密联系，国家强调对学生"科学观念""科学思维""探究实践""态度责任"等素养的培养。

《义务教育科学课程标准（2022年版）》指出，学生在六年级应该初步认识常见物质的变化，知道自然界存在着多种形式的能，可以相互转化；能简单描述生物与生物、生物与环境之间相互依存的关系；能利用相关仪器设备进行观察并记录。应用科学原理设计并制定简单装置；能根据证据改进实物模型的设计和制作；具有初步构思、设计、实施、验证与改进的能力；了解科学、技术、社会、环境之间的相互影响，以及科学研究和技术应用中需要考虑伦理道德，愿意采取行动保护环境、节约资源。

《义务教育化学课程标准（2022年版）》指出，化学是研究物质的组成、结构、性质、转化及应用的一门基础学科，学生要从物质变化、能量变化等视角认识化学反应，了解化学反应前后元素的种类是不变的，初步学习利用物质的性质和化学反应探究物质组成的基本思路和方法。

《义务教育生物课程标准（2022年版）》提出，学生应知道植物通过光合作用和呼吸作用获得生命活动必需的物质和能量，生态系统中的物质和能量通过食物链在生物之间传递；植物能利用太阳能（光能），将二氧化碳和水合成为贮存能量的有机物，同时释放氧气；知道开花植物的生命周期包括种子萌发、生长、开花、结果与死亡等阶段等。

从教材角度看，人教版《生物》（七年级上册）中《调查周边环境中的生物》《被子植物的一生》与人教版《化学》（九年级上册）中《物质的变化和性质》《元素》《质量守恒定律》等课题与教科版《科学》（小学六年级下册）《生物校园大搜索》《制作校园生物分布图》《形形色色的植物》《发现变化中的新物质》《生命体中的化学变化》《美丽的化学变化》等课题，内容密切关联，包含了植物生长的不同阶段、植物发生化学变化伴随着物质和能量的转化、化学反应中的元素守恒等内容。

【学习目标】

（1）通过分析如何种植京西稻和如何养好京西稻，认识温度、空气、光照是生物生存的基本条件，植物通过光合作用和呼吸作用获得生命活动必需的物质和能量，贮存能量的有机物为生物圈中的其他生物提供有机物和能量，释放氧气供其他生物呼吸，物质和能量可通过植物向人体传递。

（2）通过分析京西稻的种植过程及如何养好京西稻，了解绿色开花植物的生命周期包括种子萌发、生长、开花、结果与死亡等阶段，从元素角度感知水、二氧化碳、土壤及化肥与植物组成的转化关系且对人体健康的意义。

（3）通过研究土壤酸碱性实验关注化学反应的现象，体会运用变量控制思想设计实验的思路原理，理解过滤的原理和基本操作，了解溶液酸碱性的检验方法。

（4）通过对水稻种植方案的设计及改进，形成一定的工程思维：应用科学原理设

> **刮摩淬励　研精覃思**
> 一位初中化学教师的教学实践

计并制定简单的解决方案,关注逻辑性和可操作性,能利用相关仪器设备进行观察并记录,具有初步的构思、设计、实施、验证与改进的能力。

（5）通过项目的设计和实施过程,有效培养信息获取能力、分析解决问题的能力和团队协作能力,关注环境和社会发展,树立正确的价值观,形成主动运用自身的科学知识技术和方法为人类服务的意识。

【单元学习规划】

课时	学习目标	驱动性问题	主要活动	学习资源
导引课	初步感知植物光合作用中的物质和能量转化	我们要做什么？为什么要种京西稻？怎么种好京西稻？	（1）教师介绍京西稻种植项目 （2）讨论开展京西稻种植项目的意义 （3）介绍植物种植的成功经验或失败教训,从空气、土壤、水、阳光、肥料等方面分析原因	学生绘制的校园植物分布图、植物种植经验教训前测调查结果、小组合作评价量表
探究课1	（1）物质转化：二氧化碳、水转化为有机物和氧气 （2）能量转化：阳光中的光能转化为植物中的化学能	如何养"活"植物？（学科问题：如何从化学的角度解释光合作用？）	基于资料、已有知识和生活经验,从物质转化和能量转化两个角度进行分析研究：植物生长所需的阳光和空气、水的具体作用和区别	植物光合作用文字及化学方程式、植物生长所需条件等基本知识
探究课2	关注反应现象：溶液的酸碱性；过滤实验的基本操作方法及原理；实验研究的基本方法——变量控制	如何养"好"植物？（学科问题：如何从元素的角度认识土壤和化肥对植物的影响？）	（1）基于材料分析不同功能的植物分类（观赏、食物、资源等）及条件（酸碱性、元素含量等） （2）设计实验检验土样的酸碱性	不同功能类型植物生长资料、过滤及检验酸碱性的实验用品
探究课3	水稻不同生长时期的形态、结构与生理活动特点、对环境条件的需求等	如何"种好"京西稻？（学科问题：如何护理不同生长时期的京西稻？）	课前调查,基于已学和资料综合考虑京西稻种植所需光照、水及土壤等条件,设计研究和培育方案,初步制定实施方案	京西稻生长习性、粮食作物营养功能表等资料
项目展示课	知识梳理及应用,设计并制定项目解决方案	如何通过小组合作实施京西稻种植项目？	京西稻的具体种植方案展示：土壤改进方法、栽植（疏密度）、人员、养护及项目推进时间表等	项目展示评价表、实施项目所需工具设备

第三章 指向综合素养培养的项目式教学实践

【表现性评价方案】

评价内容	评价任务	评价标准	评价方式
科学观念	植物光合作用中的物质转化	项目实施过程及成果展示中，说明二氧化碳、水及化肥对植物生长的作用及转化的作用	水平1：无物质转化意识 水平2：能解释水、二氧化碳的作用，但无物质转化意识 水平3：理解反应物二氧化碳、水与生成有机物和氧气的关系；能说出化肥、土壤中对植物有用的物质或元素 水平4：整体理解空气、水、二氧化碳、氧气之间的循环转化，从元素的角度理解土壤、化肥与植物之间的转化关系	（1）调查问卷及师生交流 （2）探究课1后测，教师展示并点评 （3）教师课堂观察及点评 （4）学生组间及组内根据量表进行互评 （5）师生研讨、设计项目成果评价方案及修订方式 （6）项目成果展示，教师及学生根据量表打分
	植物光合作用中的能量转化	项目实施过程及成果展示中，说明植物生长中太阳能和化学能等能量转化的关系	水平1：无能量转化意识 水平2：感知能量转化，但不能解释 水平3：理解光能与化学能的转化关系，但是不能与物质建立联系 水平4：能理解动植物或生物圈之间的物质转化，理解能量之间的转化关系	
科学思维	证据推理能力、思维创新能力	（1）项目实施过程及成果展示中，物质及能量转化的分析 （2）通过改变土壤酸碱度来规划土壤改良方案 （3）项目成果展示中的水稻种植方案	水平1：不关注现象与性质，无土壤改良思路 水平2：能运用比较的方法，分析光合作用中的物质转化和能量转化，感知溶液酸碱性，关注实验现象，认为可以用化肥增加土壤肥力 水平3：能运用比较、分析、归纳等方法，分析光合作用中的物质转化和能量转化，知道指示剂颜色与溶液酸碱性有关，认为可以用化肥增加土壤肥力，可以用化学试剂调节土壤酸碱性 水平4：能运用比较、分析、综合、归纳等方法，从物质转化和能量转化的角度认识化学变化，能用自制指示剂颜色变化解释溶液酸碱性，综合考虑化肥的施用等影响因素，从化学和生物等角度解决土壤酸碱性的调节问题	（1）教师课堂观察及点评 （2）学生组间及组内用量表进行互评 （3）探究课后测，教师展示并点评 （4）项目成果展示，教师及学生根据量表打分

刮摩淬励　研精覃思
—— 一位初中化学教师的教学实践

续表

评价内容		评价任务	评价标准	评价方式
科学探究与实践	解决真实问题的能力和品格	（1）土壤改良方案中生成的可能的解决方案 （2）项目成果展示中的水稻种植方案	水平1：项目参与度低，无法探查水平 水平2：作为组员有一定参与度，交流合作程度低，不能有效查阅资料，解决问题的过程中无思路方法 水平3：作为组长或积极分子，较独立地完成项目，解决过程中具有较强的变量控制意识，理解并掌握物质分离的原理和方法，具有一定的工程思维：一种合理/多种具体的解决方案，步骤有逻辑/融合了技术、方法，可操作性强，对项目能够进行简单的评价及反思 水平4：作为组长或积极分子，合作完成项目，能听取建议，评价、反思、改进学习过程与结果，能用科学语言和信息技术合理表述并与同学交流，能运用科学方法与工程思想（系统思维、批判性思维和创造性思维）创造性地解决问题，对项目能够及时评价、反思及改进	（1）调查问卷、师生交流 （2）学生后测展示，教师点评 （3）教师课堂观察及点评 （4）学生组间及组内根据量表进行互评 （5）师生研讨、设计项目成果评价方案及修订方式 （6）项目成果展示教师及学生根据量表打分
科学态度	科学研究的态度、参与社会决策的能力、为人类服务的态度价值观	（1）项目实施过程及成果展示中，对物质及能量转化的分析 （2）从改变土壤酸碱度角度来规划土壤改良方案 （3）项目成果展示中的水稻种植方案	水平1：对项目无热情，参与度低 水平2：对京西稻种植项目具有一定好奇心和热情，能参与科学、技术、社会、环境相关问题的部分或全部讨论 水平3：热爱自然，对京西稻种植充满好奇心和探究热情，初步认识科学、技术、社会、环境的相互关系，参与个人和社会事物的讨论 水平4：树立人与自然和谐共生的科学自然观，具有解决生产、生活问题的责任担当和能力，决策时能做出理性解释和判断，具有崇尚科学、严谨求实、大胆质疑、反对伪科学的精神及克服困难的坚毅品质，学习科学家胸怀祖国、服务人民的爱国精神，把科技自立自强信念融入人生追求	（1）调查问卷、师生交流 （2）学生后测展示，教师点评 （3）教师课堂观察及点评 （4）学生组间及组内根据量表进行互评 （5）师生研讨、设计项目成果评价方案及修订方式 （6）项目成果展示，教师及学生根据量表打分

第三章
指向综合素养培养的项目式教学实践

【教学过程】（以第1课时为例）

【引入】项目卷入

教师：课前同学们调查了校园生物并绘制了分布图（图3-7-1和图3-7-2），还进行了展示，大家说说最关注的地点是哪里，最关注的植物是哪些，为什么会关注这些。

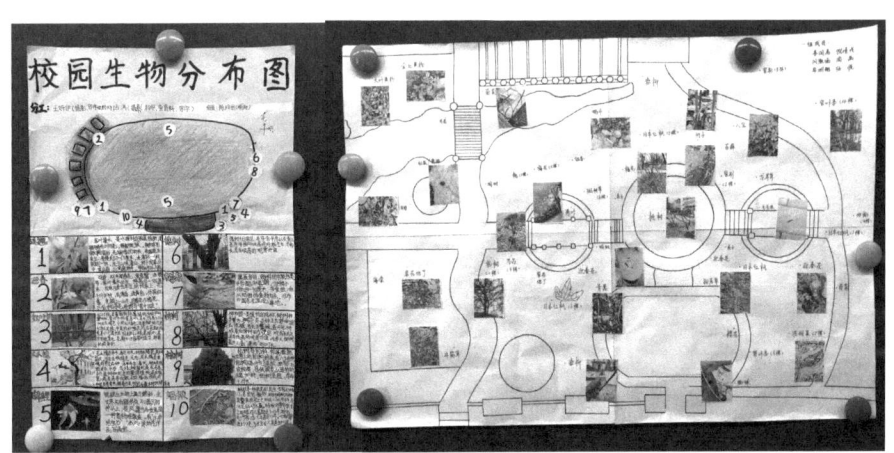

图3-7-1 学生绘制的校园生物分布图，聚焦京西稻种植基地

图3-7-2 北京市八一学校京西稻种植基地

学生：我们比较关注京西稻种植基地，校园内植物基本是观赏性的，而水稻是粮

刮摩淬励 研精覃思
一位初中化学教师的教学实践

食作物，京西稻的种植与海淀区的地理位置及农业历史有很大关系，希望老师介绍一下。

教师：请同学们阅读资料，了解一下京西稻来源及发展历程。

资料1

京西稻源自海淀，米粒晶莹透明、香气独特、富有油性、软硬适中、口感黏滑。海淀地势西高东低，属暖温带半湿润的山地丘陵及山麓平原地区。海淀在三国时期开始种稻，稻区地处西山东面注地，水源丰富，温度、降雨量及日照等非常适合水稻的生长。

《几暇格物编·御稻米》记载了康熙皇帝种植水稻的过程，京西稻的稻种产御田，经历多年经营形成了京西稻作文化。20世纪50年代，毛泽东主席要求将京西稻用作特供大米，招待国际友人。2008年，京西稻农业标准化示范区成为国家级重点项目。2014年，京西稻生产面积达135公顷，年产量750吨。2015年，"京西稻"实施国家农产品地理标志登记保护，海淀区上庄镇的5个行政村、翠湖湿地公园、海淀公园均有种植。

教师：接下来我们将以小组为单位，开展京西稻种植的研究，通过两周时间研究如何种好京西稻，再利用我们的研究结果形成方案，在学校的京西稻种植基地实施方案。经过几个月的不断培育养护，收获金灿灿的稻穗，评比出最佳京西稻种植小组。

设计意图：

回顾和评价已有研究，项目卷入，引发学生学习兴趣，明确项目任务。

【环节1】分析种植京西稻的意义

问题1：我们即将开展京西稻的种植项目，大家认为我们种植京西稻的意义是什么？

资料2

第二次世界大战以后，世界粮食生产发展很快。1950—1984年，世界粮食总产量从6.3亿吨增至18亿吨，增长了约180%。世界人口从25.1亿人增至47.7亿人，增长约90%。粮食增长速度快于人口增长速度，所以世界人均粮食拥有量呈增长趋势。但是世界粮食生产地区不均，发达国家人口占世界人口的1/4，生产粮食占世界人口的1/2。发展中国家人口占世界人口的3/4，生产粮食占世界粮食产量的1/2，因此人均产粮少、占有量少。由于发展中国家人口增长过快，许多国家缺粮问题日益严重。

资料3

1960年，在安江农校担任教师的袁隆平发现一株特殊性状的水稻，他将这株变异株的种子播到试验田里，开始了杂交水稻的研究之路。他立志用农业科学击败中国的饥饿威胁。历经数十年，袁隆平推翻了传统经典杂交学说，通过培育杂交水稻大幅度提高水稻产量。1997年，袁隆平院士

> 开始中国超级杂交水稻的研究，通过团队的攻关研究，2000年实现亩产700公斤，2012年亩产917.7公斤，2013年亩产988.1公斤，创世界纪录。2017年，实现亩产1149.02公斤。2007年袁隆平院士及其团队的研究成果在全国推广，相当于增加2000万亩粮食耕地，可多养活3000多万人。截至2012年，累计增产20多亿公斤，为中国的粮食持续稳定增产做出了巨大的贡献。

活动1：基于资料和已有认识，分析、讨论京西稻种植研究的价值和意义。

学生A：发展中国家的粮食问题亟待解决，我国是世界上最大的发展中国家，人口增长速度也很快，袁隆平院士的研究解决了我国的粮食问题。我们开展京西稻的研究，也可以为国家做一些贡献。

学生B：京西稻有着悠久的发展历史，我们作为海淀的学生，要贡献自己的智慧，积极参与社会实践活动，了解京西稻的生长过程，学习京西稻的种植技术，宣传京西稻这一海淀农业的金名片。

学生C：科学技术是不断发展的，袁隆平院士当初只是一名学校教师，但是他胸怀祖国，而且有自信和态度，他的研究始于一株水稻，我们虽然只是初中预备年级（六年级）的学生，但是如果认真研究，也许也能在种植京西稻的过程中有所发现，写成研究报告，为中国的粮食研究贡献微薄之力。

学生D：袁隆平院士从开始研究到取得实际成果，经历了几十年，科学研究需要持之以恒的毅力，要耐得住寂寞，可能需要几十年才能取得成果。开展京西稻的研究可以培养我们踏实认真、不畏艰难的科研态度，另外，我们也要向袁隆平院士一样，有自己的研究团队，要发挥集体的智慧，形成合力。

设计意图：

分析讨论，认同开展京西稻种植项目的价值和意义。

【环节2】项目拆解，分析种好京西稻需要研究的问题和步骤

问题2：通过大家的经验分享，基于资料和讨论，如果我们要种植京西稻，应该需要考虑哪些问题？

活动2：组内分享种植植物的成功经验或失败教训（图3-7-3），再次结合已有资料和所学知识，推测种好京西稻需要考虑的问题，具体研究实施步骤。

学生A：我组认为种好京西稻要搞清京西稻生长的环境，如温度、日照、对水量的需求等，阳光可以供给植物生长所需能量，而空气中的二氧化碳和水是植物生长所需的基本物质，同时还需要考虑气温、海拔和地势等问题。

学生B：我组认为首先要学习的不仅仅是京西稻，而是所有植物生长的最基本条件，因为我组很多同学在自己家中的养花经历都是失败的，目前还不知道如何让植物活下来。

刮摩淬励　研精覃思
一位初中化学教师的教学实践

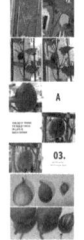

图 3-7-3　种植经验分享

学生 C：我组认为应该分类思考不同植物对人类的贡献，如观赏植物是用来欣赏的，粮食作物是为人类提供营养的。所以种植时要分类考虑，要先搞清楚粮食种植的特殊需求。

学生 D：我们讨论的结果是在前面几组同学的基础上，认为应该先搞清楚如何种活植物，再搞清楚如何种好京西稻，还要搞清楚什么是好的水稻，它的标准是什么。还需要将组内同学进行分工，不同的组员完成不同的任务。例如，有些同学查找资料，有些同学制作 PPT，有些同学组织大家开展研究讨论等。

师生共同讨论，将项目进行拆解，并进一步进行小组分工，共同研讨小组评价方案，改进教师给出的小组评价量表：第一步，研究如何种活植物；第二步，研究如何种好植物；第三步，研究如何种好京西稻。

教师：请同学们给予我们今天的研究，以小组为单位分工合作，研究种活植物的基本条件，下节课进行汇报。

设计意图：

拆解项目，设计评价方案，分配任务，课下进行植物生长基本条件的研究。

附录 3-7-1

项目前测

请分析家中或小区里的植物生长良好、状态不佳或是死亡的原因，举例说明	
推测植物生长所需的条件	
你能否对植物生长所需条件进行分类？写出分类依据	

后测（探究课 1 后）

本节课后，对于养活植物需要哪些条件，你有什么新的认识？

附录 3-7-2

小组合作评价量表

评价项目		评价等级			自评	组评
		优秀（5分）	良好（3分）	一般（1分）		
情感态度	举手发言	自始至终情绪饱满，热情，积极参与到活动中	认真参与各项活动，持续性良好	热情一般，课堂参与度不高		
	小组讨论					
	大胆质疑并提出与他人不同的问题					
思维方法	回答表述清楚，思维有条理	逻辑性强，表达科学严谨，得到老师和同学的肯定	有一定的思路和方法，语言表达清楚、明确	方法性差，思维逻辑性不强，表达不清		
	解决问题的策略、方法					

> **刮摩淬励　研精覃思**
> 　　一位初中化学教师的教学实践

续附录

评价项目		评价等级			自评	组评
		优秀 （5分）	良好 （3分）	一般 （1分）		
交流合作	与别人积极合作、互相交流	积极参与讨论，态度友好，结合他人发言对问题进行深度思考，并带给组员很大启示	认真参与讨论，积极表达自己想法，提出建设性意见，对结论的得出有一定贡献	讨论参与度不高，交流、表达少，不能很好地听取组员的建议		
	认真听取别人意见，完成小组分配的任务					
探究方法创新意识	能否根据提出的问题设计实验方案	方案科学、严谨，可行性高	思路清楚，不够严谨或可操作性不佳	与问题无关或难以实施		
	实验操作是否规范、合理	操作规范、合理，有技巧	操作规范、合理	有错误操作		
	是否及时、准确地观察、记录实验现象并对实验现象进行分析	观察细致、准确，分析科学严谨，得出正确结论	观察认真，准确记录现象，得出相关结论	记录现象有误，观察不够仔细，分析不科学		
	是否对结论可靠性进行简单评价与反思	对问题进行深度、广度延伸探究，做出不同层次的讨论	有意识地进行问题反思，但缺乏思路或思路不正确	没有对实验进行反思		
综合评价	（以小组评价为主）			组长签名		

附录 3-7-3

其他课时教学设计。

探究课 2（该课例由北京市八一学校初中化学教师聂树新设计并实施）

【学习目标】

（1）通过学生家庭实验，引导学生关注反应现象，通过紫甘蓝在不同溶液中显示的颜色不同知道溶液的酸碱性；在讨论测试土壤酸碱性过程中，引入过滤实验，让学生了解基本操作方法及原理。

（2）通过小组讨论测定土壤酸碱性的方法，倾听小组汇报，学习和借鉴其他小组

第三章 指向综合素养培养的项目式教学实践

的研究成果，调整和完善本组的研究方案，掌握过滤实验的基本操作方法、原理，进一步提升小组合作能力和学生解决问题的能力。

（3）通过对不同土壤酸碱性的分析，引导学生关注实验研究的基本方法——变量控制，培养学生综合考虑问题的思维方式，严谨求实的科学态度。

实施过程	活动内容、形式及其组织	活动意图	教师的准备
课前活动	完成家庭小实验，观察紫甘蓝在清水、碱面水、糖水、消毒液、洗衣粉中颜色，查阅资料，尝试分析原因	紫甘蓝在酸碱性不同的溶液中颜色不同，了解溶液的酸碱性	（1）布置课前学习任务 （2）资料查阅
课堂活动	【师】课前给大家布置了家庭实验，将紫甘蓝分别浸泡在清水、碱面水、糖水、消毒液、洗衣粉中，观察颜色的变化。这是一个小组同学实验的照片，我们让小组代表来讲一讲实验中观察到的现象。 【小组1汇报】将切好的紫甘蓝片分别泡在清水、碱面水、糖水、消毒液、洗衣粉中，发现清水中的紫甘蓝没有什么变化，还是紫色；在碱面水中的紫甘蓝变为绿色；糖水中的也是紫色，消毒液中变为蓝色；洗衣液中变为紫色。 【师】以上物质都是生活中常见的物质，只要大家留意观察，会有许多新的发现。谁能解释一下产生上述现象的原因？ 【小组2汇报】我查阅资料，紫甘蓝细胞里储存了色素，当细胞壁破裂后，细胞液流出就能显示出颜色，进行染色，有些物质也可以改变色素颜色。例如，花青素显色会受酸碱度影响。	通过观察并讨论紫甘蓝在不同溶液中颜色变化，了解溶液的酸碱性。 让学生认识生活中常见的物质酸碱性不同。处处留心皆学问，生活中有许多化学变化，需要细心观察、动脑勤思考才能发现。 不同小组在汇报交流中相互启发，相互借鉴。	实验分享，资料分享，引导学生通过观察颜色变化认识溶液酸碱性； 介绍紫甘蓝颜色变化时对应的溶液酸碱性。

刮摩淬励　研精覃思
一位初中化学教师的教学实践

续

实施过程	活动内容、形式及其组织	活动意图	教师的准备
课堂活动	【师】这位同学说得对，紫甘蓝在酸碱性不同的溶液中颜色不同。在碱性溶液中会变成蓝色或绿色，在酸性溶液中会变成红色，在中性溶液中仍是紫色。我们看一看另一组同学实验的照片，左边起第一个是紫甘蓝浸泡在白醋中的颜色，变为红色；第二个是浸泡在碱面水中，变为蓝色；第三个是浸泡在清水中，仍为紫色。第四个是浸泡在洗衣粉中。 我们做上述实验的目的是让大家明白，生活中常见的物质有的显酸性，有的显碱性，还有的显中性，可以借助紫甘蓝测试它们的酸碱性。 【小组3汇报】我们查阅资料，可以用pH试纸测试溶液的酸碱性。 师：你说得对。pH试纸是用来测试溶液酸碱性强弱的。学生已经进行了这方面的研究。他们用pH试纸测试溶液的酸碱性强弱，研究了水培水稻在偏酸性的环境生长更好。我们要在学校的京西稻试验田种植京西稻，而不是在烧杯中水培水稻，怎样测试土壤的酸碱性呢？ 【小组4汇报】我们可以用石蕊试液测试土壤的酸碱性，或者我们把土壤的一部分泡在水里，因为我们知道水是中性的，把石蕊试纸插进水中，然后我们根据石蕊试纸的颜色来判断土壤的酸碱性。	明确溶液有酸碱性，紫甘蓝可以测试溶液酸碱性。 测试土壤酸碱性需要浸出液，解决实际问题需要考虑多方面的可行性问题。需要小组之间群策群力、充分讨论，才能启发灵感。六年级学生没有学习系统学习过物理、化学等知识，这对于六年级的学生有难度，需要给时间，充分讨论。 明确用紫色石蕊或pH试纸可以测试溶液酸碱性。让学生了解测试溶液酸碱性强弱需要用pH试纸。	和学生一起分享、分析资料及时给予知识讲解。 在刚才的家庭小实验中，是在溶液中检测物质酸碱性的，因此需要加入水，但是土壤和水的比例学生没有经验，引导全班同学思考并分析，促使组间互相启发。

258

实施过程	活动内容、形式及其组织	活动意图	教师的准备
课堂活动	【师】有同学想到用石蕊试纸测土壤酸碱性，还有同学想到用pH试纸测试土壤酸碱性强弱。土壤是干的，里面没有水，所以刚才有位同学提议把土壤放到水中，混成泥浆进行检测。那么我们向水中加多少土壤比较合适呢？ 【小组4汇报】影响酸碱性的物质不一定溶于水，我们组认为弄成比较稀的泥浆就可以检测。 【师】那放多少水就算比较稀的泥浆？对水的用量有没有要求？ 【小组3汇报】我们组认为土壤和水的比例按照1∶1.5合适。 【小组互评】那你们用秤去称量还是按照体积量取？ 【小组3汇报】我们组认为体积比1∶1.5就可以了，我们可以在家试一试。 【师】大家对土壤与水混合的比例达成了一致。我们刚上课时讨论的家庭实验，是在溶液中进行的酸碱性检测。泥浆中怎么去除泥土得到澄清的溶液？小组讨论。 【小组1汇报】我们组认为可以用茶漏或捞小鱼苗的漏网，多漏几次。 【小组2汇报】我们组认为可以在泥浆中间弄个凹槽，泥水渗透出来，静置足够长的时间，再取最上面的清液。 【小组3汇报】我们组认为可以把土壤和水的比例改一改，多加水，改为1∶5，静置后取上层清液。 【小组4汇报】可以用纱布滤去泥浆。 【师】将不溶性固体与液体分离的实验操作叫过滤。你们刚才说的用纱布、茶漏，捞鱼苗的鱼网，捞饺子的漏勺都是生活中分离不溶性固体和液体的方法。过滤操作需要用下图装置，用漏斗和滤纸按照下图装置过滤，我们对比一下过滤前后的滤纸。	明确提出的问题，怎样确定混合泥浆土壤和水的比例，引发同学思考。 小组提出各种建议和想法，激发其他组思考，解决不溶固体和液体分离的问题。 了解过滤的原理及适用条件，解决学生的疑问，培养学生综合思考问题的能力。	从稀泥浆浸出液体，需要进行固体和液体分离，引出过滤概念。过滤属于初中化学知识，对于六年级学生可以从茶漏、捞饺子、捞面条等生活常识进行引导启发思考。 在黑板上写出过滤：分离不溶性固体和液体的方法。帮助学生解决过滤操作中的疑点。

刮摩淬励 研精覃思
一位初中化学教师的教学实践

续

实施过程	活动内容、形式及其组织	活动意图	教师的准备
课堂活动	【师】区域不同，土壤酸碱性可能不同，如果我们要对比不同区域土壤的酸碱性，对土壤和水的量有没有要求？ 【小组3回答】在不同区域取土壤和加水的量要一样多，才能比较酸碱性，否则没有可比性。例如，土壤和加入的水都要按1∶5的比例混合，再进行过滤。 【教师总结】第三组同学分析得对。大家踊跃发言，讨论得很充分。如果要比较不同区域土壤酸碱性，在取土壤样品和加水时要保持比例一致，这就是要给大家介绍的实验方法：控制变量法。测试土壤酸碱性会受到加水多少、土壤多少等因素的影响，所以要测试土壤的酸碱性，就要保证土壤和水的量一致，才能准确地测出不同区域土壤的酸碱性	引导学生理解控制变量的实验方法。 在分析测定土壤酸碱性因素时，将控制变量法介绍给学生，让学生能够科学地、严谨地分析实验操作，多角度分析解决实际问题，形成严谨的科学态度。	通过讲解控制变量的原理，让学生认识到要用科学严谨的态度对待每个实验。 在黑板上写出控制变量法。 参与小组讨论，了解学生的想法，及时解决问题。
课下任务	作业： 完成表现性评价任务单 课下任务： （1）设计实验检验土样的酸碱性。 （2）查阅以下资料，从元素的角度、植物生长的角度认识土壤和化肥对植物的影响，不同时期水稻的形态结构对环境条件的需求等	落实过滤实验操作，理解控制变量的实验方法。 查阅资料，为探究3做准备。	指导学生完成京西稻种植方案。

附表
案例相关信息

编号	案例名称	相关信息	指导教师
1	蜡烛燃烧的研究	2016年海淀区"风采杯"骨干教师教学基本功展示活动获学区一等奖，2021年在中国教育电视台展示	海淀区教师进修学校陈颖、北京市一零一中学陈争
2	质量守恒定律的发现	2017年海淀区"基于科学本质的探究"教学研修班案例展示，于2018年赴美，在美国科学教师协会（NSTA）年会展示；2019年改进后，八一学校左旭晶老师举行区级研究课	美国伊利诺伊工大学莱德曼教授、海淀区教师进修学校任宝华
3	氧气寻踪	2017年海淀区区级研究课，获2017年海淀区骨干教师基本功比赛一等奖	海淀区教师进修学校尹博远
4	"酸和碱"大概念教学	2022年北师大"高端备课"指导单元案例，2022年区级研究课展示	北师大王磊教授、首师大黄燕宁副教授
5	基于证据探索物质构成的奥秘——跟随水分子的足迹	2015年9月海淀区"深度学习"教学改进项目区级研究课，获北京市教学设计一等奖	海淀区教师进修学校任宝华
6	探索物质构成的奥秘（第1课时）	2019年9月教育部"深度学习"教学改进项目国家级展示课	海淀区教师进修学校陈颖
7	多角度认识物质的化学变化物质的化学变化	2015年1月海淀区"深度学习"教学改进项目区级研究课展示，同年4月教育部"深度学习"教学改进项目国家级展示课	海淀区教师进修学校陈颖
8	低碳行动——寻找大气中二氧化碳含量降低的方法	2019年中国教育学会全国第二届课堂教学研讨会国家级展示课	海淀区教师进修学校支瑶、陈颖、尹博远

> **刮摩淬励　研精覃思**
> 一位初中化学教师的教学实践

续附表

编号	案例名称	相关信息	指导教师
9	模拟太空舱供氧方案的研究	2020年海淀区"空中课堂"录制并展示	海淀区教师进修学校支瑶
10	I am Mr. Coins——金属硬币材料的选择	2016年海淀区"风采杯"骨干教师教学基本功展示活动区一等奖，2018年中国化学会全国首届项目式教学一等奖	海淀区教师进修学校支瑶
11	自制牙膏（洁牙粉）配方的研究	2017年北京市复习教学展示一等奖	海淀区教师进修学校支瑶
12	我们一起去野餐——便携式燃料的选择与使用	2017年八一学校初三化学备课组设计，2020年改进后，在海淀区科学课教研活动中进行研究课展示	海淀区教师进修学校尹博远、陈咏梅
13	完美身材计划	2019年八一学校初三化学备课组设计，2020年改进后，由海淀区"空中课堂"录制并展示	海淀区教师进修学校任宝华、北京市八一学校陈金艳
14	基于碳中和理念设计低碳行动方案	2021年"项目学习区域整体改革"项目实验校，由北师大及海淀区共同指导，进行区级研究课展示	北师大胡久华教授、海淀区教师进修学校陈颖
15	京西稻的种植	2022年"项目学习区域整体改革"项目实验校，由北师大及海淀区指导于洋老师设计项目式学习并进行区级展示，宋晓萌、聂树新老师改进为小初衔接课，进行市级展示	北师大王磊教授、首师大黄燕宁副教授；海淀区教师进修学校陈咏梅、张柳

后记
我心中的那个"她"

2003年，大学即将毕业的我心潮澎湃，猜想自己在不久的将来会在教育之路上收获很多，现在看来确实是这样的。我心中的那个"她"都是谁呢？化学组的陈金艳老师、宋晓敏老师、张立红校长等广大八一学校的老师们，还有海淀区教师进修学校的罗滨校长和她带领的化学专家团队，包括支瑶副校长和教研员陈颖主任、任宝华老师和尹博远（男）老师等。

记得刚来八一学校时，教研组长宋晓敏老师让我把初高中所有的题在暑假都做一遍。"干啥这么认真呢？"我当时很惊讶，但在后面的交往中我发现，这种认真的品格是八一学校的魂魄。例如，写本书的前一个月，已经退休一年的宋老师还在指导我写论文，细致到每句话、每个字。陈金艳老师是我在初三化学备课组的老领导，本学期刚刚退休，退休前一周还一如既往、一针见血地指出我在教学和生活中存在的一些问题。同样也是退休在家两年的张立红校长刚刚发来信息，说看到网上发布了我带领初三化学组参与高端备课的新闻，夸奖我最近几年进步很大，又问我最近要写的东西是不是太多，要注意休息，提醒我锻炼身体等。

和八一学校的老师们做同事最大的好处就是只要你有一点点进步，马上就会被他们发现，并立即给予肯定。虽然我外表是个比较随意的人，但老师们说过的一点一滴我都记得很清楚，我也在努力改变着自己。是他们不断地指引着我，就像他们对待自己的每一个学生一样。

记得有一次在食堂吃午饭，老校长张小梅走过来说："小伙子，最近干得不错！"那是我刚工作的第二年，真的没有像其他老师一样拿过什么大奖，刚摸到一点教书的门儿，上了几节比较舒心的常态课，没想到马上就被日理万机的校长发现了！刘荣铁老师是特级化学教师，认识他时，我是个什么都不懂的毛头小伙子，在工作上正处于懵懂期，但是无论问刘老师什么问题都能马上得到认真恳切、高屋建瓴的回答，从那时起到现在，他逢人便讲："晓萌是我的小徒弟。"每次见到刘老师，他都会十分严肃认真地对我说："小伙子要努力，有前途！"

陈金艳老师是手把手带我走上工作正轨的人，由于刚工作时很不上路，我的言谈

刮摩淬励 研精覃思
一位初中化学教师的教学实践

举止、举手投足没有不用她操心的，用句开玩笑的话，可以说她是"心操了个稀碎"。我工作第一年时，学校任命周淑丽老师做我的师傅，周老师委婉地建议我去听她的课，每次听完课还会受到周老师表扬，但是教学效果还不是十分理想。第二年，陈金艳老师干脆直截了当地督促我去听课，陈老师用一个个鲜活的案例使我折服，看到她班里学生的明显变化，我逐渐明白了学生是如何教好的，教师是如何培养学生能力的，教师是如何与学生沟通的。后来我和刘荣铁、陈咏梅老师教一个年级时，更是每天听两遍两位老师的课，再讲自己的课。当老师的人都知道，总有个别同事在听课时多少会有点介意，而我工作的前三年一直都是搬着凳子一节不落地去听课，八一学校的这种"传帮带"的好传统也影响着我，我现在也会主动邀请组内青年教师听课，和老师们交流自己的心得体会。若干年后，陈金艳老师对我说，当时很多老师都拜托她要好好带带我，因为我实在是太"不靠谱"了。我深受感动的同时，也立志一定要努力做一名好老师，教出好成绩报答八一学校。

三十岁出头时，张立红校长可能觉得我已经比较成熟了，又喜欢研究教学，就和宋晓敏老师一起推荐我多参与区里的教学研究。第一次参与课题研究时，我完全听不懂专家们的话，但看到宋老师和专家们指导我时的那种认真劲儿，想到张校长、陈金艳老师对我的鼓励和信任，我就又坚定了决心。我有时候想：如果自己碰到这么笨的学生，一定会放弃的，但是领导、同事和专家们还是那样耐心地一次次指导我，所以我一定要努力下去。"延退"政策推出之前，张校长以为自己要退休了，又特意托付别人，在她退休后一定要继续支持我搞教研活动，这些我都默默记在心里。

初识罗滨校长是在2014年，参与海淀区"初中化学关键问题的研究"课题研究，在课题研讨会上我作为青年教师代表接受课题组访谈，录成视频在专家组会上播放，罗校长看完访谈后点评：没想到咱们青年教师的水平都已经很高了嘛。会后再遇到罗校长，罗校长立即能叫出我的名字。罗校长是大名鼎鼎的专家，又是海淀区教师进修学校的校长，而我只是个普通的青年教师，第一次发言就得到了罗校长的表扬，而且她还能记住我，这对我是莫大的鼓舞。

之后我又参与了海淀区"深度学习"教学改进项目，当年就举行了一次全国公开课，区教研员陈颖、支瑶老师指导我讲课思路，同时我还感受到罗滨校长在背后不断地关心着我研究课的进展，不断提出改进意见。在举行研究课当天，罗校长亲自到会点评，给予了我高度的肯定和中肯的指导意见。

会后，罗校长说："晓萌，刚参与课题时不了解专家们的话语体系，不要着急，慢慢就会好了。交给你一个任务，用三年时间梳理一下初中化学的教学内容，看看能形成多少个学习单元。"

我谨记罗校长的嘱托，开始尝试进行新的深度学习教学单元设计，但是心里又在"犯嘀咕"：作为一名普通教师，我能担此大任吗？罗校长是不是只是随口一说呢？直

后记
我心中的那个"她"

到新学期开始,再次遇到罗校长,罗校长再次询问我梳理案例的事时,我才相信罗校长不是随便说说。以后每过一段时间,支瑶副校长、陈颖老师就会对我说起罗校长对我的嘱托,所以我就更坚定地做了下去。

在之后的几年里,我从简单完成专家交给任务的普通组员,到深度学习教学改进项目和其他课题组的骨干成员,从带领全组教师积极参与课题,大家一起完成6节深度学习区研究课,到组织全区教师进行研讨活动,开设深度学习工作坊至今。随着一次次参与校际、省(区、市)际研讨、发言,参与各级论文、教学设计评比并获学校级、区级和北京市一等奖等,我逐渐明白了很多道理,一扇大门缓缓向我打开,我也慢慢从一个不谙世事的小老师成长为校骨干、区骨干。2015年,我接替陈金艳老师,担起了初三备课组长的重任,成为区里的兼职教研员;2016年,我作为北京市中考评价专家组成员,参与每年中考评价工作,撰写中考评价报告;2019年,在罗校长的亲自指导和修改下,我撰写的论文在核心期刊发表;2020年,我担任了海淀区学科督学。

2016年9月教师节前夕,习近平总书记回八一学校看望母校师生,我有幸参与座谈会,当面聆听习近平总书记讲述老师们当年关心和照顾他和同学们的感人故事,让我久久不能忘怀。习近平总书记说自己很多优秀的习惯和品格是在八一学校逐渐形成的,要求当代教师要做学生各方面的引路人。这些话激励我努力学习,继续提高自己的水平和能力,争做一名优秀教师,在课上和课下,带给学生更多有用的东西。

工作20年,我的性格、习惯因为他们而改变,是他们带给我现在的思想、品质和成绩。我要感谢她,赞美她,更要祝福她。祝八一学校这棵正值壮年的大树枝繁叶茂、欣欣向荣,结出更多的教育硕果!祝海淀区教育这个金名片在专家们的带领下熠熠发光,培养出一位位名师,为我国的教育事业做出更大的贡献!

宋晓萌

2022年8月21日